广视角·全方位·多品种

权威·前沿·原创

皮书系列为
"十二五"国家重点图书出版规划项目

福建妇女发展蓝皮书

BLUE BOOK OF
WOMEN'S DEVELOPMENT IN FUJIAN

福建省妇女发展报告(2011~2013)

REPORT ON WOMEN'S DEVELOPMENT IN FUJIAN
(2011-2013)

主　编／刘群英
副主编／陈允萍　蔡秋红

社会科学文献出版社
SOCIAL SCIENCES ACADEMIC PRESS (CHINA)

图书在版编目(CIP)数据

福建省妇女发展报告.2011~2013/刘群英主编.—北京：社会科学文献出版社，2014.11
（福建妇女发展蓝皮书）
ISBN 978-7-5097-6614-9

Ⅰ.①福… Ⅱ.①刘… Ⅲ.①妇女工作-研究报告-福建省-2011~2013 Ⅳ.①D442.857

中国版本图书馆 CIP 数据核字（2014）第 233307 号

福建妇女发展蓝皮书
福建省妇女发展报告（2011~2013）

主　　编／刘群英
副 主 编／陈允萍　蔡秋红

出 版 人／谢寿光
项目统筹／王　绯
责任编辑／李　响

出　　版／社会科学文献出版社·社会政法分社（010）59367156
　　　　　地址：北京市北三环中路甲29号院华龙大厦　邮编：100029
　　　　　网址：www.ssap.com.cn
发　　行／市场营销中心（010）59367081　59367090
　　　　　读者服务中心（010）59367028
印　　装／北京季蜂印刷有限公司
规　　格／开　本：787mm×1092mm　1/16
　　　　　印　张：20　字　数：256千字
版　　次／2014年11月第1版　2014年11月第1次印刷
书　　号／ISBN 978-7-5097-6614-9
定　　价／88.00元

皮书序列号／B-2011-193

本书如有破损、缺页、装订错误，请与本社读者服务中心联系更换

▲ 版权所有 翻印必究

福建妇女发展蓝皮书
编 委 会

总顾问 王金玲

主 编 刘群英

副主编 陈允萍 蔡秋红

编 委（按姓氏笔画排列）

王开明 王德文 石红梅 朱毅蓉 吴荔红
陈婉萍 林 星 周 玉 杨 敏 翁君怡
蒋 月 高树芳

《福建妇女发展蓝皮书》简介

在 2011 年编写的第一部省级妇女发展蓝皮书——《福建省妇女发展报告（2001~2010）》的基础上，编委会集思广益、再接再厉，经过两年的不懈努力，共同编写了第二部福建妇女发展蓝皮书。

本书基于福建海峡两岸建设先行先试的发展背景，以翔实、客观、可信的统计监测数据为依据，通过专家、学者的社会性别视角，对福建妇女发展进行回顾、梳理、评估，总结分析近三年福建妇女发展的本土经验和存在的问题，提炼福建妇女发展和闽台妇女合作交流的特色，提出面向未来应对挑战的措施和建议。

组织编写妇女发展主题的蓝皮书，对于总结妇女事业发展成果、分析妇女发展面临的问题和挑战、服务党和政府的科学决策、推动男女平等基本国策的贯彻落实具有重要意义。

摘　要

《福建省妇女发展报告（2011~2013）》是福建省自2011年首部妇女发展蓝皮书发布后，继续编撰的第二部地方妇女发展蓝皮书。该书以翔实、客观、可量化的监测统计数据为依据，以福建妇女在健康、教育、经济、参政、社会保障、环境、法律保护等方面的进步和发展为主线，以专家、学者的视角，对三年来福建妇女发展的现状和趋势进行回顾、梳理和评估，总结福建妇女发展进程中的经验与不足，分析新形势下福建妇女发展的规律和特点，揭示福建在健康、就业权益、社会保障等方面性别发展不平衡的焦点问题，提炼促进妇女发展的福建模式和海峡两岸文化，并探讨福建妇女面向未来发展的对策与措施，为党和政府制定具有性别视角的相关政策提供参考依据，也为妇女理论研究和妇女工作提供参考依据。

关键词　福建妇女　进步与发展　问题与挑战　对策与建议

目 录

BⅠ 总报告

B.1 城镇化进程中的性别平等与妇女发展
.... 刘群英 陈允萍 / 001

BⅡ 分报告

B.2 妇女与健康 ················· 王德文 杨 敏 / 037

B.3 妇女与教育 ················· 吴荔红 翁君怡 / 069

B.4 妇女与经济 ······················· 朱毅蓉 / 087

B.5 妇女参与决策和管理 ················· 周 玉 / 108

B.6 妇女与社会保障 ···················· 陈婉萍 / 137

B.7 妇女与环境 ························ 高树芳 / 156

B.8 妇女与法律 ························ 蒋 月 / 176

B.9 闽台妇女交流合作的成效与展望 ········· 林 星 / 229

B.10 发展志愿服务事业 建构巾帼志愿服务体系
.... 蔡秋红 / 261

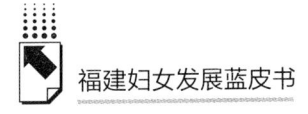

B.11 福建省女性工作生活幸福感现状与妇女发展
.... 石红梅 / 276

B.12 把握时代主题　共圆"中国梦" .... 王开明 / 290

致　谢 .... / 298

Abstract .... / 299

Contents .... / 300

皮书数据库阅读使用指南

总 报 告

General Report

B.1
城镇化进程中的性别平等与妇女发展

刘群英 陈允萍*

摘　要：
2011~2013年福建妇女事业抓住海峡两岸先行先试的战略机遇，在健康、教育、经济、社会保障、参与决策与管理、法律和环境等领域取得了新的进展，海峡妇女共享社会经济发展的成果，闽台妇女和谐发展呈现新态势。在新型城镇化的背景下，福建妇女发展面临前所未有的新挑战，妇女需求日益多元化与城乡

---

* 刘群英，现任福建省人大常委会副主任，原福建省妇联党组书记、主席，省妇女儿童工作委员会领导小组副主任；陈允萍，原福建省妇联正厅级巡视员、省妇女儿童工作委员会办公室主任。

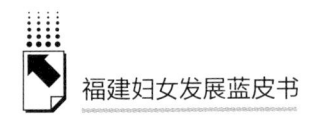

经济社会发展不均衡的矛盾,以及农村新型社区建设中妇女素质和能力的提升等都是亟待破解的难题。

关键词:

福建妇女　发展态势　挑战　难题　应对策略

2011~2013年在福建社会发展历程中具有重要意义。实施《海峡西岸经济区发展规划》,建设科学发展之区、改革开放之区、文明祥和之区、生态优美之区取得了重大进展。2011年是福建省国民经济与社会发展第十二个五年规划开局之年,同时省政府颁布了《福建省妇女发展纲要(2011~2020年)》。2012年省第九次党代会以建设更加优美、更加和谐、更加幸福的福建为总基调,在更高起点上推动福建科学发展跨越发展。福建提出了到2016年的奋斗目标:全省生产总值、人均生产总值、财政总收入实现翻番,力争城乡居民收入实现倍增,人均地区生产总值赶超东部地区平均水平,综合竞争力显著增强,成为我国新的经济增长极,全面建成惠及全省人民的更高水平的小康社会。

近年来,海峡西岸经济区发展备受关注。党中央、国务院赋予了一系列先行先试和特殊优惠的政策,福建发展迎来了千载难逢的历史机遇。经济社会发展明显提速,经济实力大大增强,改革开放深入推进,闽台交流合作更加紧密,民生福祉显著改善,福建妇女儿童事业乘势而上。制定《福建省妇女发展纲要(2011~2020年)》七个优先领域的主要目标和策略措施时,融入了福建海西先行的元素,并根据福建的地域特点和发展优势,将孕产妇死亡率、妇女常见病定期筛查率、女性高中阶段毛入学率、女性高等教育毛入学率、女性平均受教育年限、生育保险参保率、城镇女职工医疗保险参保率、农村安全供水受益人口比例这涉及4个领域的8项可量化指标目标值设定得高于"国家线"。

2012年2月召开的省第五次妇女儿童工作会议,站在更高的起点上全力推动妇女儿童工作。苏树林省长在这次会上充分肯定了福建妇女儿童工作的成效,并对今后妇女儿童工作作出了明确的部署,提出了更高要求。强调省委、省政府高度重视妇女儿童工作,认真贯彻男女平等基本国策和儿童优先原则,加强组织领导,优化发展环境,妇女儿童事业呈现蓬勃向上的良好态势,妇女儿童健康水平显著提高,法规政策体系逐步完善,妇女儿童享有的公共服务不断拓展,妇女参与经济社会事务管理的渠道更加多样,基本实现了2001~2010年福建省妇女、儿童发展两个纲要确定的各项任务。提出要把全面实施省政府颁布的2011~2020年福建省妇女、儿童发展纲要,作为指导当前和今后一个时期妇女儿童工作的纲领性文件,切实增强责任感和使命感,进一步提高妇女儿童的社会地位,有效保障妇女儿童的合法权益,全力开创福建妇女儿童事业的新局面。

一 福建妇女事业新发展

(一)妇女共享经济社会发展新成果

2010年以来福建紧紧抓住实施《海峡西岸经济区发展规划》先行先试的重大历史机遇,在更高起点上推进福建的科学发展和跨越发展,全省经济社会呈现持续、健康、较快发展的态势。以下应用社会发展水平综合评价体系,对全省及设区市2010~2013年人口发展、生活水平、公共服务和社会和谐四个领域的社会发展情况进行综合评价和分析。

1. 全省社会发展综合评价结果

(1)人口发展指标评价。如表1所示,以2010年的指标为参照，福建 2011~2013 年人口的自然增长率保持相对稳定，0~4 岁人口性别比 2010 年有所降低，为 118.04。城镇化进程加快，城镇人口比重由 2010 年的 57.1% 上升到 2013 年的 60.8%。人口平均受教育年限达 8.8 年。随着经济发展水平的提高和卫生保健事业的发展，平均预期寿命达到 73.9 岁，其中女性 78.64 岁，比男性高出 4.74 岁。

表 1　福建省社会发展水平综合评价指标（2010~2013 年）

领域	评价指标	单位	2010 年	2011 年	2012 年	2013 年
人口发展	人口自然增长率	‰	6.11	6.21	7.01	6.19
	0~4 岁人口性别比	女性=100	124.66	121.72	118.04	—
	平均预期寿命	岁	73.9	—	—	—
	人口总负担系数	%	30.5	30.5	31.6	—
	城镇人口所占比重	%	57.1	58.1	59.6	60.8
	平均受教育年限	年	9.02	8.8	—	—
生活水平	恩格尔系数	%	42.2	42.2	42.1	39.8
	城镇居民家庭人均可支配收入	元	21781	24907	28055	30816
	农村居民家庭人均纯收入	元	7427	8779	9967	11184
	城市人均住房使用面积	平方米	38.52	37.91	38.2	38.6
	农村人均住房面积	平方米	49.3	49.8	50.8	48.8
	每百户居民家庭拥有的电脑数	台	59.1	72.81	79.19	81.26
	农村饮用自来水人口占农村总人口的比重	%	87.2	87.6	71.9	—
	人均生活用电量	千瓦小时	647	718	776	827
	农村卫生厕所普及率	%	79.7	85.5	88.5	90.67
公共服务	5 岁以下儿童死亡率	‰	9.68	9.31	8.32	7.74
	传染病发病率	1/10 万	559.18	556.03	653.7	598.1
	孕产妇死亡率	1/10 万	19.84	19.56	16.96	16.20
	初中毕业生升学率	%	92.9	84.08	89.57	84.42
	每百万人口拥有公共文化设施数	个	41	51	47	—
	每万人口拥有收养性社会福利单位的床位数	张	7.25	13.44	17.18	—
	教育卫生文化支出占财政支出的比重	%	27.9	26.4	29.4	26.9

续表

领域	评价指标	单位	2010年	2011年	2012年	2013年
社会和谐	城镇登记失业率	%	3.77	3.69	3.63	3.55
	交通、火灾死亡人口比率	1/10万	7.78	7.32	6.70	5.78
	每万人口刑事案件立案数	件	100.78	100.77	105.57	102.98
	城镇居民人均可支配收入最高最低收入户差异倍数	倍	6.93	7.76	7.21	—
	农村居民家庭人均纯收入高低收入户差异倍数	倍	5.62	—	—	—
	城乡人均收入之比	农村=1	2.9	2.84	2.81	2.76
	高中阶段在校学生性别比	女性=100	111.82	107.89	105.31	103.38

注：恩格尔系数、每百户居民家庭拥有的电脑数是按城镇、农村常住人口加权计算而成。

（2）生活水平指标评价。随着经济发展和社会进步，社会生活方式也发生了巨大的变化。城镇居民家庭人均可支配收入由2010年的21781元，增长到2013年的30816元，农村居民家庭人均纯收入也由7427元增长到11184元；2013年城市人均住房使用面积为38.6平方米，农村人均住房面积为48.8平方米；恩格尔系数三年保持在42左右，2013年为39.8，呈现由小康水平向富裕过渡的趋势。加快建设农村饮水安全工程，2012年全年解决200万农村人口饮水安全问题。

（3）公共服务指标评价。政府为公众提供的公共服务水平有所提升，5岁以下儿童死亡率和孕产妇死亡率均呈下降趋势，每百万人口拥有的公共文化设施和每万人口拥有收养性社会福利单位的床位数量呈上升趋势。教育事业优先发展，首批推进义务教育均衡发展，每万人口学前教育、高中阶段教育、普通高等教育在校生数均居全国前列。

（4）社会和谐指标评价。社会朝着平稳和谐方向发展，失业率控制在4%以下，在全国率先建立城镇最低生活保障制度，扶贫持续攻坚，贫富悬殊缩小，城乡居民的人均收入差距呈下降趋势。社会人文环境与自然环境优良。

2. 九个设区市妇女事业发展综合评价

全省九个设区市2011年以来社会总体保持良好发展态势，妇女事业发展各具特色。城乡居民人均收入继续提高（见表2），社会事业投入增加，公共服务水平提升，社会保障体系进一步完善。新农保制度实现全省覆盖，城镇居民养老保险试点启动实施，企业退休人员养老金水平和新农合、城镇居民医保的财政补助标准有较大提高。教育体制改革稳步实施，学前教育、高中阶段教育、普通高等教育每万人口在校生均居全国前列，实现"双高普九"目标的地区覆盖全省90%的人口，成为首批推进义务教育均衡发展的省份。稳步推进公立医院改革，基层医疗卫生机构全部实行药品零差率销售，人均基本公共卫生服务经费标准有较大幅度提高，免费孕前优生健康检查在全国率先开展、全面铺开。

表2 福建九个设区市2012年城乡居民收入

单位：元

地区	城镇居民人均可支配收入	农村居民家庭人均纯收入
福州市	29399	11492
厦门市	37576	13455
漳州市	23951	10389
泉州市	32283	11915
莆田市	24690	10311
三明市	23429	9375
宁德市	21825	8829
南平市	22235	8893
龙岩市	23765	9396

资料来源：《2012福建经济与社会发展白皮书》，福建新闻出版局，闽新出（2013）内书第02号，第127~220页。

厦门市作为海峡西岸的重要中心城市，全面推进跨岛发展战略，加快实施综合配套改革，坚持稳中求进、好中求快，实现经济社会健康协调发展。2011年已实现城乡义务教育完全免费，在全省率先实行了中等职业教育免学费。2012年再次获得全国城市文明指数测评首位，公共服务满意度评价居全国第二位。在全国率先实现城乡居民医疗保险制度统一，筹资标准提高到每人每年380元。人口性别比逐年下降，2012年达到99.1（女性为100）。

福州市作为省会中心城市，拥有独特的发展优势。在深化改革中，不断完善体制机制，强化政策对妇女事业的支持。在公共服务领域，加大文教卫生经费投入，2011年住院分娩率、农村孕产妇住院分娩率与农村高危孕产妇住院分娩率均达到100%。孕产妇死亡率降低至9.78/10万人。为打造福州市妇女儿童精神文化家园，投资2亿元，建成占地25亩、总建筑面积43631平方米的海峡妇女儿童活动中心，该中心成为全省最大的集文化、教育、娱乐为一体的妇女儿童活动阵地。

（二）妇女发展环境更优化

2011年以来，福建在深化改革中坚持以科学发展为主题，以转变经济发展方式为主线，经济稳健增长，城乡居民收入稳步上升，妇女的经济地位日益提高。随着男女平等基本国策被更多人知晓，性别平等理念更加深入人心，和谐的社会环境进一步推动全社会共同关注妇女发展。

2012年省政府适时出台《福建省基本公共服务均等化"十二五"规划》，在基本公共教育、基本医疗卫生、公共文化体育、就业公共服务、社会保险、人口和计划生育、基本社会服务、残疾人基本公共服务、基本住房保障等九大领域，实施51类共78个基本公共服务项目和31项保障性工程。与《国家基本公共服务体系

"十二五"规划》相比，福建省根据地方特色，增设了进城务工人员随迁子女平等接受义务教育、绝育奖励、居家养老服务补贴和高龄老人津贴、残疾人辅具适配行动、残疾人补助救助计划等5个服务项目，以及进城务工人员子女关爱工程、"四馆一站一室"文化设施工程、公共阅读服务工程、人力资源和社会保障信息化提升工程、基本社会服务体系工程、福乐家园工程等6项保障性工程，使公共服务更多惠及百姓尤其是妇女儿童，为妇女事业又好又快发展创造了更加适宜的外部环境。

围绕深化医疗卫生体制改革的重点工作任务，2012年省卫生厅联合13个部门制定下发了《关于进一步加强妇幼卫生工作的指导意见》，为全省妇幼卫生工作发展提供政策保障。2013年从财政超收中安排1.365亿元用于妇幼保健机构基本设备达标建设项目和危重症孕产妇监护救治网络项目。将全省城乡低保妇女进行两年一次的免费妇女病检查写进了《福建省实施〈妇女权益保障法〉办法》，从2009年起省政府拨专款实施该项目，至2012年底，全省已为近45万城乡低保妇女提供了免费妇女病检查。

从源头上推动女性成长成才。2011年省妇联出台《关于在全省市县乡三级人大换届选举中协助做好妇女参选和提高女代表比例工作的意见》，明确要求此次换届妇女代表比例要不低于20%，并且各级人大常委会组成人员中应当有适当数量的女性，要有妇联组织的领导成员参加。有条件的地方要按照《福建省实施〈妇女权益保障法〉办法》中规定的省、设区市人大女代表候选人不低于30%，县（市、区）、乡（镇）人大女代表候选人不低于25%的比例，推选人大代表候选人。2012年福建省妇联联合省委组织部、省科技厅、省公务员局等六个部门，率先出台《关于支持女性人才成长十项措施的通知》。省妇联牵头成立福建省女科技工作者协会，并推动在实施的各类人才工程、人才项目和科技计划向女性科技人才倾斜，促进女性科技人才成长。

全面推进福建生态省建设。森林覆盖率达63.1%，保持全国首位，综合评价指数名列全国前茅。已连续10年造林面积超过200万亩，其中2011年、2012年两年造林绿化面积超千万亩。目前，全省有林地面积1.15亿亩，其中竹林1490万亩，居全国第一；森林蓄积量4.84亿立方米，其中人工林蓄积量1.96亿立方米，也居全国第一。据专家评估，目前全省森林生态效益的价值超过7000亿元，全省森林每年吸收的二氧化碳相当于全省二氧化碳排放总量的57.8%。良好的环境成为海峡西岸经济区的重要品牌。23个城市的空气质量连续多年达到或超过国家环境空气质量二级标准。12条主要水系水质状况均为优，水域功能达标率为96.5%，Ⅰ类~Ⅲ类水质所占比例达到94.5%，高于全国七大水系的平均水质量。城市建成区绿化覆盖率达41.39%，山青水绿，人与自然和谐，妇女享有不断优化的人居环境。

（三）妇女自身展现新风采

福建1800万妇女在省委、省政府的领导下，积极融入海峡西岸经济区建设的伟大实践中，为福建省提前三年全面建成小康社会自强不息，艰苦奋斗，奋发有为。广大妇女与时代同命运，共创文明祥和之区，共享生态优美之区，在各行各业中辛勤努力，勇于担当，实现了自身价值的不断提升和全面进步。

响应"海西应先行，妇女当奉献"、"巾帼建新功，共铸中国梦"的号召，弘扬福建精神，传承"惠女精神"，福建妇女以自尊、自信、自立、自强的新时代女性形象出现在巾帼建功的征途上。福建女性人才群英荟萃，她们奋发有为，勇于攀登，为海西建设奉献着智慧和力量。2013年荣获第四届全国道德模范"全国敬业奉献模范"，被少年儿童尊称为"法官妈妈"，党的十八大代表，南平市延平区法院少年审判庭庭长詹红荔；荣获全国道德模范先进个人，被社区居民尊称为"小巷女总理"，党的十八大代表，福州市鼓楼区军门社区主任林丹；2011年荣获全国助人为乐模范称号，2013年获授中国青年五四奖章，被尊称为"最美姐姐"，党的十八大代表，厦门市名悦休闲有限公司技术总监刘丽；2011年第43届南丁格尔奖获得者，被师生尊称为"白衣铁人"，省九届党代会代表，福建医科大学副院长姜小鹰等一批先进典型备受瞩目。2011年以来，三年中获得全国、省（直辖市）、市（区）、县（街道）表彰的"三八红旗标兵"157名，"三八红旗手"5955名，"三八红旗集体"1583个，"巾帼建功标兵"2138名，"巾帼文明岗"2533个，五好文明家庭35198户。"半边天"的风采在巾帼建功、服务社会、建设海西的主战场中彰显独特的人格魅力。

（四）妇女事业呈现新特点

重视民生项目投入，让妇女得实惠。2013年全省实现生产总值21910亿元，财政总收入3428.76亿元。2013年，全省公共财政总收入完成3428.76亿元，其中地方公共财政收入突破2000亿元大关，完成2118.67亿元，增速首次位居全国第二位、东部第一位[①]。加大民生投入，全省财政用于与民生直接相关的支出达到2205.29亿元，占比达72.2%。2013年省委省政府确立的21个为民办实事项目，涉及城乡养老、社会保障、教育卫生、保障性安居工程、社会公共服务、环境保护、食品安全、平安建设等方方面面，广大城乡妇女儿童得实惠、普受惠、长受惠。

维护妇女儿童健康取得新进展。持续实施国家重大公共卫生农

---

① 王永珍：《福建日报》2014年1月6日，http://fjrb.fjsen.com/fjrb/html/2014-01/06/content_702742.htm。

村妇女宫颈癌和乳腺癌检查项目，2012年启动新一轮农村妇女"两癌"、城乡低保妇女妇科病检查，使38万城乡低保妇女和贫困妇女受益。持续实施"母亲健康快车"，为农村妇女儿童提供医疗服务26099次。从2011年发起"母亲健康1+1"公益活动，得到社会各界的广泛认同和参与，共募集专项善款426.09万元，累计救助贫困妇女两癌患者1165名。

妇女儿童活动阵地建设取得新突破。省委省政府于2011~2012连续两年，将市县两级妇女儿童活动中心建设列入为民办实事项目。自2010年起，省级财政分三年共安排专项资金1.08亿元，对32个财政困难县（市）建设妇女儿童活动中心给予重点扶持，对15个非财政困难县（市、区）建设妇女儿童活动中心采取以奖代补的方式给予一定扶持。推动基层妇女儿童活动中心良好运营，确保妇女儿童活动中心作为公益性群众文体活动场所向普通百姓直接开放，满足妇女儿童的基本科教、文化、娱乐、精神需求。截至2013年底，全省新建成妇女儿童活动中心35个，在建11个，基本实现每个县区拥有一个具有一定规模的妇女儿童活动场所。

深化闽台文化交流合作取得新成效。基于福建的区域特质和闽台文化的渊源，继续举办第三、四、五届海峡妇女论坛，促进两岸文化深入交流，实现两岸妇女合作的延续和创新。以两岸家庭教育研讨和百个家庭结对的形式，增进海峡两岸家庭和儿童的友好往来。以海峡亲子联谊、海峡性别文化研究和海峡巾帼健身大赛为品牌的活动，不断拓展两岸互访交流的领域，进一步形成了两岸基层妇女组织及妇女行业协会的双向互动机制。三年来与台湾20多个有影响力的妇女组织建立了联系，形成对口合作、常态往来的格局，两岸先后有3000多人次参与文化交流活动。

女性参与公共管理与决策上新台阶。落实《2009~2013年全国党政领导班子建设规划纲要》的精神和要求，加快选拔、加强培养、加大储备，推进女性人才培养和成长成才。各界别女性人大代表、政协委员具有较强参政议政意识和水平，她们积极参与调研，建言献策，推动了女性参与立法和决策的影响力。2012年，新修订的《福建省实施〈村民委员会组织法〉办法》和《福建省村民委员会选举办法》明确规定：村民委员会由主任、副主任和委员共3~7人组成，成员中至少有1名妇女成员，为基层女性参与民主管理提供了政策保证，确保了女性进村委会和妇代会主任进村"两委"两个100%目标的实现。

探索参与社会管理创新新机制。实行维权工作项目化运作，推广妇女维权"三项"机制，延伸12338妇女维权热线，成立妇女议事会1.3万个，妇女互助组1.7万个，信访代理、协调案件1.1万件。建立968938居家养老及家政服务信息平台，主动承接政府职能，打造妇女家政服务品牌。不断深化巾帼志愿服务活动，培育巾帼志愿服务文化和品牌，全省已累计登记注册巾帼志愿者20多万名。

妇女组织呈现多元发展新局面。2011年已在全省16598个村和社区全部建立"妇女之家"，并在机关事业单位、两新组织、商会、协会、楼宇等领域新建妇女之家5296个。妇女自愿组成的各种横向妇女组织和团体会员，跨越了不同职业和阶层，越来越多的妇女组织的兴起，旗帜鲜明地维护妇女权益、促进性别平等和妇女发展。

近年来福建妇女发展取得经验与成效的原动力，是紧跟中国妇女运动发展的前进方向，是坚定不移跟党走中国特色社会主义道路；是在福建改革开放、海西建设发展的有力政策推动下，实施福建省妇女发展纲要，不断实践累积、铺就了深厚基础；是勤劳智慧的福建妇女弘扬"惠女精神"，以敢拼会赢的气魄，激昂斗志，奉献才智，赢得了更广阔的发展空间。

展望福建妇女发展前景，妇女的社会地位与经济社会进步紧密相连。党的十八大提出了经济建设、政治建设、文化建设、社会建设、生态建设五位一体的总体布局，福建要提前三年全面建成小康社会，城乡居民的小康水平必将跃上一个新的高度。放眼将来：2015年，"纪念联合国第四次世界妇女大会——北京＋20"又是一个推动中国性别平等伟大事业迈向新征程的大好契机。这是一个催人奋进的时代，"两个一百年"的宏伟蓝图，激励福建妇女坚定走中国特色社会主义妇女发展道路，努力实现妇女平等依法行使民主权利，平等参与经济社会发展，平等享有改革开放的成果，朝着中国梦指引的前进方向，携手并肩共同书写福建妇女事业发展新的篇章。

二 福建妇女事业新成效

（一）妇女健康地位

妇女健康是政府把妇女健康纳入经济社会发展的总体规划，密切关注妇女健康需要与医疗技术、卫生保健、免疫预防、营养卫生等机制的协调、配套，落实和保障妇女的健康权益。

1. 总体现状分析

省妇女发展纲要监测统计资料显示，目前妇女健康地位呈现如下态势。

（1）妇幼卫生服务网络建设。省委省政府高度重视妇幼卫生事业，加大财政投入，合理规划办好妇幼保健机构，加强对妇幼卫生工作的指导，开展等级妇幼保健院建设，促进妇幼保健机构规范管理。确认了11个单位为二级甲等妇幼保健院，6个单位为二级乙等妇幼保健院，定期开展妇女病普查以降低妇科疾病尤其是乳腺

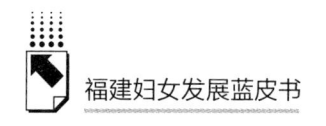

癌、宫颈癌的发病率。2013年在全省7所市级、74所县级妇幼保健机构投入1.04亿元购置急需设备，投入3250万元支持6所省级、29所市级和58所县级医疗保健机构，建设省、市、县三级危重症孕产妇监护室，同时安排专项培训经费用于提升全省产科医护人员救治危急重症孕产妇的能力。

（2）母婴健康状况。将母婴保健事业纳入国民经济和社会发展规划，合理安排重大公共卫生服务项目和资金，重点提高妇女儿童危急重症救治和出生缺陷预防。落实农村孕产妇住院分娩专项补助资金与新型农业合作医疗基金统筹管理制度，落实贫困孕产妇救助制度，实现救助与基本医疗保险的衔接。2012年全省孕产妇死亡率下降到16.96/10万，其中城市为12.6/10万，农村为18.3/10万。2013年城市孕产妇死亡率为11.64/10万，农村孕产妇死亡率为17.51/10万。

（3）贫困"两癌"妇女救治。认真实施国家农村妇女"两癌"免费检查项目，2009～2011年，在全省65个项目县（市、区）为17万名35～64岁农村妇女开展宫颈癌检查，在27个项目县（市、区）为3.6万名35～64岁农村妇女开展乳腺癌检查。2012年全面动员部署，用4个月时间，完成18.1万人宫颈癌检查，完成率106.7%，确诊宫颈癌84人；完成3.6万人乳腺癌检查，完成率100%，确诊乳腺癌29人。同时加大多部门综合协调力度，全面实施城乡低保妇女妇科病检查项目，至2012年底，共为近45万城乡低保妇女开展免费妇女病检查，被查出患有"两癌"的低保妇女人数为405人。

2. 与全国部分指标比较

在《福建省妇女发展纲要（2011～2020年）》的七个发展领域中，把保障妇女平等享有基本医疗和公共卫生优质服务、提升妇女的生命质量和健康水平放在首位。该领域确立的两项指标高于全国平均线,即孕产妇死亡率控制在16/10万以下和妇女常见病定期筛查率达到90%以上。

从2012年的监测统计报告部分指标分析(见表3)。非住院分娩新法接生率、孕产妇死亡率、孕产妇重度贫血患病率和孕产妇系统管理率均已领先全国水平。2012年的监测数据还显示,福建省婚前医学检查率为96.87%,远远高于全国48.42%的水平,2013年仍保持这一水平,已连续六年居全国首位。但高危产妇的比重为27.24%,比全国平均水平高。2012年妇女常见病筛查率仅为35.0%,比全国平均水平低33个百分点,距90%的目标差距较大。

表3 2012年孕产妇保健情况比较

	住院分娩率(%)	非住院分娩新法接生率(%)	高危产妇比重(%)	孕产妇死亡率(1/10万)		孕产妇重度贫血患病率(%)	孕产妇系统管理率(%)
				城市	农村		
全国	99.2	75.89	18.52	22.2	25.6	1.65	87.6
福建	99.99	97.3	27.24	12.6	18.3	0.83	89.56

资料来源:《2013中国妇女儿童状况统计资料》和《福建省妇女发展纲要统计监测报告》。

(二)妇女教育地位

获取平等受教育的权利与机会是提升妇女社会地位的前提,也是实现妇女全面发展的重要途径。福建坚持落实教育优先发展地位,始终将教育纳入海峡西岸经济区建设整体布局,公共资源优先满足教育需要,财政资金优先保障教育投入,为男女两性平等接受教育提供了坚实的保障。

1. 总体现状分析

省妇女发展纲要监测统计资料显示,目前妇女教育地位呈现的

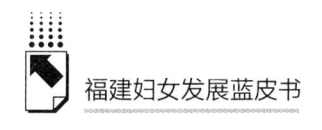

态势如下。

（1）义务教育均等化水平。稳步实施教育体制改革，学前教育、高中阶段教育、普通高等教育每万人口在校生均居全国前列，实现"双高普九"目标的地区覆盖全省90%的人口，成为首批推进义务教育均衡发展的省份，保证女童能够拥有平等接受义务教育的权利。2012年，覆盖全省人口96.7%的地区已实现高水平高质量普及九年义务教育的目标，小学适龄儿童入学率达99.99%，初中入学率达98.72%，均保持在较高水平。但小学女生辍学率为0.53%，高于男生的0.48%。

（2）两性教育水平差距。统筹谋划，精心实施，着力在缩小男女两性教育水平差距上取得成效。2012年福建省女性青壮年文盲率仅为0.8%，远远低于2%的目标值；女童学前三年毛入学率达95.4%，在园儿童中女童占45.4%；小学初中在校生中女生占有比例为45.7%；高中阶段女生毛入学率为88.19%，男生为91.87%。2013年普通高中在校生中女生占48.9%；普通高校、职业学校在校生中女性比例分别为51.37%和45%；女性高等教育毛入学率为37.42%。

（3）妇女教育培训资源。省农办会同省委组织部、省农科院等有关部门实施农村实用技术远程培训，并通过福建电视台公共频道将培训的实况同步直播到千家万户，保证农村女性共同享有实用技术的培训资源，提高广大农村妇女依靠科技增收致富的技能和信心。2012年组织农村妇女劳动力参加阳光工程培训，参加培训学员6.37万人，其中女学员约3.34万人，占培训总数的52.4%。省残联实施2012年省委、省政府为民办实事助残项目，为5353名农村残疾妇女免费开展实用技能培训。

2. 与全国部分指标比较

根据《福建省妇女发展纲要（2011~2020年）》，福建妇女教育与全国比较，有三项指标超越全国水平，体现在女性高中阶段毛入学率达94％、女性高等教育毛入学率达50％和主要劳动人口中女性平均受教育年限达11.5年。从2012年的监测统计数据比较（见表4、表5）可见，福建妇女教育地位整体上与全国水平相近，受过高等教育的女性比例相对较高。2013年普通高校专职教师女性人数为20441人，占47.64％，其中正高职称人数1176人，占24.67％。

表4　2012年各级教育入学率及义务教育巩固率

单位：%

	学前教育毛入学率	小学学龄儿童净入学率	初中阶段毛入学率	九年义务教育巩固率	高中阶段毛入学率	高等教育毛入学率
全国	64.5	99.9	100	91.8	85	30
福建	95.4	99.9	98.72	101.7	90.7	37.42

表5　2012年各级各类学校在校生中女生的比例

单位：%

	学前教育	普通小学	普通初中	中等职业教育	普通高中	普通本专科	成人本专科	高校研究生
全国	46.31	46.26	47.09	53.64	49.4	51.36	54.35	48.95
福建	45.4	45.65	45.64	46.84	48.89	51.44	59.7	51.11

资料来源：《2013中国妇女儿童状况统计资料》和《福建省妇女发展纲要统计监测报告》。

（三）妇女经济地位

平等获得经济资源和参与经济发展是提升妇女经济地位的关键。福建省认真贯彻落实促进就业的政策措施，坚持实施积极的就业政策，引导全社会对女性就业工作给予更多的关注，保障妇女就业总体稳定。

1. 总体现状分析

据省妇女发展纲要监测统计资料，目前妇女经济地位呈现的态势如下。

（1）城乡妇女创业就业。2011年，全社会从业人数比2010年增加278.7万人，女性从业人数增加71.4万人，占新增人数的25.62%；2012年，全社会从业人数比2011年增加108.9万人，女性增加35.9万人，占新增人数的32.97%。2012年公务员考试共录用6824人，其中女性2567人，占37.6%。扩大妇女创业小额贷款覆盖面，2011~2013年，全省累计发放妇女小额担保贷款52.542亿元，受益妇女8.1776万人。发放巾帼扶贫小额贷款累计14748.5万元，受益妇女9136户。创建省级巾帼示范基地共计204个，其中重点巾帼示范基地40个。

（2）妇女就业分布及非农化水平。2012年妇女占从业人员比例为42.9%，已达到本轮妇女发展纲要的终期目标要求。城镇单位女性就业人员246.81万人，比上年增加12.74万人，增长5.4%。女性非农化就业人员的比例为17.3%，比上年提高1.0个百分点。2013年底福建统计年鉴数据显示，2012年城镇单位女性从业人员在一、二、三产业的分布分别为0.53%、64.5%、34.97%，在总从业人员中的占比是41.14%、42.22%、47.68%[①]。

（3）农村及贫困女性就业。各级政府和部门一直把农业实用技术培训作为提高农村妇女科技素质的重中之重来抓，依托公共就业服务机构和基层劳动保障平台，持续开展"零就业家庭"的就业援助和农村"一户一就业"帮扶。2012年全省城镇新增就业65.38万人，比上年增加3.13万人；农村贫困家庭"一户一就业"1.77万人，消除"零就业家庭"1878户。全省企业紧缺工种培训4万余人，直补企业培训4.1万人，以项目运作开展农村转移就业

---

① 《福建统计年鉴—2013》，http://www.stats-fj.gov.cn/tongjinianjian/dz2013/index-cn.htm。

培训 4.83 万人，参加创业培训的女性 0.90 万人，直接服务于妇女创业就业。各级工会女职工组织为 2.59 万名困难女职工筹措帮扶资金 150 多万元，2.19 万名困难女职工直接受益。

（4）女性专业技术人才培养。积极落实和完善性别保护政策，加强妇女专业技术人员队伍建设，支持鼓励女性专业技术人员提高学术水平。2012 年，高级专业技术人员中的女性比例达 30.8%，比上年提高 0.4 个百分点，进一步改善了专业技术人员队伍性别结构。在重视女性专业技术人才培养的同时，进一步加大女性高层次人才的选拔培养力度，女性参与福建省经济社会发展的作用得以彰显。

2. 与全国部分指标比较

从 2012 年的监测统计数据看，福建城镇登记失业率为 3.7%，低于全国的 4.1%；妇女占从业人员比例为 42.9%，其中城镇单位女性就业人员为 246.81 万人；妇女非农占从业人员的比例为 17.3%，男女非农就业率差距缩小。全国妇女占从业人员比例为 45.98%，高于福建。从 2010 年第三期中国妇女社会地位调查（福建数据）显示，福建城镇妇女在业率高于全国平均水平，但农村妇女的在业率则远低于全国平均水平，由此，福建妇女的总在业率低于全国平均水平，且福建农村妇女的非农化程度呈现"女高男低"的态势①。

（四）妇女政治地位

妇女平等参与国家社会事务决策与管理，是提升妇女参政影响力的重要指标。福建省政府主动将性别意识纳入决策主流，营造两

---

① 王金玲：《转型与发展——福建妇女社会地位研究（2000~2010 年）》（上卷），中国妇女出版社，2013，第 147 页。

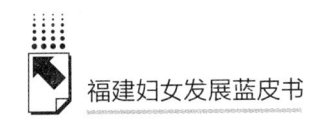

性和谐发展的社会环境,通过拓宽妇女参与决策和管理的渠道,提升妇女的参政水平。

1. 总体现状分析

据省妇女发展纲要监测统计资料,目前妇女参政地位呈现以下态势。

(1) 高层女性的政治参与。目前省委、省人大、省政府、省政协四套班子均配有1名女干部,设区市党政正职中配有3名女干部,市级领导班子中女干部配备率达到100%,县级政府领导班子中女干部的配备率达到96.4%。省十二届人大代表中女代表139名,占24.9%,省政协委员中女委员138人,占20.6%;人大常委和政协常委中的女性分别为10.0%和20.8%。在2012年党的第十八次代表大会中,福建省代表中女代表共14名,占35%。女性参与社会管理决策的权益得到更多的保障。

(2) 女干部的数量与岗位构成。截至2012年4月的统计数据,福建省现有干部总数260255名(以机关干部、事业单位管理人员和厅级干部计数),其中女干部60082名,占23.1%。省级女领导干部5名,占同级干部数的11.9%;正厅级女干部26名,占同级干部总数的10.4%;副厅级女干部130名,占同级干部总数的15%;正处级女干部1260名,占同级干部总数的15%;副处级女干部2347名,占同级干部总数的17.6%;正科级女干部6993名,占同级干部总数的16.2%,副科级女干部9812名,占同级干部总数的18.5%;科员及以下女干部39479名,占同级干部总数的28%。截至2013年底,全省公务员中女性占20.7%;地(市)、省直厅级女干部占全省地(市)、省直厅级干部总数的14.25%,其中正地(厅)级别女干部占同等级别干部的12.54%。

(3) 女性成长成才空间。从2012年开始,福建省将女性申请青年科技项目基金的年龄从原先的35岁放宽到38岁,提高了女科技工作者获得青年科技项目基金资助的比例。在全国率先出台《关于支持女性人才成长的十项措施》，成立女科技工作者协会，首批会员来自高校、科研、企业界的高层次女科技人员达620多人，打造了支持服务女科技人才创新创业的平台，为更多女性进入更高层次发展注入活力和动力。

（4）女性进入村级组织。在2012年村级组织换届选举中，省妇联明确提出"确保村委会成员中有妇女成员，确保妇代会主任进村"两委"；提高村妇女代表当选率，提高女村支书和女村主任当选率"的目标，同时委托福建省妇女干部学校在7个设区市的31个县（区）举办了31期专题培训班，参与培训6284人次，全面推进村委会女成员"专职专选"的成效，首次实现了女性进村委会100%和妇代会主任进村"两委"100%；村党支部中女性成员占14.22%，比上届提高4.5个百分点；村委会中女性成员占29.5%，比上届提高了8.1个百分点；女支书和女村主任比上届增加184人。

（5）女职工参与民主管理。各级工会重视支持女职工参与企业民主管理和提高自身参政议政水平，逐步提高女代表的比例和女职工干部配备率。由表7可见，2012年参加职代会的职工代表中女职工代表24.28万人，占33.2%。推荐优秀女职工进入企业各级领导班子、董事会、监事会等，使女职工的意见和建议能够影响到决策层。2012年，企业董事会中女职工董事比例为6.3%，比2011年提高1.9个百分点；企业监事会中女职工监事比例为6.0%，比2011年降低3.3个百分点。

2. 与全国部分指标比较

福建妇女参与决策和管理的水平与全国部分指标的比较，由表6、表7可见。在人大、政协高层，女性所占的比例基本与全国相当；在企业和群众性自治组织中的女性比重低于全国的水平，尤其是在企业董事会中女职工董事占职工董事比重、企业监事会中女职工监事占职工监事比重以及村委会主任中女性比重均处于较低水平。在2012年新当选的村委会成员和村委会主任中，女性比例分别为29.5%和3%（见表8），可见基层组织中女性担任主干的比例相对偏低。

表6 第十二届人大女代表及常委和政协女委员及常委的比例

单位：%

	人大女代表	政协女委员	人大女常委	政协女常委
全国	23.4	17.8	15.5	12
福建	24.9	20.6	10	20.8

表7 2012年职工代表、企业董事会、企业监事会中女性代表的比重

单位：%

	职工代表女性比重	企业董事会中女职工董事占职工董事比重	企业监事会中女职工监事占职工监事比重
全国	29.8	26.4	27
福建	33.2	6.3	6.0

表8 2012年社会组织和群众性自治组织中女性比重

单位：%

	社会团体单位成员中女性比重	民办非企业单位成员中女性比重	居委会成员中女性比重	居委会主任中女性比重	村委会成员中女性比重	村委会主任中女性比重
全国	22.3	37.8	48.8	41.4	22.1	11.7
福建	12.7	41.4	64.8	39.6	29.5	3

资料来源：《2013中国妇女儿童状况统计资料》和《福建省妇女发展纲要统计监测报告》。

（五）妇女社会保障地位

在推进经济社会发展的同时，注重同步推进社会保障事业发

展，扩大基本参保覆盖面，提高社会保障水平，逐步健全社会救助体系，保障广大妇女平等享有发展成果。

1. 总体现状分析

据福建省妇女发展纲要监测统计资料，目前妇女社会保障地位呈现以下态势。

（1）城乡妇女社会保障。2012年城镇基本养老保险参保人数中女性人数为350.25万人，比2011年增加25.75万人，增幅为7.9%；城镇女职工生育保险参保人数214.00万人，比上年增加14.7万人，增幅为7.4%；城镇女职工参加工伤保险人数为231.58万人，比上年增加35.47万人，增幅为18.1%；城镇女职工和女居民基本医疗保险参保人数为558.67万人。已实现新型农村社会养老保险和城镇居民社会养老保险全覆盖，全省城乡居民养老保险参保率达到89.9%，全省职工生育保险覆盖率达91%以上。

（2）2012年从福建省实际出发，修订了《福建省失业保险条例》，从完善法律法规层面上进一步让妇女享有更充分的基本社会保障权益。已有94.8%的企业执行《女职工劳动保护特别规定》。落实城乡低保补助政策，提高贫困妇女的最低生活保障。

（3）新型农村养老保险。2011年，在全省46个县（市、区）同步开展新型农村社会养老保险（简称新农保）参保试点，至2012年4月，全省参加新农保人数为1316.77万人，走在全国的前列。试点以来累计收取缴纳保费20.35亿元，发放养老金29.12亿元，有302万老年新农保居民领取养老金。2012年新型农村社会养老保险参保人数为1393.36万人，比2011年增加183.36万人，增幅为15.2%。农村妇女养老保障同步覆盖和提升。

2. 与全国部分指标比较

《福建省妇女发展纲要（2011～2020年）》更加注重妇女平等享有社会保障和社会福利水平的提高，提出了生育保险参保率达到

95%以上和城镇女职工医疗保险参保率达到95%以上的目标。2012年监测统计数据显示，福建城镇登记失业率控制在3.63%，低于全国4%的水平；执行《女职工劳动保护特别规定》的企业比重为94.8%，大大高于全国66.5%的水平；落实城乡低保补助政策，城乡居民最低生活保障标准基本与全国平均水平相当。

（六）妇女社会生活地位

进一步落实男女平等基本国策，加大男女平等基本国策的宣传力度，形成两性平等、和谐的家庭和社会环境，不断促进家庭和谐幸福、社会文明进步，共同建设"百姓富、生态美"的福建。

1. 总体现状分析

据福建省妇女发展纲要监测统计资料，目前妇女社会生活地位呈现以下态势。

（1）妇女公共文化资源。2011年福建在全国率先实施文化信息资源共享工程，每万人拥有公共图书馆建筑面积和群众文化设施面积居全国前列，全面实现已通电的自然村广播电视"村村通"，全省行政村农村有线广播"村村响"，让农村妇女享有更多的公共文化资源。

（2）性别平等的社会氛围。进一步落实男女平等基本国策，形成两性平等、和谐的家庭和社会环境。发挥媒体舆论宣传导向作用，创新妇联新闻宣传工作的手段方法和机制，加大男女平等基本国策的宣传力度，持续开展男女平等基本国策宣传活动和先进性别文化宣讲活动，推动性别平等在环境与发展、文化与传媒、社会管理与家庭等方面的体现。加强家庭道德建设，倡导有道德有责任的婚姻家庭观念。在全省乡村社区举办百场家庭和睦大讲坛和千场家庭教育公益大讲坛，把先进的性别文化和科学的家庭教育知识送进千万家庭。

(3) 妇女人居生态环境。福建继续保持水、大气和生态环境质量均为优的良好态势，生态环境质量继续名列全国前茅，妇女的人居生态环境不断改善。落实《福建省生态功能区划》和实施"闽江、九龙江流域水环境综合整治和水资源保护"项目，最大限度降低项目建设对环境造成的影响，降低水污染对妇女的危害。2012年，全省设区市、县级市和县城的集中式饮用水源地水质达标率分别为100%、99.2%和98.9%。农村安全供水受益人口比例为71.9%，农村卫生厕所普及率为88.5%。加快推进生态市、县、镇村创建工作，至2012年底，全省有国家级生态县3个、省级生态县（市、区）27个、国家级生态乡镇（街道）100个、市级以上生态村8800个，广大妇女积极参与生态文明建设，践行节能减排、低碳生活，在日益优化的社会环境中，实现人与自然、人与社会的和谐发展。

2. 与全国部分指标比较

近年来，福建生态文明建设力度大，在水土流失治理、集体林权改革与生态补偿等方面取得较好成效。节能降耗水平居全国前列，森林覆盖率保持全国首位，水、大气、生态环境质量优良，"清新福建"已成为福建最具影响力的新名片。《福建省妇女发展纲要（2011~2020年）》将农村集中式供水受益人口比例提高到100%，以实施纲要目标值为动力，在农村厕所普及、城市污水处理和城市生活垃圾无害化处理等方面都取得了显著成效（见表9）。

表9 2012年部分环境资源指标比较

	森林覆盖率(%)	农村集中式供水受益人口比重(%)	农村厕所普及率(%)	城市污水处理率(%)	城市生活垃圾无害化处理率(%)
全国	20.36	71.9	71.7	87.3	84.8
福建	63.1	71.9	88.5	85.6	96.42

资料来源：《2013中国妇女儿童状况统计资料》和《福建省妇女发展纲要统计监测报告》。

（七）妇女法律地位

不断完善保障妇女权益的地方性法规体系，促进男女平等和妇女发展。各级政府加大普法宣传力度，普及《福建省实施〈妇女权益保障法〉办法》和相关法律知识，增强全社会维护妇女合法权益的意识。

据福建省妇女发展纲要监测统计资料，目前妇女法律地位的态势如下。

（1）维护妇女权益的工作手段。加强社会治理创新，以覆盖全省的"妇女之家"为依托，以"履职、用情、依法、服务、维稳"的理念开展妇女维权工作。2011年以来，全省妇联系统联动开展"妇联主席下基层大接访"，实现县以上12338妇女维权公益服务热线全覆盖，各级妇联全面推进妇女信访代理/协理制、妇女议事制、妇女互助制（以下简称"三制"），积极引导妇女参与基层民主管理，拓展妇女群众利益诉求渠道，从服务妇女发展出发维护妇女合法权益。据统计，目前全省成立妇女议事会1.3万个，信访代理、协调案件1.1万件；建立村级妇女互助组1.7万个。

（2）打击侵犯妇女人身权益的犯罪活动。近三年，全省各级公安机关协同作战，严厉打击各种严重侵害妇女人身权利的违法犯罪行为。全省共破获拐卖妇女案件2683起，解救被拐妇女2001名。实行重大案件挂牌督办制，2012年以来共挂牌督办3批12起组织、引诱、容留、介绍妇女卖淫重特大案件，查破组织、强迫、引诱、容留、介绍卖淫刑事案件486起，依法刑事拘留犯罪嫌疑人967人，依法批准逮捕248件499人，依法提起公诉360件655人。

（3）开展法律援助工作。完善法律援助的申请条件，简化流程，保障妇女依法获得法律援助和司法救助。近年来，全省建立妇女法律援助工作站 94 家，在各级法律援助机构的帮助下，已有 15363 万名妇女获得法律援助；全省共有受家暴妇女儿童救助（庇护）机构数 419 个，受救助（庇护）的妇女儿童达到 2208 人次。注重婚姻家庭纠纷调解，运用亲情引导、心理辅导、教育等方法，引导当事人理性化解家庭纠纷。2012~2013 年，全省妇联系统的法律援助中心信访受理了 6152 例婚姻家庭权益纠纷，占信访案件总数的 72%~74%，其中涉及家庭暴力问题的案件占 30%。

（4）预防和制止家庭暴力。2013 年 10 月福建省公安厅出台《关于进一步加强和规范公安机关处置家庭暴力工作的通知》，以杜绝家暴处置工作中出现的未及时出警、出警后未按照法定程序展开处警、调查取证、询问、讯问等问题，进一步加强全省各级公安机关处置家庭暴力的工作效能。同年 11 月莆田市公安局制定《莆田市公安机关办理家庭暴力案件工作规定》，成为福建省首个市级公安机关办理家庭暴力案件的规范性文件。

（5）发挥政法部门女干警的作用。以詹红荔为代表的女政法工作者心系群众，奋发有为，在维护社会和谐稳定，维护妇女儿童合法权益中发挥重要作用。2011 年底，福建省共有女律师 1410 名，占 22.3%；女性公安机关人员 5115 名，占 12.3%；女检察官 1337 名，占 25.3%，其中女检察长 10 名；女法官 1437 名，占 25.4%，其中高级法院女法官 61 名，女法院院长 9 名。2013 年女法官 1706 人，占 28.80%；女陪审员 1106 人，占 35.92%；女检察官 1603 人，占 28.3%；公安部门女性的人数增至 5400 人，占 12.35%。执法队伍中这批女法官、女检察官、女警察、女律师成为维护妇女儿童权益的坚强力量。

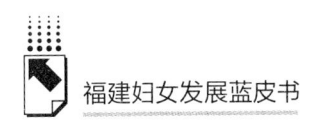

三 问题与挑战

(一)妇女需求多元化与发展的不均衡

《转型与发展——福建妇女社会地位研究(2000~2010年)》的调查结果显示,当今福建妇女需求多样、多元,涉及经济、医疗卫生、民生保障、教育、家庭等领域[①]。女性群体的社会分层日益复杂,妇女生存、发展和权益保障的需求呈现多样性;不同地区、不同阶层、不同群体妇女发展的不平衡现象比较明显。

1. 个体需求与资源供给不足的矛盾。随着城乡医疗卫生条件的改善,妇女对生命周期的身心健康关注程度提高,急切盼望增加城乡妇幼卫生资源供给和公共卫生服务。但妇女常见病的定期健康检查和"两癌"筛查后的医疗救助金额还不能全覆盖城乡贫困人群,防治和干预各种传染病的发生,尤其是预防和控制艾滋病和性病的母婴传播方面的任务依然严峻。在城镇化过程中,进城务工大龄妇女自身的技能欠缺,需要为其尽可能提供信息、工种和技能培训的机会。留守农村妇女则更需要解决技术培训、项目提供、资金扶持的问题,如提供"送科技下乡"和解决好启动资金的扶持问题。

2. 就业渠道与机会获取不均等的矛盾。妇女思想观念多元化和价值取向多元化带来了职业和就业行业的多样化。城乡妇女就业行业发生变化,农村妇女从农林渔牧业向非农制造业、批发零售业、住宿餐饮业和服务行业转移;城镇下岗再就业的妇女择业观念的变化,较多选择在商业服务业或制造业,以及个体经济、私营企

---

① 王金玲:《转型与发展——福建妇女社会地位研究(2000~2010年)》(上卷),中国妇女出版社,2013,第85页。

业、家庭企业等非正规渠道就业；女大学生在就业择业上，更倾向于政府公务员和事业单位、大型企业等。

3. 生活需求与传统观念制约的矛盾。妇女们生活理念和生活方式的多元化，体现为农村妇女也讲究穿着打扮，其言行举止、生活品位与城市人接轨。她们迫切需要从原来单一的劳作和繁忙的家务中解脱出来，拥有自己的闲暇时间，参与秧歌、广场舞等健身文艺活动，丰富精神文化生活。然而，传统观念中男女不平等的陈规陋习尚未完全消除，区域传统性别文化中男性主导的观念制约着农村妇女对美好婚姻生活和精神生活的向往，局部地区妇女遭遇家庭暴力是由于传统的习俗和自身维权意识的弱化。经济发展水平的地区城乡差异亦成为城乡妇女提高家庭生活质量的制约。

（二）城镇化背景下妇女发展面临的挑战

党的十八大和十八届三中全会明确指出了新型城镇化发展方向。然而，在城镇化和农业现代化的进程中，农村妇女承受社会转型变迁的巨大压力与挑战，突出体现在农村妇女教育与素质的不相适应；农村失地妇女的土地权益与社会保障的性别不平等。

1. 城镇化进程中妇女就业空间受限

近年来，女性劳动者的就业岗位逐渐从第一、二产业向第三产业转移，但受文化程度低和缺乏职业技能的限制，女性就业行业分布集中、范围狭窄、空间拥挤。从2012年底的统计数据可见，福建省城镇女性就业主要集中在服务行业、教育行业，以及卫生、社会保障和福利行业。

随着大量农村剩余劳动力逐步转移到城市，农村女性在非农行业中就业的比例增加，一些外出务工的农村妇女基本上没有任何的劳动技能，也没有接受过任何形式的正式培训，即使接受了正规培训的那部分人，其培训时间也很有限，她们在创业、就业过程中往往显得被动、胆怯、盲从，缺乏远见和开拓性。因此，不能无视城镇化中女性生存和发展的不易与艰辛，缺乏性别意识的城镇化将减少城镇化带来的红利。

2. 土地权益与社会保障的性别隔离

伴随着工业化、城镇化进程，农村土地转化为城市建设用地，失地农民将越来越多。农村妇女土地权益受侵害主要体现在：社会角色转变，使得失地女农民因适应城镇化能力弱而生活无保障；婚姻变动使妇女土地承包权"两头落空"；村规民约不合理，甚至违反法律规定，导致外嫁女、离婚妇女、丧偶妇女等群体在征地补偿利益分配中受歧视；由于集体经济组织成员身份确认难，妇女在集体经济组织收益分配中的待遇被"打折扣"；妇女宅基地使用权未受到充分保护等①，引发农业现代化中的性别隔离现象。

在城镇女职工生育保险覆盖人群中，因用人单位的性质不同，女职工的生育保险金额存在差异。个体经济、私营企业、家庭企业吸纳了不少下岗职工、失业人员和进城务工农民，其中以女性居多，企业为了节约成本，这些非正规就业者的工资、保险、安全、健康等基本保障水平低。一些从事自由职业的女性和在个体工商企业灵活就业的女职工，还存在不同程度的工伤保险未落实的情况。随着老龄化社会的到来，福建女性平均寿命比男性要延长5.37年，但老年女性依靠自身储蓄养老金的能力弱，尤其是部分老年丧偶女性的社会养老问题挑战着现有居家养老或社区养老资源的承载能力，使得城乡社会保障的性别隔离现象日益凸显。

（三）妇女自身素质与时代进步不相适应

由于体力条件及男耕女织传统性别分工的限制，一直到现在妇

---

① 吴军华：《农村妇女土地权益不能"打折扣"》，《中国妇女报》2014年3月7日，http://www.china-woman.com/rp/main?fid=open&fun=show_news&nid=104271。

女的发展都受到较大的束缚，在一些城乡区域依然存在"男主外、女主内"的旧思想，认同"丈夫的发展比妻子的发展更重要"，强化"男强女弱"的社会角色和女性的家庭角色，弱化了妇女的社会发展。农业现代化进程中的农村妇女因出嫁从夫居住而失去土地使用权，资源的分享不平等。

女性受教育和继续教育的机会相对于男性仍然较低。尽管农村成人教育，特别是农业实用技术培训一直得到各级政府和部门的重视，但由于农村妇女的文化程度不高，尤其是贫困妇女、40~50岁或50~60岁年龄段的妇女是农村的弱势群体，学习掌握现代科学技术的能力弱，不能将获取的农业生产信息、技术转化为生产力，面对激烈的市场竞争，很多农村妇女缺乏较强的应对能力，只注重眼前看得见的利益，没有长远的营运计划。还有的农村妇女存在"小富即满，小康即安"的惰性思想，不能适应进一步解放和发展农村生产力，以及深入推进新农村建设的时代要求。

（四）性别意识进入决策层尚需时间

在过去的三年中，福建妇女在就业、医疗卫生、教育、社会保障等方面均取得了可喜的进步，但认真查摆全面落实男女平等基本国策的成效，妇女在政治参与的领域依然存在性别差距，性别意识进入决策层尚需要时间。从女性参政数量看，公务员队伍中女性的人数比重维持在20.1%的较低水平。从女干部队伍比例看，普遍存在女干部在机关多，在基层少；在辅助性与服务性岗位多，在重要部门和关键岗位少。在各级领导决策层中，女性领导作为部门负责人的比例远远低于男性；在基层民主政治建设中，女性参与民主管理和公共决策的人数和比例依然较低。

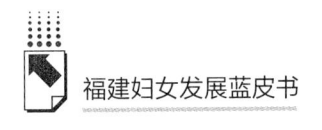

四 发展趋势与应对策略

（一）强化政府主体责任，推动妇女发展纳入决策主流

1. 将性别主流化纳入社会经济发展战略

党的十八大为推动妇女事业发展指明了方向，海峡西岸先行先试为提高妇女社会地位提供了新的机遇。党委政府应把全面贯彻落实男女平等基本国策提升到战略高度，主动为妇女发展创造条件，从政策上保障妇女成长成才，把性别平等和妇女发展作为实现"中国梦"的重要组成部分重点推进。各级党委政府作为践行男女平等基本国策的主体，需身先士卒，将基本国策制度化、具体化，使之体现在法律、法规和政策条文中，成为刚性的规定和指标；使基本国策成为政府决策的基本价值准则和前提，纳入决策的全过程。全面落实《福建妇女发展纲要（2011~2020年）》制定的目标任务，推行积极的公共政策，建立健全性别平等的社会保障制度、劳动力就业政策、人才管理制度、社会支持体系和干部选拔机制，确保性别平等的各项政策和措施得到全面落实和有效监督。

2. 建立和完善分性别统计与社会性别预算机制

从顶层设计入手，建立和健全分性别统计制度，畅通分性别统计的渠道，通过性别比较的数据来反映男女两性在获得资源、机会、权利、责任、能力，以及报酬和福利等方面的区别和相似性，显示他们的相对优势和劣势，提高政府部门和公民社会组织利用分性别统计数据进行社会性别分析的能力。倡导和推进社会分性别预算机制，强化政府在公共资源配置中确保性别平等的执行和监督，将社会分性别预算报告和建议纳入预算编制、决策、执行和评估的流程管理中。

3. 发挥妇联组织在国家治理能力现代化中的作用

在未来的国家治理体系中，妇联组织和其他人民团体具有十分重要的地位，各级妇联组织，要借助传媒和活动等渠道，向全社会传播男女平等的国策意识，加强与党政部门的沟通和交流，推进男女平等基本国策进党校、进学校、进机关、进社区，尤其是在高校中搭建性别研究平台发展妇女组织，提高妇女社会组织的比重。同时，要推动和监督地方立法更加体现性别平等的原则，通过妇女发展纲要的实施推动政府更好地贯彻男女平等基本国策，推动社会资源分配更加公正公平并适当向妇女事业倾斜，适应妇女群体阶层不断分化和物质文化需求日益提高的现实，以更好地维护和保障广大妇女的合法权益。

（二）关注公共服务需求，破解妇女发展的重点难题

1. 充分关注妇女对公共卫生服务的迫切需求

深化医疗卫生制度改革，将妇女整个生命周期享有良好的基本医疗卫生服务纳入公共卫生服务规划，在重大公共卫生服务项目的选择和设计上，要优先考虑妇女儿童的最迫切需求和身心健康，提高妇幼卫生服务的公平性和可及性。实行免费婚前医学检查和产前检查，预防和遏制艾滋病、乙肝病毒的母婴传播途径。全面普及艾滋病、性病防治知识和政策，加强对易感人群的综合干预，突出在重点地区和重点人群落实防控措施，切实提高防艾的成效。

2. 大力促进教育公共资源惠及更多妇女

促进教育公平是党的十八届三中全会决定的重要举措，扩大优质教育资源的覆盖面，逐步缩小区域、城乡、校际差距。保障家庭经济困难学生资助政策更大化，减少女性因家庭贫困而中途辍学，确保受流动因素影响的儿童教育公平，提高农村和偏远地区女性的受教育水平。整合教育资源，探索多样化教育模式，为妇女接受职

业教育和职业培训提供更多机会和资源,通过政策宏观调控实现对失业妇女、贫困妇女、残疾妇女教育培训资源的倾斜。加强对妇女就业再就业技能的培训,提升从业妇女的职业素养和专业技能水平,促进妇女向技术含量高的就业领域和岗位流动。

(三)加快城乡一体化步伐,推进性别平等和谐发展

1. 逐步建立城乡一体化的社会保障体系

全面落实《中华人民共和国社会保险法》,保障妇女普遍享有生育保险、医疗保险、养老保险、失业保险和工伤保险。完善城镇职工生育保险制度,扩大生育保险覆盖范围,提高参保率,为城镇灵活就业和非从业妇女提供生育保障。尽快破除城乡二元结构的篱墙,根据各地经济发展特点和水平,针对不同性质的就业群体,在低水平广覆盖的社会保障基础上,逐步建立起城乡一体化的社会保障体系。大力推进农民工、个体工商户和灵活就业人员参保。稳定新型农村合作医疗参合率并逐步提高保障水平。

2. 切实维护和推动妇女发展的平等权益

保障妇女的合法权益,按照《妇女权益保障法》的有关要求,切实维护妇女在政治、经济、社会、文化和家庭生活等方面的平等权利。针对当前农村侵犯妇女土地权益的突出问题,强化政府的主导地位,完善调解、仲裁和司法援助机制,加强农村土地承包经营权纠纷的调解和仲裁工作体系的建设。探索建立有性别视角的土地承包经营权登记制度,确保妇女在登记中的平等权利,废止不合理的村规民约。持续关注城镇化进程中的性别平等权益落实,解决农村妇女土地经营权确权登记共同享有问题,参与经济社会发展中的就业公平问题,婚姻家庭中的话语权问题,切实维护农村弱势妇女的生产、生活权益。

3. 着力解决农村妇女生存与发展的城乡差距

在加快发展现代农业，进一步增强农村发展活力的同时，应将大力推进性别平等、和谐同步发展寓于城乡统筹、一体化发展之中，从改善经济、教育和健康等条件出发，优化资源配置，加大公共资源的投入，把解决好"三农"问题的强农惠农政策落实到留守妇女身上，提升农村妇女的生活质量和发展环境，强化农村妇女的能力建设，发挥农村妇女在农业现代化建设中的生力军作用，持续提高农村妇女在农村新型社区建设中的社会地位及家庭地位。

（四）构建先进的性别文化，优化妇女发展的社会环境

1. 营造两性平等和谐发展的社会环境

在全社会大力宣传男女平等基本国策的过程中，强化党委政府的主体责任，形成全方位、多渠道、多层次的宣传和教育体系，传播马克思主义的妇女观，倡导平等、文明、进步的性别文化。强化党政高层次领导、部门决策者及媒体从业人员的社会性别意识，利用干部培训和媒体的宣传引导，提高各级领导者的性别平等意识，自觉将妇女发展和性别平等纳入决策主流。积极构建先进的性别文化，出台有利于促进妇女发展的公共政策，形成浓厚的社会文化氛围，促进了男女平等参与社会发展、平等分享社会发展成果，促进维护妇女合法权益的有效干预行动。积极探索制定有利于女性干部培养选拔的长效机制，切实优化女性的政治参与性。

2. 持续关注"三农"中的性别平等议题

随着农业现代化与新型城镇化的发展，妇女在农业生产和农村发展中的贡献比重剧增，在生态文明建设和环境保护中妇女是一支不可或缺的生力军，倡导节能减排，抵制白色污染，践行低碳生活，营建绿色家庭，妇女人人有责。强化妇女的环保意识，养成循环使用水资源、自觉进行垃圾分类、绿色出行的习惯，共同带动家

庭成员建设"百姓富、生态美"的幸福家园。应对全球气候变化对人类的影响，需要广大妇女的参与和半边天的力量，更要充分调动女领导、女科技工作者加入治理环境污染、保护生态环境、防灾减灾的决策和行动中。通过提高妇女在环境保护决策和管理层人员中的比例，确保妇女参与到环境保护项目的规划、设计和实施中。

参考文献

福建省统计局、福建省妇女儿童工作委员会办公室：《福建省妇女发展纲要统计监测报告》，2011，内部资料。

福建省统计局、福建省妇女儿童工作委员会办公室：《福建省妇女发展纲要统计监测报告》，2012，内部资料。

王金玲：《转型与发展——福建妇女社会地位研究（2000～2010年）》，中国妇女出版社，2013。

国家统计局社会科技和文化产业统计司：《中国妇女儿童状况统计资料》，2013，内部资料。

福建省统计局/国家统计局福建调查总队：《2012福建经济与社会发展白皮书》，2013，内部资料。

分 报 告
Branch Reports

B.2
妇女与健康

王德文 杨 敏[*]

摘 要： 对2011～2013年福建省女性健康发展状况进行深入分析后，本文发现，2011～2013年，福建省在女性人均预期寿命、身心健康指标，以及基本医疗卫生服务、妇幼保健与社会保障政策等方面的工作都取得了长足的进步。但是，伴随着社会经济的发展与社会问题的不断变化，妇女健康的相关工作也面临着巨大的挑战，这表现在乳腺癌、宫颈癌威胁依然严峻，性病与艾滋病呈流行态势，以及女性健康地区性差异

---

[*] 王德文，博士，厦门大学公共事务学院公共管理系，系主任，教授，博士生导师。主要研究方向：社会医学，卫生事业管理，妇女/性别等问题研究；杨敏，就职于福建省妇女儿童工作委员会办公室，从事妇女儿童发展工作多年。

显著等方面。文章最后针对福建省妇女健康现状，深入探讨问题存在的原因，提出了进一步整合性别平等政策与卫生服务均等化政策，以及女性帮扶救助机制及老年女性健康工作亟待完善等政策建议。

关键词： 妇女健康 发展现状 对策建议

进入21世纪以来，伴随着经济社会的进步与人民生活水平以及健康意识的提高，健康已经成为社会谋求发展的基本要素之一①。女性作为社会经济发展和人类文明进步的重要力量，其健康水平是人类社会持续发展的重要前提和基础。妇女与健康指标既是衡量一个国家或地区居民健康水平的基础性指标，也是衡量社会经济发展的综合性指标。

截至2012年底，福建省共有常住女性人口1821万人②，面对如此大规模的女性群体，福建省委、省政府高度重视妇女健康，相继颁布实施了《福建省妇女发展纲要（1996~2000年）》、《福建省妇女发展纲要（2001~2010年）》和《福建省妇女发展纲要（2011~2020年）》。这三轮纲要均将妇女与健康作为妇女发展的优先领域。

然而，由于现阶段我国正处于社会转型期，社会竞争压力加大，社会发展过程中的问题层出不穷，如城乡女性健康资源不均的问题，流动妇女卫生计生服务非均等化的问题，女性的高危杀手宫颈癌和乳腺癌（以下简称"两癌"）发病率依然居高不下，跨国婚

---

① 〔美〕M. J. Roberts：《通向正确的卫生改革之路：提高卫生改革绩效和公平性的指南》，任明辉主译，北京大学医学出版社，2009。
② 《福建统计年鉴—2013》，http：//www. stats - fj. gov. cn/tongjinianjian/dz2013/index - cn. htm。

姻与输入性艾滋病管理的问题，离婚率上升与单亲家庭的问题[①]，"三高"[②] 女性不断凸显与其婚恋的问题，女大学生就业难的问题，农村妇女尤其是老年妇女自杀率高于男性[③]的问题等，这些突出的社会问题均给女性健康带来新挑战，使妇联工作烙上时代的特点。

如何有效地整合性别平等、卫生服务均等化等政策，使之产生相互环扣的良性循环作用，从而更好地提升妇女健康水平，一直以来都是福建省妇联工作的重中之重。为此，本文首先梳理福建省2011~2013年女性健康发展的概况[④]，系统分析福建省现阶段妇女与健康面临的主要问题，结合福建省社会经济发展和女性日益增长的医药卫生需求，探讨福建省妇女健康工作的未来挑战和对策建议，以为今后工作提供理论依据。

一 发展与成效

在福建省各级政府、卫生部门和社会各界的不懈努力下，这几年福建妇女卫生保健事业发展迅猛，硕果累累。

（一）积极落实妇女发展纲要，女性预期寿命不断提高

福建省一直以来将联合国千年发展目标[⑤]有机融入社会的发展

---

① 刘敏秀：《北欧普及照顾与充分就业政策及其决策机制的台湾转化》，见台湾大学妇女研究室主编《女学学志：妇女与性别研究》，巨流图书股份有限公司，2011。
② 通常指拥有高学历、高收入、高年龄的职业女性。
③ Wang Dewen. et al., "Comparative Study on the Mortality Pattern among Elderly People in Japan and Fujian Province, China", *The Japanese Journal of Health and Human Ecology*, 2004 Vol. 70, No. 6.
④ 主要依据《中国妇女发展纲要（2011~2020年）》和《福建省妇女发展纲要（2011~2020年）》的监测统计数据进行分析，以福建省指标评估福建的发展进程、状况及不足，用全国指标评估福建发展在全国的位居水平。
⑤ 见《联合国千年发展目标及2015年后进程》，http://www.un.org/zh/millenniumgoals/。

战略中，用科学发展观引领妇女健康发展达到与国际社会接轨的目标。《福建省妇女发展纲要（2011~2020年）》明确将保障妇女享有基本医疗卫生服务、延长妇女人均预期寿命列入改善妇女健康状况的主要目标。2011~2013年，福建省投入妇幼卫生与保健经费的年递增速度高出同期福建省GDP 11.8%，为福建省妇女健康水平的不断提高创造了有利条件[①]。

图1为福建省与全国女性预期寿命的对比，福建省女性人口的预期寿命明显高于全国平均水平。根据第四、五、六次全国人口普查的调查结果[②]，自1990年以来福建省女性人口的预期寿命不断提高，1990~2000年增加2.47岁，2000~2010年增加3.57岁，预期寿命的增长速度也明显提高。这些足以说明福建省在保障和改善女性健康方面取得了良好效果。

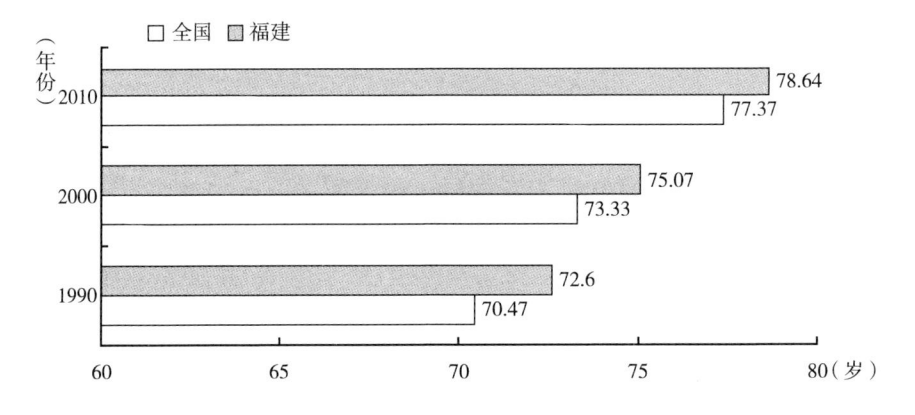

图1　福建省与全国女性人口预期寿命的历年比较

资料来源：(1)《福建统计年鉴2013》，http://www.stats-fj.gov.cn/tongjinianjian/dz2013/index-cn.htm。

(2)《中国卫生统计年鉴2013》，http://www.nhfpc.gov.cn/zwgkzt/tjnj/list.shtml。

---

① 资料来源：福建省妇女联合会。
② 《中国人口普查资料》，http://www.stats.gov.cn/tjsj/pcsj/rkpc/6rp/indexch.htm。

（二）保障孕产妇安全分娩，孕产妇死亡率逐年下降

改善产妇保健早在1990年就被联合国列为八项千年发展目标之一。然而多年来由于乡镇卫生院产科的萎缩，福建省出现县级及以上公立医疗保健机构妇产科床位紧张，人员短缺，工作负荷急剧增加的现象。针对这些问题，在各级政府的协作下，福建省开展了医疗保健机构产科现状与需求调研，采取了科学引导分级就诊等干预措施，提高了福建省产科服务能力和质量。另外，福建省组织了对7个设区市的24所民营医疗机构进行助产技术检查及助产技术执法检查（占福建省开展助产技术服务的民营医疗机构的50%），针对检查过程中存在的问题，召开了福建省电视电话会议，要求各级卫生行政部门严格准入审批，加强常态监管，尽快完成整改。此外，福建省积极推进危重症孕产妇转诊救治网络建设，制定了《福建省危重症孕产妇转诊指南（试行）》，规范危重症孕产妇转诊，从而保障了孕产妇的安全分娩。

同时，福建省各级卫生行政部门积极组织落实国家妇幼重大公共卫生项目和省级卫生惠民项目，做好农村孕产妇住院分娩补助的工作，做好农村育龄妇女孕前和孕早期免费增补叶酸的工作[1]，以及做好农村和城市低保孕妇的免费产前筛查诊断等工作。图2展示了2011~2013年分别为24.6万、22.3万、25万农村孕产妇增补了叶酸；2011~2013年分别为24.6万、18.5万、25.8万农村孕产妇提供了住院分娩补助。另外，2011年与2013年分别为6万和10.7万的农村和城市低保孕妇实施了免费产前筛查诊断。2011~2013年福建省孕妇产前检查率均达到96%以上，孕产妇系统保健管理率达到88.11%，农村高危孕产妇住院分娩率达100%。

---

① 注：育龄妇女增补叶酸可以预防胎儿神经管畸形。

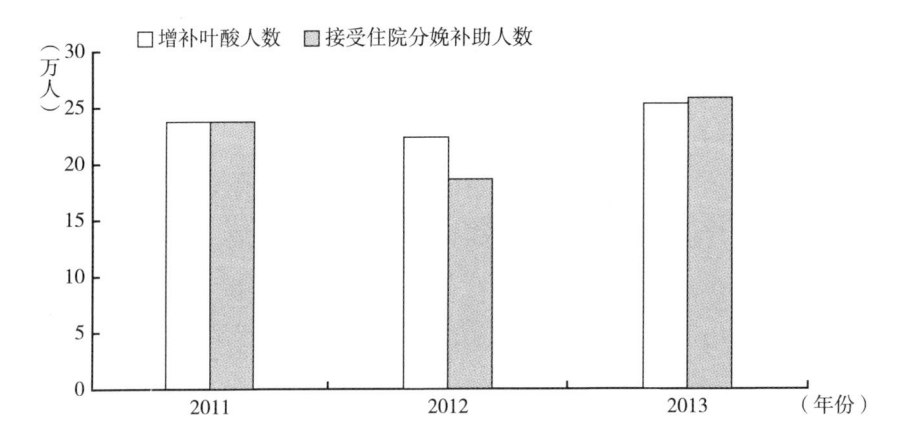

图 2　福建省农村妇女孕早期免费增补叶酸人数与接受住院分娩补助人数

资料来源：福建省妇联。

通过各种干预措施的落实，在多方举措下，福建省孕产妇安全分娩得到了保障，孕产妇死亡率逐年持续降低（见图3），自2000年以来福建省城乡孕产妇死亡率总体上逐年明显下降，2013年福建省孕产妇死亡率降到16.2/10万，已接近2020年16/10万的终期目标，其中城市为11.6/10万、农村为17.5/10万，城市的孕产妇死亡率明显低于农村地区。图4显示，自2000年以来福建省孕产妇死亡率均明显低于全国的平均水平。

（三）积极探索出生缺陷的防治，婴幼儿死亡率持续保持低水平

儿童的健康是祖国的未来，福建省近年来积极开展并探索出生缺陷综合防治，采用了三级预防理念与规范的工作程序，从而福建省出生缺陷儿、低出生体重儿童的比例明显得到控制。

首先，重点加强了一级预防措施，提高婚前医学检查质量。福建省近年组织开展了第四次婚前保健工作调查，对部分县级婚前保

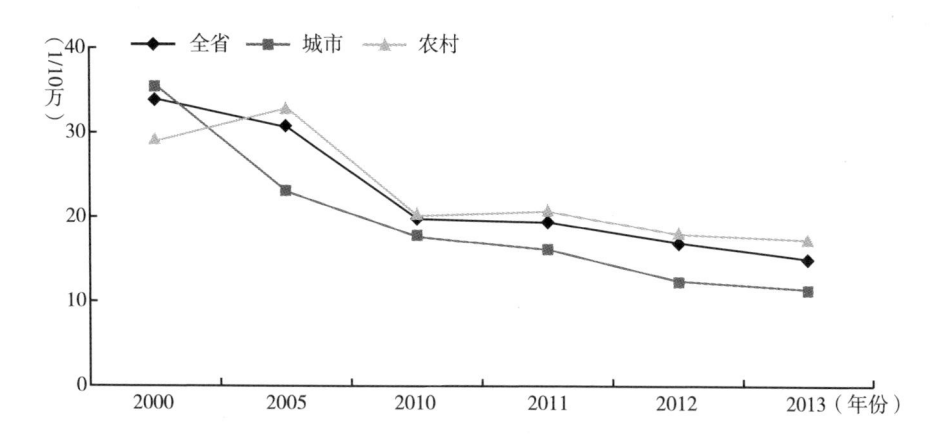

图3 2000年以来福建省城乡孕产妇死亡率变化情况

资料来源：《福建统计年鉴—2013》，http：//www.stats-fj.gov.cn/tongjinianjian/dz2013/index-cn.htm。

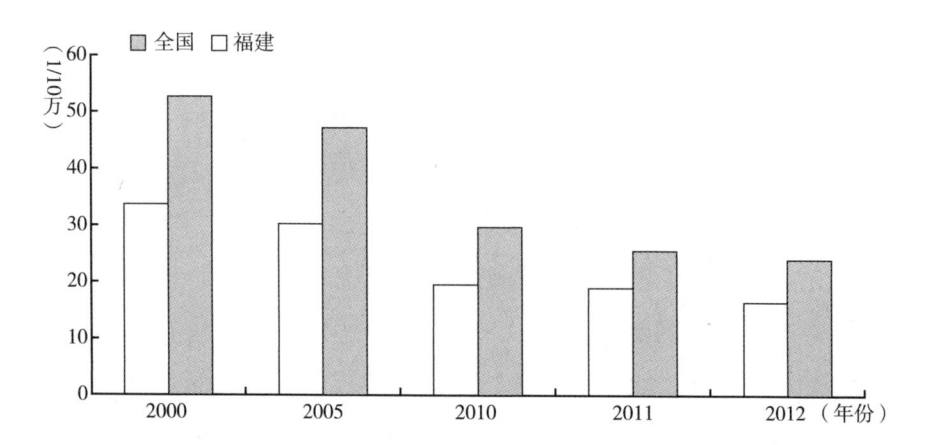

图4 福建省与全国孕产妇死亡率的历年比较

资料来源：（1）《福建统计年鉴—2013》，http：//www.stats-fj.gov.cn/tongjinianjian/dz2013/index-cn.htm。
（2）《中国卫生统计年鉴2013》，http：//www.nhfpc.gov.cn/zwgkzt/tjnj/list.shtml。

健服务机构进行督导，对存在的问题予以指导整改，并在福建省婚前保健医师提高班上予以通报。比如，2013年福建省共为55.7万

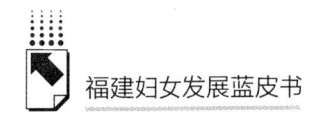

人提供了婚前医学检查，检出疾病7.2万人，建议不宜结婚27人，建议不宜生育154人，建议暂缓结婚5138人，婚检率达96.87%。

其次，不断扩大二级预防措施覆盖面，健全产前诊断技术网络。截至2012年11月底，福建省（含自费）血清学筛查21.0万人，确诊染色体异常217例；超声筛查18.5万人，超声诊断异常5600例。

再次，推进三级预防措施，做好新生儿遗传代谢性疾病筛查和新生儿听力筛查工作。2012全年，福建省共为50.8万名新生儿开展代谢性疾病筛查，确诊先天性甲状腺功能低下症244名，确诊苯丙酮尿症3名；并对其中2.9万名新生儿开展葡萄糖-6-磷酸脱氢酶缺乏症筛查，确诊273名。另外，2012年福建省还为46.6万名新生儿进行听力筛查，确诊听力障碍儿童992名，康复治疗668名。

另外，通过加强宣传教育，普及预防出生缺陷的科学知识。福建省卫生厅、省优生优育协会印发各类宣传资料共计198万份，通过各级医疗保健机构发放给服务对象或张贴在医院醒目处，提高群众对出生缺陷的认识，让出生缺陷防治理念深入人心。同时，在福建省《儿童发展纲要（2011~2020)》的指导下，福建省加强儿童保健队伍的建设，如在福建省妇幼保健院成立省级儿童保健示范中心[①]，探索完善符合福建省实际的儿童保健工作制度和人才培养模式，对福建省儿童保健工作规范开展起到示范和引领作用。

在育龄妇女增补叶酸预防神经管畸形、免费产前筛查诊断、新生儿疾病筛查，以及在出台《福建省危重症孕产妇转诊指南（试

---

① 该中心立足于"以保健为中心，保健与临床相结合，面向基层，面向群体"的方针，不断提高儿童保健业务水平和医疗服务质量，拓展儿童保健服务项目，并指导基层开展工作，提供集保健、预防、临床、教学、科研、娱乐为一体的儿童综合服务。转载自福建省妇联资料。

行）》等干预工作下，福建省近年取得了连续保持婴儿死亡率及新生儿死亡率低水平的良好成效（见图5），福建省2013年婴儿死亡率为6.45‰[①]。另外，近年来福建省5岁以下儿童死亡率也明显低于全国平均水平。[②]

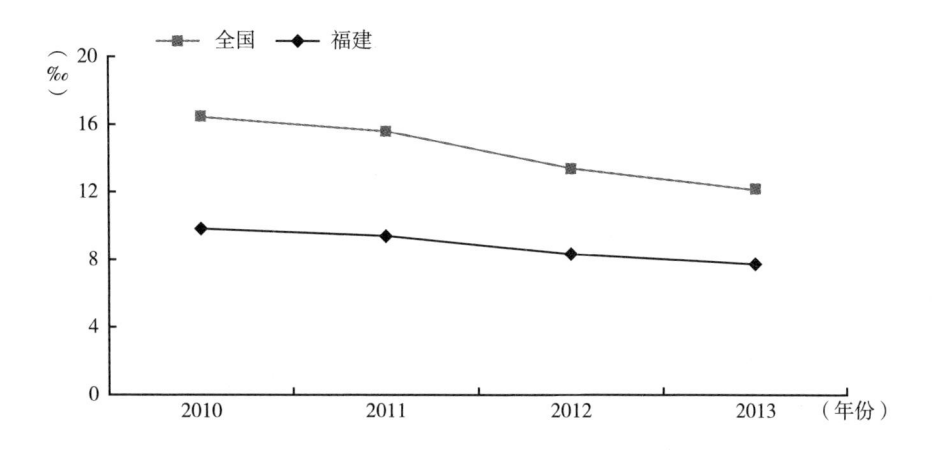

图5　2010～2013年全国与福建省5岁以下儿童死亡率的比较

资料来源：（1）《福建统计年鉴2013》，http://www.stats-fj.gov.cn/tongjinianjian/dz2013/index-cn.htm。
（2）《中国卫生统计年鉴2013》，http://www.nhfpc.gov.cn/zwgkzt/tjnj/list.shtml。

（四）积极开展妇女常见病筛查，提高"两癌"的早诊早治率

定期妇女病普查是降低妇科疾病尤其是"两癌"发病率的重要预防措施。福建省在全国率先推广覆盖城乡已婚低保妇女的两年一次常见妇女病免费检查。继2009年城乡已婚低保妇女两年一次

[①] 刘群英主编《福建省妇女发展报告（2001～2010）》，社会科学文献出版社，2011，第31页。
[②] 据卫生部2013年中国卫生统计年鉴，但是由于尚未见2011年及2012年的福建省婴儿死亡率及新生儿死亡率数据，所以，在此只比较福建与全国的5岁以下儿童死亡率。

的常见妇女病免费检查列入福建省委省政府为民办实事项目后，2011年再次纳入实事项目。2009~2012年省级财政共拨项目专款4700万元，有44万名城乡低保妇女享受到常见妇女病的免费检查服务。2013~2014年新一轮两年免费检查任务数15.6万，至2013年12月底已完成9.7万。同时，通过发挥卫生医疗服务的职能，对患病妇女开展第一手的即时救助、慰问等工作。如在免费筛查的基础上，卫生部门对受检妇女查出的生殖道感染等轻度疾病均立即给予免费药物治疗和医学指导。

目前，城乡已婚低保妇女每两年一次的常见妇女病免费检查工作已列入各级政府的常规工作制度。据《2012年福建省妇女发展纲要统计监测报告》，2012年"两癌"检查工作中，福建省完成了宫颈癌检查18.1万人，其中确诊宫颈癌84人；完成乳腺癌检查3.6万人，其中确诊乳腺癌29人。根据最新统计数据[①]，在2013年"两癌"检查工作中，福建省共完成宫颈癌检查17万人，其中确诊宫颈癌73人。

另外，福建省还扎实开展国家重大公共卫生项目农村妇女"两癌"检查工作。2009~2011年第一轮宫颈癌检查了农村妇女17.3万人，接受乳腺癌检查的农村妇女有3.67万人；2012~2013年宫颈癌检查了农村妇女近18万人，接受乳腺癌检查的农村妇女有3.61万人，覆盖66个项目县，超额完成国家下达的检查任务[②]。

福建省对查出的"两癌"妇女，除了给予精神慰藉、心理疏导外，更加关注"两癌"妇女的治疗问题。从2011年起，省政府建立了城乡困难居民重特大疾病医疗救助专项资金，在现有医疗救助基础上，对城乡困难居民实施若干病种的重特大疾病医疗救助，

---

① 资料来源：福建省妇女联合会。
② 资料来源：福建省妇女联合会。

省民政厅积极配合省红十字会制定了《福建省红十字城乡困难居民重特大疾病医疗救助试行办法》及其《实施细则》，努力提高包括妇女在内的符合受助条件的困难患病居民的医疗保障和救助水平。2011年福建省就有16.6万名女职工参加特病医疗互助；对福建省所有在档困难女农民工进行"两癌"免费检查，对查出患"两癌"的女职工在医疗互助补助的基础上，再资助每人1.5万元后续治疗费用。

在此基础上，福建省积极推进患病妇女免费检查与后续治疗有效衔接，通过贯彻落实省民政厅、省妇儿工委办、省财政厅、省卫生厅、省人保厅联合下发的《关于做好城乡低保妇女"两癌"后续治疗医疗救助工作的通知》，"两癌"患病妇女的免费检查与后续治疗有效衔接，纳入了新农合住院补偿、门诊特殊病种补偿和医疗救助，妇女健康权益得到进一步维护。

另外，县级卫生行政部门指定并向社会公开治疗"两癌"的定点医疗机构，定点医疗机构应组织技术骨干全力做好救治工作，按规定对救助对象的住院床位费、护理费、大型设备检查费、手术项目费用给予减收优惠。医疗费用先由新农合或城镇基本医疗保险按规定给予补偿或报销，剩余的可补偿医疗费用由民政部门进行医疗救助。对符合要求的在上级医疗机构住院的对象，比照县级定点医疗机构的城镇基本医疗保险或新农合报销比例予以支付。对于医疗费用负担仍然较重的救助对象，采取临时救助方式视情况再给予一定金额的救助。

此外，福建省妇联和福建省红十字会携手积极争取多方资源拓宽"两癌"后续救助渠道。2011年5月8日母亲节当天，福州市成立"福建省红十字母亲健康天使基金"，以作为福建省贫困大病女性患者医疗救助的特别补充。该基金是以救助患有子宫颈癌、乳腺癌等重大妇女病且需住院手术等治疗的贫困家庭女性为主设立的专项公益基金,由福建省红十字会、省妇联联合组成省红十字会母亲健康天使基金管理委员会共同管理、使用。遵循"体现雪中送炭,尊重捐赠意愿,坚持量入为出,实行定额救助"基本原则。除捐赠人定向捐助对象外,评审确定的救助对象,对其门诊或住院期间所发生的手术医疗费用,扣除城镇居民医疗保险或农村新型合作医疗保险报销、民政部门贫困医疗救助和省红十字会贫困医疗救助,剩余部分由该基金给予一定的救助。

至2012年底,福建省累计发放全国妇联、中国妇女发展基金会、福建省红十字母亲健康天使基金、福建省红十字恒安伊人天使基金的救助经费188.8万元,共救助402名贫困患病妇女。可见,福建省近几年积极开展妇女常见病筛查,通过协助制定治疗方案、申请困难救助等,提高妇女宫颈癌和乳腺癌的早诊早治率,提高福建省妇女宫颈癌和乳腺癌患者的生存率和生存质量,尽量减轻妇女家庭的经济负担。

(五)贯彻落实艾滋病性病防治的决策部署,初步遏制了福建省艾滋病疫情快速上升的势头

近年来,为保护福建省群众身体健康,各级政府积极落实《福建省人民政府关于进一步加强艾滋病防治工作的通知》(闽政〔2011〕67号),《国务院办公厅关于印发中国遏制与防治艾滋病"十二五"行动计划》(国办发〔2012〕4号)精神,以及《福建省遏制与预防艾滋病"十二五"行动计划》(闽政办〔2013〕58号),不断加强性健康宣传教育力度,提高群众对艾滋病基本知识的知晓率,增强公众预防性病、艾滋病的意识和能力。

福建省各地、各有关部门认真贯彻落实中央和省委、省政府关于艾滋病防治的决策部署,积极落实国家艾滋病防治"四免一关怀"政策和"五扩大六加强"措施,基本形成"政府组织领导、部门各负其责、全社会共同参与"的防治格局，共开设艾滋病免费自愿咨询检测点238个，主动接受免费咨询检测服务的对象近6万多人次，干预高危人群达4万多人。此外，预防和控制艾滋病母婴传播，在福建省范围开展预防艾滋病、梅毒和乙肝母婴传播工作，福建省目前已有54所妇幼保健机构建成艾滋病初筛实验室，并在84县建立了艾滋病筛查室。

越来越多地区将艾滋病检测纳入婚检、孕产期保健常规检查内容，竭力控制各种性传播疾病的蔓延。2011~2013年福建省报告艾滋病病毒感染人数分别为929人、1122人与1185人，其中女性分别为226人（占24.3%）、204人（占18.2%）与202人（占17.1%），参见图6。

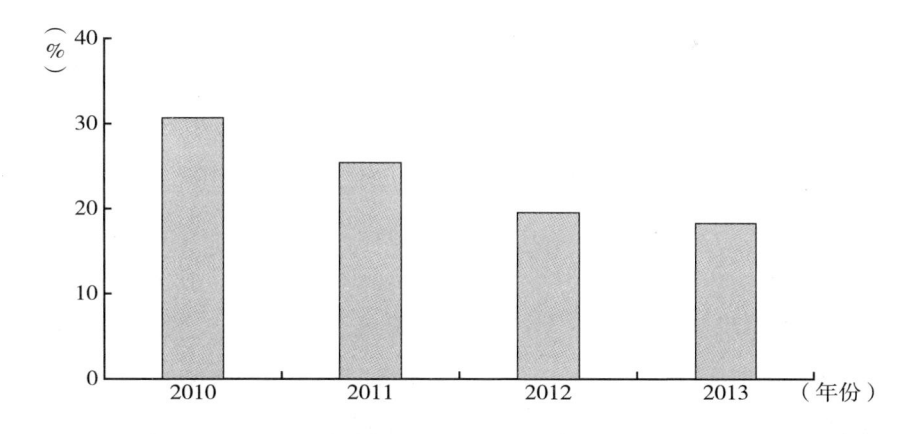

图6 2010~2013年福建省妇女艾滋病病毒感染率变化情况

资料来源：福建省妇联。

根据最新数据①，2013年福建省婚前保健确诊人类免疫缺陷病毒阳性男47例，女21例；孕产期保健确诊人类免疫缺陷病毒阳性孕产妇79人，孕产妇艾滋病病毒抗体阳性率下降至0.014%，阳

---

① 资料来源：福建省妇女联合会。

性孕产妇所生婴儿53人,其中有采用药物干预的孕产妇为25人。总体上,福建省初步遏制了艾滋病疫情快速上升的势头,病死率有所下降。另外,据福建省妇联的调查,社会对艾滋病妇女的歧视有所减少,艾滋病病毒感染者和艾滋病病人的生活质量也明显改善。

(六)扎实开展生殖保健服务,减少非意愿妊娠,降低人工流产率

福建省城乡育龄妇女以及流动妇女均享有均等化的安全有效的计生、避孕、节育等生殖健康服务。福建省通过积极组织开展多元化的民间活动,帮助广大妇女尤其是农村妇女掌握更多的科学生殖保健知识,开展"生育文明,幸福家庭"促进计划和"百乡千村万户新型生育文化示范基地"创建活动;推行避孕节育知情选择,提供避孕节育优质服务,预防和控制非意愿妊娠和人工流产;强化男女共同承担避孕节育的责任意识,提高男性避孕方法的使用比重。

福建省各级相关部门通过不懈努力保障妇女享有避孕节育知情选择权,减少非意愿妊娠,降低人工流产率,使女性生殖健康水平逐年不断提高。表1为2011～2013年福建省育龄妇女避孕及流产情况,比较同期全国已婚妇女避孕率(83.82%),福建已婚妇女避孕率明显高出全国平均水平。表2反映的是福建省与全国采取各种节育措施的比较情况,可见福建省生殖保健服务相对扎实,成效显著。

表1 2011～2013年福建省育龄妇女避孕及流产情况

单位:%

已婚育龄妇女避孕率			人工流产率		
2013年	2012年	2011年	2013年	2012年	2011年
86.0	87.0	87.6	0.37	0.32	0.35

资料来源:福建省妇联2011年和2012年的《福建省妇女发展纲要统计监测报告》。

表2　全国与福建省采取各种节育措施的情况

单位：%

地区	男性绝育	女性绝育	宫内节育器	皮下埋植	口服及注射避孕药	避孕套	外用药	其他
全国	4.92	30.02	53.68	0.28	0.90	9.75	0.17	0.27
福建	5.60	43.42	43.28	0.21	0.21	7.19	0.02	0.07

资料来源：《中国人口年鉴（2012）》，http：//www.stats.gov.cn/tjsj/pcsj/rkpc/6rp/indexch.htm。

（七）有目的地组织课题研究和各种形式活动，重视妇女身心健康问题

新一轮两纲颁布实施以来，福建省十分重视妇女与健康问题，组织多种形式的调查研究，秉承及时发现问题解决问题的工作理念，结合研究项目的运作，以期加快解决妇女健康的重难点问题。

随着经济社会的不断快速发展，妇女的心理健康问题日益凸显，卫生、教育、法律、妇联等部门将妇女心理健康保健摆上重要议程，积极从普及知识、开展心理辅导等方面为广大妇女提供服务。各级妇联高度关注妇女心理健康，通过12338妇女维权公益服务热线、"闽姐姐微博"等，在提供法律服务的同时，开展婚姻家庭指导，聘请具有资质的心理专家顾问，为有心理健康问题的妇女提供疏导和帮助，努力提高妇女心理健康水平，不断提升妇女幸福指数。开展留守流动妇女关爱行动，建设"留守流动妇女儿童之家"，给予生产、生活、身心健康等方面的帮助。在各级部门的共同努力下，当前福建省妇女心理健康服务工作正朝着壮大专家队伍、面向基层、贴近妇女（特别是流动留守妇女）、扩大影响、多办实事的方向发展。

为了使更多妇女经常参加文体活动，福建省覆盖城乡的1600多个乡村、社区的妇女之家都建有妇女健身队伍，广泛组织城乡妇女开展跳广场舞、扭秧歌等丰富多彩的各种健身活动。福建省妇女儿童活动中心、福建出入境检验检疫局妇女健身示范站点、省农业厅直属机关妇委会等30个健身阵地获全国妇女健身示范点命名。

2013年，省妇儿工委办还与厦门大学联合开展了"福建省女性工作生活幸福感现状及其影响因素"研究课题，深入分析了福建省居民幸福感的性别差异，以及包括健康在内的各方面因素对女性幸福感的影响。该课题从研究背景、探索实践、内涵和外延、指标体系设计、问卷调查及其方法等多方面进行深入剖析，系统反映了福建省厦门、漳州、泉州、福州、莆田、宁德、龙岩、三明和南平九个地市女性居民的幸福感现状。

（八）妇女保障政策不断完善，妇幼医疗卫生服务体系建设进一步得到加强

依据《中华人民共和国母婴保健法》，福建省政府及有关部门相继出台了一系列保障妇女健康的法规和政策，使福建省妇幼卫生的法制管理逐步完善，基本实现了保护妇女儿童健康权益工作由行政管理向法制管理的转变。2010年以来，针对与女性健康休戚相关的基层、农村、弱势群体、重大疾病、医疗改革、就医环境、食品安全等社会热点问题，福建省政府、卫生等部门制定下发了一系列相应的政策文件。这些政策法规，尤其是《福建省卫生厅贯彻落实妇女儿童发展纲要实施方案》、《关于进一步加强妇幼卫生工作的指导意见》等，明确了今后妇幼卫生工作的主要任务和发展目标，为福建省妇幼卫生工作发展提供政策保障。

在落实妇幼保健机构床位扩增惠民项目上，福建省强化妇幼保健机构，坚持走以"保健为中心，保健与临床相结合，面向群体，

面向基层和预防为主"的发展道路和服务模式。三年来,福建省加强了妇幼保健机构规范化建设和贫困卫生院产儿科建设,促进乡镇助产技术机构达到基本标准。同时,推进了妇幼卫生服务不断加强,在福建省范围内实现了从单一的服务扩展到实现女性整个生命周期全覆盖的服务。如图7所示,历年来福建省妇幼保健卫生资源供给能力明显不断提升①。截至2013年,福建省共有妇幼保健机构87个(省级1所,设区市级8所,县级78所),1个儿童医疗救治中心,9个儿童医疗救治分中心和62个县级监护室,社区卫生服务中心(站)532个,乡镇卫生院880个,村卫生室19691个;妇幼保健机构工作人员6358人。②

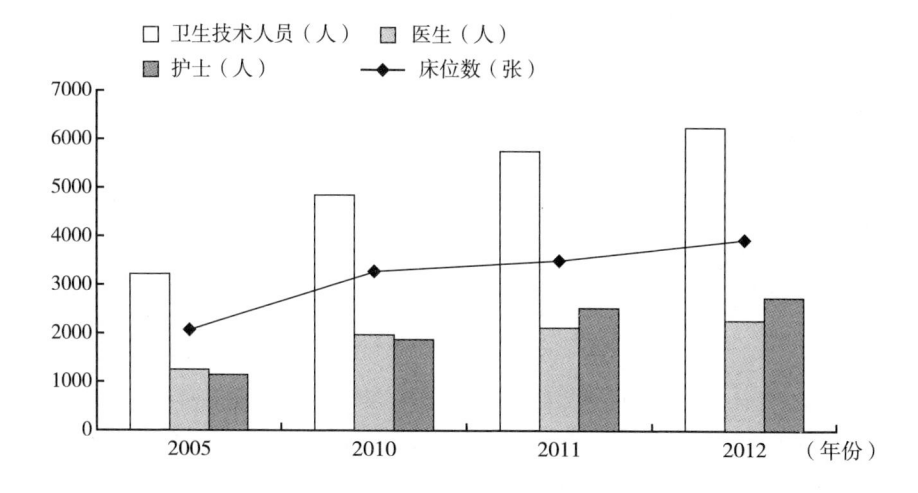

图7 历年来福建省妇幼保健卫生资源供给情况

资料来源:《福建统计年鉴2013》,http://www.stats-fj.gov.cn/tongjinianjian/dz2013/index-cn.htm。

---

① 《福建统计年鉴2013》,http://www.stats-fj.gov.cn/tongjinianjian/dz2013/index-cn.htm。
② 《福建统计年鉴2013》,http://www.stats-fj.gov.cn/tongjinianjian/dz2013/index-cn.htm。

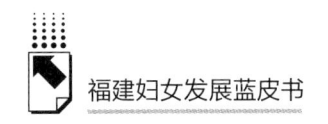

同时，妇幼保健机构管理进一步规范化。近年福建省加强了"开展等级妇幼保健院建设"的工作。2012年，福建省有11个单位被确认为二级甲等妇幼保健院，6个单位被确认为二级乙等妇幼保健院。另外，按照卫生部的部署，组织开展县级妇幼卫生绩效考核工作，福建省共抽取了福州等4个地级市的8个县（市、区），分组进行省级绩效复核。

另外，21世纪是信息化时代，福建省妇幼卫生信息化建设也不断在推进，《福建省卫生厅关于进一步落实在福建省综合医院和中医院产儿科启动运行妇幼卫生信息功能模块的通知》的出台推进了福建省妇幼卫生信息模块的使用，在综合性医院和省、市级妇幼保健院均建有产前诊断技术网络，这项工作走在全国前列。

（九）特别扶持原中央苏区县的妇幼保健工作，加大对该地区的投入

2011年，由全国妇联、中国妇女发展基金会、省妇联、省妇女儿童发展基金会共同向福建省22个原中央苏区县捐赠22辆、价值264万元的福建省"母亲健康快车"，[①] 以流动医疗救护车为载体，通过开展医疗救助、妇科检查和健康培训等"母亲健康"系列公益活动，在提高妇女防病保健意识，降低妇科病发病率、孕产妇死亡率、婴幼儿死亡率和清除新生儿破伤风等方面发挥了独特作用。

福建省各级妇联联合当地卫生部门因地制宜采取有力措施，加强管理，确保"母亲健康快车"项目切实改善农村边远贫困妇女生存状况、造福范围更广的妇女群众。同时，还以项目实施为契

---

① 施娟娟：《献爱心，送健康"母亲健康快车"驶入福建22个原中央苏区县——22辆厦门金旅海狮助力中国妇基会保障贫困地区妇女健康》，《驾驶园》2011年第8期。

机,不断扩大社会效益,争取更多的公共资源和社会力量支持当地妇幼保健事业进一步发展。此外,在做好常规工作的同时,加大支持原中央苏区县工作,增加其在妇幼保健方面的投入。

二 问题与挑战

(一)"两癌"威胁依然严峻,妇女常见病筛查率有待进一步提高

我国妇女"两癌"的发病率依然居高不下,其死亡率排在女性癌症死亡率的前列,是威胁我国妇女健康和生命的主要杀手之一,而且与发达国家相比,我国患者明显趋向年轻化。[①]"两癌"不仅影响到妇女自身的生命安全、夫妻的和谐、家庭的幸福,而且给社会和国家带来较大负担。定期妇女常见病普查是降低妇科疾病尤其是乳腺癌、宫颈癌的发病率的重要预防措施。2012年妇女常见病筛查信息报告筛查率仅35.0%,比全国平均水平低33个百分点,[②]距离妇女常见病定期筛查率达到90%以上的目标相差甚远。

从2011年、2012年福建省妇女常见病定期筛查以及"两癌"的死亡率比较结果看,虽然福建省2012年比2011年妇女常见病定期筛查率提升了约11个百分点,但是,宫颈癌死亡率为1.49/10万,比上年略有上升,乳腺癌死亡率为3.38/10万,比上年有所下降(见图8)。可见,"两癌"威胁依然严峻,妇女常见病筛查率有待进一步提高。

---

① Wang Dewen et al., "Comparative Study on The Mortality Pattern among Elderly People in Japan and Fujian Province, China", *The Japanese Journal of Health and Human Ecology*, 2004 Vol. 70, No. 6.
② 数据来自省妇儿工委办杨敏《福建女性与健康》中的"2012年妇女常见病筛查信息报告筛查率仅35.0%,比全国平均水平低33个百分点"。

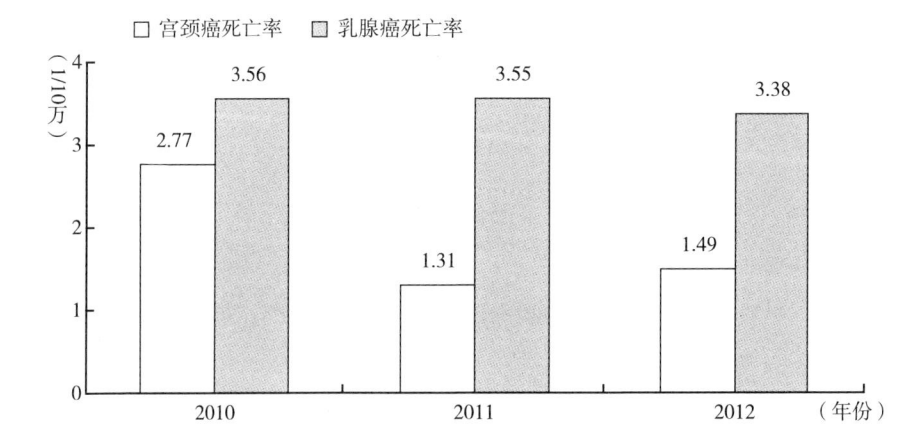

图8 福建省宫颈癌、乳腺癌死亡率的比较

资料来源:福建省妇联。

(二)性病与艾滋病呈流行态势,防治工作十分艰巨

由于人口流动频繁以及性文化变迁,性病、艾滋病流行态势依然严峻。同时,由于跨国婚姻不断增多,比如,近年来,很多农村的男性青壮年都踏上异国寻找伴侣之路,其中,以越南新娘为典型代表的涉外婚姻发生率迅速上升,很多人是由中间人搭桥牵线,花费几万元不等"买"回一个"越南新娘",这些"新娘"由于当地卫生医疗条件的限制,有许多患了各种疾病却并未进行婚前体检就进入实质性的家庭生活阶段,从而时有报道发现了HIV携带者、梅毒抗体阳性者、乙肝表抗阳性以及肝炎等,但有很多人甚至已经怀孕,防治工作十分艰巨[1]。

人口流动本身和性与生殖健康风险并无必然的关系,但人口流动与性病病原体相结合,将必然导致性传播疾病的加速传播,导致高危

---

[1] 李茜:《厦门口岸入境外籍人员健康管理的现状与完善对策研究》,厦门大学MPA硕士学位论文,2013。

性与生殖健康风险。流动人口中有近一半为妇女,其中以40岁以下者为多数,即流动妇女多数是处于生育最旺盛阶段;其次,流动人口的社会活动相对频繁,年富力强,所以除自身的健康风险暴露之外,也能使这些暴露的影响扩及更大的地域和人群;[1]再者,近30年来我国社会的性观念、性行为、性关系的规范等发生了很大变化。[2]

所以,福建省当前性病、艾滋病的流行形势依然十分严峻。福建省局部地区和高危行为人群的性病、艾滋病疫情正逐步转向中高人群流行,向一般人群扩散,还有一定数量的感染者和病人尚未被发现;艾滋病传播的危险因素广泛持续存在,性传播仍是福建省的主要传播途径,其中男男性行为的传播增长明显;既往感染者陆续进入发病期,治疗服务需求显著增加;婚前保健和孕产期保健艾滋病筛查率有待提高。[3]涉外婚姻中输入性艾滋病疫情也应引起进一步的警惕。另外,一些地方和部门对艾滋病防治工作的重要性、紧迫性、艰巨性认识不足,政策落实不到位,防治工作机制尚未完全发挥作用,公众预防艾滋病知识的知晓率不够高,高危人群干预工作不够深入,艾滋病防治工作任务仍十分艰巨。[4]

(三)生育保险政策存在冲突,生育保险待遇难以落实

生育保险作为五大社会保险中的一个独立险种,在保障女职工的合法权益等方面发挥了积极的作用。1996年,《福建省企业职工生育保险规定》(省政府39号令)颁布后,福建省开始实施企业

---

[1] 王德文:《流动妇女生殖健康与基层人口计生综合改革》,《厦门大学学报》(哲学社会科学学报)2008年第2期。
[2] 李银河:《性文化研究报告》,江苏人民出版社,2003,第15~50页。
[3] 《福建省人民政府办公厅转发省卫生厅关于福建省遏制与预防艾滋病"十二五"行动计划的通知》,闽政办〔2013〕58号。
[4] 《福建省人民政府办公厅转发省卫生厅关于福建省遏制与预防艾滋病"十二五"行动计划的通知》,闽政办〔2013〕58号。

职工生育保险制度。17年来，福建省企业生育保险工作稳步推进，平稳运行，参保人数达449.43万人。2001年随着医疗保险制度的实施，省本级、福州、泉州、龙岩等地机关事业单位实行生育医疗费用统筹，参保人数79.67万人。

但是，《社会保险法》和《女职工劳动保护特别规定》（国务院619号令）分别于2010年、2012年相继颁布后，福建省现行生育保险政策与国家上位法存在冲突和抵触，导致各级生育保险经办机构难以把握，生育保险待遇难以落实。截至目前，福建省生育保险参保人数达529.1万人，距离完成《福建省妇女发展纲要（2011～2020年）》妇女与社会保障领域中提出的"城乡生育保险制度进一步完善，生育保险覆盖所有用人单位，生育保险参保率达到95%以上"的目标差距甚远。

（四）妇女身心健康问题不容乐观，健康指导和服务工作有待进一步加强

基于福建省第三期中国妇女社会地位的健康调查（调查问卷涉及健康自评、慢性病、身体残障等内容，还对睡眠、身心疲惫度、情绪、自我心理感受等心理健康状况进行调查），研究[1]发现福建省九个地区市不论是在躯体健康还是在心理健康上都存在地区差异与性别差异，福建女性都要比男性表现得差一些，在躯体健康方面，福建女性认为自身健康较差的比例要高于男性（女性7.3%，而男性5.3%），女性患有慢性病的比例达到12.0%，而男性是10.8%，但是在身体残障的发生率上福建省男性的比例要高于女性（女性1.2%，而男性2.4%）。在心理健康以及健康意识

---

[1] 王德文等：《健康的地区及性别差异——基于福建省第三期中国妇女社会地位的健康调查》，《妇女研究论丛》2014年增刊。

方面，福建省女性、男性整体健康检查意识还有待加强。女性选择"从不锻炼身体"的人数比例略高于男性，两者分别为47.3%、42.5%；女性（13.4%）选择"有病拖着不去看医生"的人数比例高于男性（10.5%）；福建乡村女性较城镇女性缺乏健康意识。

表3 福建省第三期中国妇女社会地位调查结果（健康部分）

单位：%

调查问题		女性比例	男性比例
躯体健康方面	认为自身健康较差	7.3	5.3
	患有慢性病	12.0	10.8
	身体残障	1.2	2.4
健康意识方面	从不锻炼身体	47.3	42.5
	有病拖着不去看医生	13.4	10.5

资料来源：福建省第三期中国妇女社会地位调查数据，笔者自行整理分析。

自古道"一方水土养一方人"，八闽大地虽然水土交融，但是闽南、闽北、闽西、闽东等不同地区的历史文化渊源以及水土环境、人文环境都不同，现有的地方行政区划中八闽九个地区市的很多政策制定或多或少地带有地方特色，所以诸如此类的地区经济、政策、人文文化和社会生活综合交互作用，使得社会政策面临着既要符合福建省各地的地理人文及经济社会的差异，又要具有评估监测指标的标准性和统一性的双重考验。如何更好应对此种挑战，充分发挥各种政策的积极作用，减少政策之间的摩擦，成为现阶段妇女与健康工作的重要课题。

（五）八闽大地除了水土、人文环境外，地市卫生资源配置差异显著

卫生资源配置与健康公平存在显著性关联，比如有学者的研究①运用泰尔指数②对1998~2008年的医院和卫生院床位数以及卫生技术人员这两项指标的配置公平性进行了测量,指出我国城乡间卫生资源配置存在显著差距。卫生资源配置通常与经济利益相关,并从"制度道德化"和"责任制度化"的伦理范畴指出政府在卫生资源配置过程中应当保障个人健康权利及其公平性③。2009年3月,《中共中央国务院关于深化医药卫生体制改革的意见》明确提出"优化卫生资源配置,提高卫生资源利用效率,全面加强公共卫生服务体系建设"的战略性要求。2012年,党的十八大报告进一步明确指出"以居民需求为依据,合理配置卫生资源,逐步缩小城乡和地区差别,保证全体居民公平、公正地享有基本医疗服务"。所以,"回归公益性"、"保障公平性"已经成为我国公共服务的基本价值导向。

福建省八闽大地虽然水土交融,但是闽南、闽北、闽西、闽东、闽中等九个地区的历史文化渊源以及水土环境、人文环境都不同④,现有的地方行政区划中九个地区市⑤的很多政策制定或多或少地带有地方特色,尽管近十几年来福建省每千人拥有的病床数量和医生数量都表现出波动上升的趋势,但是,从九个地市的情况来看,每千人口拥有的病床数量和医生数量明显存在地区差异(见图9和图10)。还有研究⑥

---

① 葛凌霄、张亚斌:《城乡基本医疗卫生服务均等化的实证分析——基于泰尔指数的测算》,《生产力研究》2010年第7期。
② 泰尔指数于1967年由Theil提出,最早用以衡量某地区人群收入或其他变量相对于人口分布是否公平。转引自Pedro Conceição and Pedro Ferreira, The Young Person's Guide to the Theil Index: Suggesting Intuitive Interpretations and Exploring Analytical Applications, UTIP Working Paper NO. 14, http://utip.gov.utexas.edu/。
③ 刘挺:《区域"医疗规模经济"和卫生资源配置理论假说》,《中华医院管理杂志》1997年第13 (10) 期。
④ 王金玲等:《转型与发展——福建妇女社会地位研究(2000~2010年)》上卷,中国妇女出版社,2013,第7页。
⑤ 九个地区市包括:福州市、厦门市、莆田市、三明市、泉州市、漳州市、南平市、龙岩市以及宁德市。
⑥ 王德文等:《健康的地区及性别差异——基于福建省第三期中国妇女社会地位的健康调查》,《妇女研究论丛》2014年增刊。

妇女与健康

基于福建省第三期中国妇女社会地位的健康调查数据的分析,发现福建省妇女健康现状也明显存在地区差异。

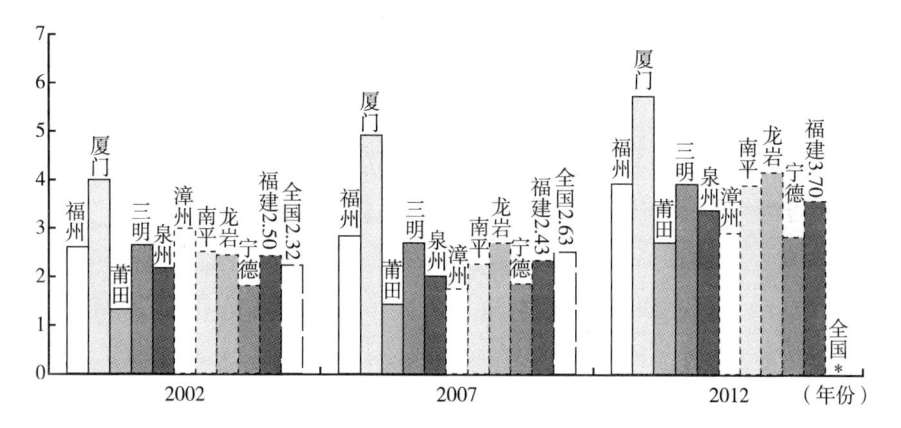

图9　2002、2007、2012年福建省各地市及全国病床数量

资料来源:(1)国家统计局城市社会经济调查司:《中国城市统计年鉴》,《中国统计出版社》,2003、2008、2013;(2)《中国卫生统计年鉴》,http://www.nhfpc.gov.cn/zwgkzt/tjnj/list.shtml。

*表示暂无2012年全国每千人口拥有病床数的数据。

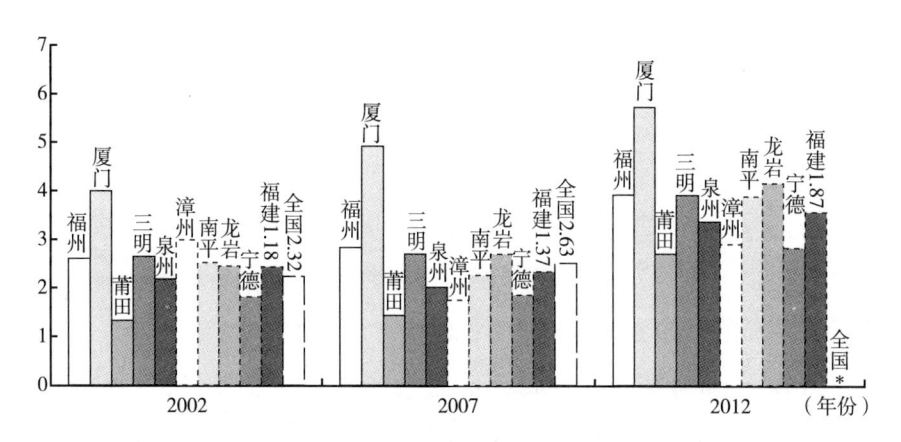

图10　2002、2007、2012年福建省各地市及全国医生数量

资料来源:(1)国家统计局城市社会经济调查司:《中国城市统计年鉴》,《中国统计出版社》,2003、2008、2013;(2)《中国卫生统计年鉴》,http://www.nhfpc.gov.cn/zwgkzt/tjnj/list.shtml;

*表示暂无2012年全国每千人口医生数的数据。

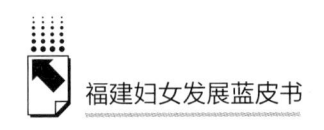

医疗卫生资源在规划和配置时首先向经济情况较高的城市倾斜，但是同样作为经济发达城市的泉州，其卫生资源的平均配置水平却长期低于经济发展相对落后的三明、龙岩，并落后于全省平均水平，表明卫生事业发展水平还受经济以外的地区因素影响。近年来，福建省作为加快海西经济区建设的重点区域[①]，如何优化其卫生资源配置进而实现公共卫生服务均等化发展，将对促进妇女健康起到至关重要的作用。

（六）城乡女性因病致贫问题突出，帮扶救助机制有待进一步完善

由于医疗费用的昂贵，以及现有新农合或城镇基本医疗保险按规定给予补偿或报销范畴有限，一旦患大病或疑难疾病，妇女因患病而陷入困境的现状依然严峻。虽然，福建省对查出的"两癌"妇女，给予精神慰藉、心理疏导、协助制定治疗方案、申请困难救助等，使"两癌"妇女尽早得到及时救治；并争取多方资源尽量减轻农村妇女家庭的经济负担。如福建省妇联和福建省红十字会携手于2011年5月8日母亲节当天在福州市成立"福建省红十字母亲健康天使基金"，以作为福建省贫困大病女性患者医疗救助的特别补充。但是，该形式的救助资金和救助范围有限，帮扶力度还远未满足福建省患病女性的实际需求，并且该政策是否具有长期可持续性也是影响救助工作的一大因素。

另外，"福建省红十字母亲健康天使基金"主要是，为救助患有宫颈癌、乳腺癌等重大妇女病且需住院手术等治疗的贫困家庭女性为主设立的专项公益基金，那么患其他重大或疑难疾病的妇女，

[①] 参见2009年出台的《国务院关于支持福建省加快建设海峡西岸经济区的若干意见》，以及随后国家发展和改革委员会编制的《海峡西岸经济区发展规划》。

以及患有慢性病的妇女是否也能一样享有"雪中送炭的救助"呢？尤其是边远的农村地区妇女是否也能公平地享有帮扶救助机制？所以，相关的帮扶救助机制有待进一步加强与完善，形成制度性与可持续性是今后工作的重点。

（七）老年妇女健康权益面临挑战，老年妇女工作长期处于空白状态

由于我国进入快速的人口老龄化发展阶段，党的十八届三中全会提出将"城乡居民社会养老保险制度合并实施"。2013年2月，福建省人民政府下发了《关于城乡居民社会养老保险制度一体化的实施意见》（闽政〔2013〕15号），建立健全统筹城乡的社会保障体系，将福建省新型农村社会养老保险和城镇居民社会养老保险两项制度合并实施。9月，《国务院关于加快发展养老服务业的若干意见》公布，明确提出了到2020年，我国将全面建成以居家为基础、社区为依托、机构为支撑，功能完善、规模适度、覆盖城乡的养老服务体系，养老服务覆盖所有居家老年人。2013年10月《国务院关于促进健康服务业发展的若干意见》公布，也明确提出，到2020年，我国将基本建立覆盖全生命周期、内涵丰富、结构合理的健康服务业体系。目前，中央财政已将健康服务业、养老服务业纳入促进服务业发展专项资金支持范围，并已于日前下拨22.2亿元资金，由地方统筹用于健康服务业、养老服务业等公益性服务业发展。可见，中央政府非常重视人口老龄化问题。

但是，多年来，福建省有关老年妇女的分性别统计资料和相关政策倾斜长期处于基本空白的状态。随着福建省老龄化社会的到来，老年妇女在经济、社会、家庭生活中的问题将逐渐显现，特别是农村老年妇女由于经济无保障、生活环境差等问题，较难得到必须的卫生保健服务。在我国农村，在妇女尤其是老年妇女的生存质量比男性更差、具有较高的自杀率[1]等现实背景下，如何保障城乡老年妇女的健康权益？在开展老龄事业中如何注重引入性别意识？一系列的老年妇女的老龄事业工作有待尽快启动。

三 对策与建议

健康是一个多元、发展的概念，也是一个复杂且多维的概念，它与疾病是对立的关系。[2] 根据世界卫生组织（WHO）对健康的定义，所谓健康就是"在身体、心理和社会三方面安宁幸福的状态"，而不仅仅是没有疾病或身体强壮不虚弱。健康是人类一切努力的重心，凡社会福利、教育和妇女儿童福利的改善都是以此概念为基础。[3] 通过前文的梳理发现，目前福建省妇女与健康工作体制、机制等尚存许多问题，为此，为了提高福建省妇女健康水平，本文提出以下对策与措施建议。

（一）进一步发挥政府职能，努力缩小城乡差距及地区差距

保障妇女在整个生命周期享有良好的基本医疗卫生服务，是延长福建省妇女人均预期寿命的关键。为此，首先，各级政府应当合理确定其保障公民健康的公共责任，在卫生资源配置过程中明确政

---

[1] Wang Dewen et al., "Comparative Study on the Mortality Pattern among Elderly People in Japan and Fujian Province, China", *The Japanese Journal of Health and Human Ecology*, 2004, Vol. 70, No. 6.

[2] 〔美〕Louis G. Pol, Richard K. Thomas：《健康人口学》，陈功等译，北京大学出版社，2005，第19页。

[3] 王德文、谢良地：《社区老年人口照护现状与发展对策》，厦门大学出版社，2013，第31~38页。

府与市场的角色与范围，通过建立健全以公共服务为导向的官员政绩考核体系来优化和保障卫生资源配置。例如，在各级政府辖区居民间实行公共卫生服务评价制度，通过引入第三部门的方式以科学、明确的指标评价体系对卫生资源配置的满意度进行测评。其次，政府部门还应当制定相关卫生保健政策，鼓励和引导卫生资源向经济欠发达地区和农村地区流动，以缩小城乡差距，以促进基本公共卫生服务逐步均等化。比如，以财政优惠措施改善欠发达地区和农村地区的医疗卫生条件，以经济激励政策吸引卫生人力资源特别是医生和护士资源就业和工作，提高卫生资源配置的数量和质量。尤其针对因患病而陷入困境妇女的帮扶救助机制，要朝着制度性与可持续性发展方向进一步加以投入与完善；扩大生育保险覆盖面，在受众广度和深度上进行拓展。

（二）重视监测评估和调查研究，实现妇女健康工作有据可循

逐步完善性别监测内容，规范并完善妇女健康相关统计指标和分性别统计指标，将其纳入常规统计或统计调查。建立并完善省级妇女发展监测数据库，加强妇女健康相关数据信息的收集、发布和展示，逐步填补妇女健康新指标的空白数据，如填补福建省有关老年妇女健康统计资料基本空白的状态等；有效利用监测评估和调查研究数据，以促进数据信息的交流、反馈和利用。从国际上的经验来看，增强各类不同数据库之间的兼容和联通，也是通行的做法，这可使得数据得到最大化利用。通常来说，基于社会政策之间的交叉性和渗透性，各类不同领域的政策在实施过程中往往会对其他政策产生不可低估甚至意料之外的影响，而一个完善且兼容的数据库，不仅可以帮助决策者减少政策成本，还能够最大限度地达成政策目标。

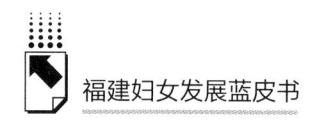

（三）进一步扩大妇女病免费检查范围与力度，严密监控"两癌"动态

由于"两癌"威胁依然严峻，妇女常见病筛查率有待进一步提高，以严密监控"两癌"的动态。同时，在"两癌"检查减免的基础上，建议扩大妇女病免费检查范围，通过推广政府补贴的低价优惠检查服务，进一步重视农村和流动人口妇女的生殖保健需求；各地也可采取财政补助、部门支持、个人部分缴费等形式，逐步提高妇女常见病的筛查范围与力度，达到早期诊断早期治疗，从而提高妇女的生存质量与健康水平。再者，还应该定期对基层相关部门的决策者、管理者、技术服务人员进行相关培训，以提高基层执行政策的效力。此外，还可充分利用社区资源，发挥基层妇联、团委等组织和非政府的民间社团组织力量（如成立流动人口同乡会），加强对流动妇女卫生保健等的干预，确保广大妇女受益，扩大妇女病免费检查范围与力度，严密监控"两癌"动态。

（四）积极探索干预措施的新模式，遏制传染性疾病对女性的威胁

在当前性病、艾滋病流行形势严峻的背景下，各级政府首先要统一思想，充分认识问题的严重性，转变工作模式，尤其是基层计生与卫生部门要建立预防性传播疾病的各种优质服务，提升公众预防艾滋病知识的知晓率，深入加强高危人群干预。其次，建议完善入境外籍人员健康管理政策法规，做好宣传，体现以人为本，吸引入境外籍"新娘"、"新郎"自觉自愿进行健康体检，防止各类性传播疾病的流入，以避免国际纠纷；再次，提倡计生卫生资源整合，提高基层卫生服务工作队伍的实力，使其在管理方法、工作措施、技术力量及设备等方面得到提升，以满足日益增长的广大妇女的生

殖健康服务需求，遏制传染性疾病对女性的威胁，提高其生殖健康水平。

（五）鼓励和引导各种形式女性的健康服务活动，提高妇女健康生活质量

身心健康尤其是精神卫生已成为重要的公共卫生问题和较为突出的社会问题。福建省妇女精神卫生的预防、治疗、干预等工作还存在许多不足之处，尤其是基层精神卫生服务网络系统还比较薄弱。基层女性一旦遇到各种婚姻家庭问题、暴力问题、工作问题等，可以寻求帮助的专业及政府机构较少，所以，应鼓励和引导各种形式的女性健康服务活动，加强基层精神卫生人才队伍建设，把女性健康服务与身心健康防治工作重点逐步转移到社区和基层；另外，努力创造条件，开展实施重点人群的健康风险干预，最大限度满足广大妇女对身心健康服务的需求；定期充分利用广播、报纸、电视等大众传媒，开展经常性心理卫生知识宣传工作和心理健康教育与咨询服务；提高广大妇女的心理健康水平，大力营造和谐社会氛围，从而提高妇女健康生活质量。

（六）积极探索社会保障体系的试点改革，完善妇女健康保障制度

只有健康的女性，才会产生健康的民族。妇女健康对一个国家或地区至关重要，所以，孕产妇保健在我国被纳入了公共产品，由基层医疗机构免费向城乡居民提供，建立了稳定的经费保障机制，福建省的孕产妇保健保障水平在全国处于前列，但距离发达国家的水平还有很大的差距。此外，福建省妇女健康的社会保障制度建设还有很长的路要走。

现阶段，福建省首先要尽快实现全民皆医保，同时，创造条件

逐步提高福建省的统筹层次,尤其是做好对困难地区或患病陷入困境的妇女的医疗救助与帮扶工作,有效减轻城乡困境妇女的医药费用负担。另外,还要积极探索社会保障体系的试点改革,实现社会保障关系转移的接续。尤其是在城乡居民社会养老保险制度一体化实施过程中,一定要注重引入性别意识,对经济困难的老年女性在养老保险的个人缴费、集体补助、政府补贴环节要给予扶助,关注农村妇女与城乡老年妇女的生存质量与健康需求。

总之,对现阶段妇女与健康工作而言机遇与挑战并存,已有的工作成就为进一步开展妇联工作打下了坚实的基础,在此基础上要更好地提升福建省妇女身心健康水平,必须利用多元途径、多种工具以及灵活的政策,特别是要有效地整合政府、社会、市场和家庭等资源,以达到提升福建省妇女身心健康水平的目标。

B.3 妇女与教育

吴荔红　翁君怡[*]

摘　要：

2011~2013年，福建省委、省政府相关部门高度重视女性教育的发展，深入贯彻落实《福建省妇女发展纲要（2011~2020年）》和《福建省儿童发展纲要（2011~2020年）》。本文总结了福建省政府各部门2011~2013年三年期间为落实"两纲"采取的三大措施，在措施的推动下取得的成效主要体现在：学前教育长足发展；学校教育在巩固中提高；职业教育稳步发展；妇女扫盲工作取得实效。但目前仍存在农村妇女成人教育未完全适应农村妇女的教育需求；女性职业教育吸引力有待进一步提高；尚未出台针对弱势女性的完善的职业教育体系等问题，在此基础上提出有针对性的发展对策，以期推进妇女教育事业的长足发展。

关键词：

福建省　妇女教育　妇女发展

女性受教育程度是反映妇女进步的重要标志，提高妇女知识水

---

[*] 吴荔红，硕士，福建师范大学学前教育系副主任，教授，主要研究方向为学前教育；翁君怡，博士，原福建省妇女儿童工作委员会办公室职员。

平和技能是消除贫困、维护合法权益的前提保障，是促进社会民主与进步、实现可持续发展的重要保证。大力推进女性教育不仅是教育公平的表现，更对落实男女平等的基本国策和促进社会和谐发展具有重要意义。2011年在韩国首尔举行了以"通过教育赋权亚非妇女"为主题的亚非妇女大会，会上全国人大常委会副委员长、全国妇联主席陈至立在会议中强调要进一步强化"教育是公民的基本权利"的观念，强化"教育是实现性别平等和妇女赋权的重要方式"的观念，强化"投资妇女和女童教育将给健康和社会带来丰厚回报"的观念，强化各国政府和国际社会推进性别平等的责任。在《福建省妇女发展纲要（2001～2010年）》的指引下，2001年到2010年这十年间，福建省的妇女事业取得了显著的进步。2010年，幼儿入园率为90%，其中女童的毛入学率为89.9%；小学女童的净入学率是99.97%，小学男童的净入学率是99.98%，女童与男童净入学率的差距缩小到0.01个百分点；初中学龄人口入学率为97.94%，其中女生入学率为97.99%；普通高中阶段，女生的毛入学率为81.05%；高等教育阶段，女生的比例为26.15%，获得研究生学位的女性占49.8%。福建省政府还特别重视发展妇女中等职业技术教育、成人高等教育和扫盲教育。2010年，接受普通中等职中中专教育的女性占总数的47.81%，接受成人高等教育的女性比例为59.46%，参加扫盲的女性占73.79%。

自2011年以来，福建省委、省政府始终高度重视女性教育的发展，在《中国妇女发展纲要（2011～2020年）》的指引下，认真贯彻落实《福建省妇女发展纲要（2011～2020年）》，进一步贯彻落实《义务教育法》，提高适龄女童的入学率；进一步贯彻落实《职业教育法》，让更多的妇女能接受中等职业教育和职业培训；切实发挥高等教育在培养妇女高层次人才中的重要作用，全面实施素质教育，积极探索有利于女大学生成才的教学模式、管理模式和德育工作模式，着力培养一大批优秀妇女专门人才；巩固和加强适宜妇女人才成长的终身教育体系，福建妇女教育水平全面提升。

一 推动福建妇女教育三年发展的主要措施

三年来，按照福建省政府《关于2010～2012年教育改革和发展的重点实施意见》的部署，福建省政府各部门紧紧围绕新一轮"两纲"教育指标的落实，动员和组织全省教育系统的力量，加强统筹，精心实施，细化措施，教育各项事业呈现持续向好发展态势。其推动福建妇女教育发展的主要措施如下。

（一）明确方向，层次推进

1. 制定目标，细化落实

2011年省委、省政府召开全省教育工作会议，颁布实施中长期教育改革和发展规划纲要，提出2020年"率先基本实现教育现代化，率先基本形成学习型社会，进入教育强省和人力资源强省行列"的目标，开启了建设教育强省的新征程。各设区市相继召开教育工作会议，颁布实施本地区规划纲要，形成共同推进教育科学发展的规划体系。制发省教育规划纲要任务分工方案，将目标任务分成11个方面、257项落实到省直有关部门。建立督查机制，由省直有关部门分片包干督查。教育部与省政府签署新一轮战略合作协议，从政策、项目、资金、人才等方面对福建省予以倾斜；国侨办、农业部、国家海洋局、清华大学、北京大学等国家部委和高校也与福建省政府分别达成一系列战略合作意向，强力助推福建省教育发展。

2. 构建落实机制，责任到位

为确保"两纲"目标任务的落实，福建省教育厅从构建落实目标任务的工作机制入手,将"两纲"教育指标与《教育发展规划纲要》的实施相结合,纳入全省教育工作规划,分解细化目标,明确承担任务的相关处室,强化责任意识,做到层层分工,责任明确,措施到位。同时,我们强化过程管理,充分发挥福建省政府教育督导室在督导评估上的作用,将"两纲"教育指标纳入"县(区)级政府教育工作督导评估"、"县(市、区)党政主要领导干部抓教育工作督导考核"和"教育强县"、"双高普九"督导评估等综合督政指标体系,加强对教育的监督、检查和评估、指导,确保落实。

(二)提供政策和经费两大保障,助力妇女教育不断提升

福建省加快落实国家和省教育《规划纲要》及《福建省"十二五"教育发展专项规划》,坚持以促进教育公平为重点、以提高教育质量为核心、以改革创新为手段,着力推动教育现代化,高质量地推进妇儿"两纲"教育指标的落实。

1. 加强政策研究、为两纲的实施提供可操作性依据

2011年以来,福建省针对"两纲",在调研的基础上,制定了多个政策性和指导文件。例如,为促进基础教育的发展,制定了《关于深入推进义务教育均衡发展的意见》,并下发《关于扶持和规范民办进城务工人员随迁子女学校发展的意见》,以指导各地改善民办农民工子女学校办学条件,出台《关于加强农村寄宿制设施设备配备与学校管理的意见》,满足农村学生特别是留守学生的寄宿需求。同时,为加快学前教育发展,编制了《福建省学前教育三年行动计划(2011~2013年)》,并印发《福建省幼儿园管理规范(试行)》、《福建省幼儿园保育教育工作常规(试行)》和《福建省幼儿园保育教育活动评价指导(试行)》等3个规范性文件,明确幼儿园保育教育工作的评价标准,对幼儿园管理和保育教

育工作提出了规范性要求，并印发福建省贯彻《3~6岁儿童学习与发展指南》实施意见。为推进普通高中和中职教育协调发展，制定出台《关于推进中等和高等职业教育协调发展的实施意见》。再如，为深化素质教育和教育教学改革进程，制定出台《关于以试点改革引领中小学推进实施素质教育有关工作的通知》等政策性和指导性文件。

2. 加大经费投入力度，完善教育保障机制

各级政府把教育作为公共财政支出重点领域予以优先保障，全省预算内教育经费占财政支出比例连续十年居全国首位。一是确保教育经费法定增长。省政府出台《关于进一步加大财政教育投入加强经费管理的意见》，要求各级政府保证财政教育支出增长幅度明显高于财政经常性收入增长幅度，财政教育支出占一般预算支出比重明显提高。二是多渠道增加财政性教育经费。统一内外资企业和个人城市维护建设税和教育费附加，专项用于基础教育和职业教育学校改善办学条件。将地方教育附加征收比例提高到2%。各地从当年出让国家土地使用权取得的收入中，按照扣除征地和拆迁补偿、土地开发等支出后余额的10%的比例计提教育资金。三是完善各类教育经费保障机制。提高农村义务教育生均公用经费基本定额拨款标准，小学从350元提高到550元，初中从550元提高到750元。出台进一步提高市属普通本科高校生均拨款水平的意见，到2012年各地市属高校生均拨款水平不低于1.2万元。将博士生奖学金标准提高至每生每月1000元。提高高校临床医学专业生均拨款标准。四是全面推进高校化债工作。安排11亿元设立省级高校化债专项资金，推动8所省重点建设高校加快化债工作。推动福州大学和福建工程学院分别实现校区置换资金8亿元、3.5亿元用于化债。制定减轻地方高校债务负担、化解设区市属高校债务风险的意见。完善高校债务情况动态监控机制，从紧从严控制新增贷款。

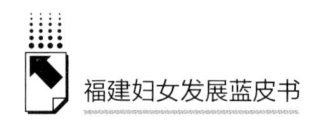

(三）开展工作落实"两纲"，突破事业难点

三年来，全省教育系统认真贯彻落实国家和省《教育规划纲要》精神，紧紧围绕新一轮"两纲"教育指标的落实，动员和组织全省教育系统的力量，加强统筹，精心实施，细化措施，教育各项事业呈现持续向好发展态势。全省教育系统开展的主要工作有以下几方面。

1. 抓项目，全面落实教育为民办实事工程

2011年，省委省政府确定当年为民办实事项目38项，涉及保障、教育、卫生、文化生活、农村、城乡建设等多个领域，按时保质保量完成任务。2012年全面完成省委、省政府确定的8项教育为民办实事项目：提前2年实现中等职业教育免费教育；实施城区中小学扩容工程，动工改扩建校舍36.5万平方米，增加学位额4.5万个，共接收随迁子女义务教育阶段学生74.9万名；实施特殊教育提升工程，14个特教项目已全部开工，累计完成投资总额3896万元；省市筹措2.3亿元，改善22个原中央苏区和10个财政特别困难老区县农村中小学寄宿条件并配备多媒体设备；实施中小学幼儿园校车安全工程，投入1.3亿元，完成1238辆中小学幼儿园非专用校车更换任务；继续推进中小学校舍安全工程，全省（除厦门市外）重点区域无设防和非重点区域C级以上危房新开工重建面积35万平方米，新竣工面积243万平方米；省级财政下达5255万元为248万名农村义务教育阶段公办学校学生免费提供作业本；全省投入1.59亿元，实施农村义务教育阶段寄宿生营养改善工程，惠及寄宿生近35万人；全省用于非义务教育学生资助资金达11.18亿元，惠及学生115.7万人（不含厦门）。2013年，省委省政府确定的21项为民办实事项目中，涉及教育的有4项，分别是：继续解决进城务工人员随迁子女就学、加快幼儿园发展、中小学校舍安全建设、实施中等职业教育免学费政策。

2. 全面推进三年行动计划，加快学前教育发展

学前教育是"两纲"的重要指标，为解决"入园难"这一社会高度关注的民生问题，福建省从2011年起实施学前教育发展三年行动计划，近3年，省级以上投入12.22亿元，新建、改扩建935所公办幼儿园，补助农村小学增设附属幼儿班3580个，累计将增加公办园学额35.2万个；实施对普惠性民办幼儿园省级财政补助政策，下达民办园补贴资金7991万元，受益幼儿73万人次；实施学前教育专项工作奖补政策，省级以上财政安排奖补资金1.56亿元，奖补项目单位达600多个，通过多渠道扩大普惠性学前教育资源，"入园难"问题得到有效缓解。加强学前教育内涵建设，深入贯彻教育部《3~6岁儿童学习与发展指南》（以下简称《指南》），印发福建省贯彻《指南》实施意见，召开现场推进会，建立行政推动、科研引领、专家指导、典型示范的工作推进机制；通过省、市、县三级培训，实现了《指南》培训全员覆盖。切实规范幼儿园保育教育工作，以贯彻《教育部关于规范幼儿园保育教育工作防止和纠正"小学化"现象的通知》为契机，制定并印发《福建省幼儿园管理规范（试行）》和《福建省幼儿园保育教育工作常规（试行）》和《福建省幼儿园保育教育活动评价指导（试行）》等3个规范性文件，明确幼儿园保育教育工作的评价标准，对幼儿园管理和保育教育工作提出了规范性要求，引导基层幼儿园树立科学幼儿教育质量观，从规范管理上杜绝"小学化"现象。引导全省各地积极创建示范性幼儿园，全省累计建立省、市、县级示范园950所，扩大学前教育优质资源。在规范办园行为方面，2010年起在全省实施无证幼儿园专项治理行动，共取缔无证幼儿园1623所，同时，严格规范办园条件和审批程序，加大监管力度，办园秩序得以逐步规范。

3. 着力教育公平，推动义务教育均衡发展

推动基本教育公共服务均等化是新"两纲"的要求，福建省一方面着力推动办学条件均衡，由省政府办公厅出台《关于深入推进义务教育均衡发展的意见》，加快义务教育标准化学校建设，全省义务教育标准化学校累计5318所，占全省的75%，推动办学条件均衡。审慎从严控制学校撤并，保留农村小规模学校和教学点3504个，妥善解决农村小学生远距离上学问题。另一方面，全面推行城区"小片区"管理模式改革，启动农村薄弱学校委托管理试点，带动城乡薄弱校办学水平提升，促进教育质量的均衡。推进11个试点县（市、区）义务教育教师校际交流，交流人数达到10%以上。同时，实施"教学点数字资源全覆盖项目"，2012年底投入573万元，为全省3255所100人及以下的农村小规模学校和教学点免费配送一批急需的课程资源光盘，为边远山区和农村散居儿童就近入学创设好的教育条件。目前，全省已有23个县（市、区）通过"义务教育发展基本均衡县"省级验收，87个县（市、区）全面实现"双高普九"。落实关爱进城务工人员随迁子女、农村留守儿童行动计划，扩大办学容量，满足随迁子女90.2%在公办学校就读。下发《关于扶持和规范民办进城务工人员随迁子女学校发展的意见》，指导各地改善民办农民工子女学校办学条件，配齐配足师资，建立公民办学校相对稳定的对口帮扶关系，以提高其教育教学质量。出台《关于加强农村寄宿制设施设备配备与学校管理的意见》，满足农村学生特别是留守学生的寄宿需求，保障寄宿学生健康成长。

4. 推进普通高中学校内涵建设

稳步推进普通高中和中职教育协调发展，控制普通高中招生计划，落实择校生比例从30%下降到20%的政策，规范跨设区市招生行为，加大对违规招生的处罚力度，切实落实好贫困生资助政策。继续推进达标高中建设,在加强审核和落实整改措施的基础上,批复确认12所普通高中晋升一级达标,26所普通高中晋升二级达标,30所普通高中晋级三级达标,全省达标高中376所,占普通高中总校数的67%,85%的高中生在达标高中就读。修改完善普通高中多样化有特色发展指导意见,召开"普通高中办学模式多样化改革试点工作研讨会",总结阶段性成果,部署进一步推进福建省普通高中多样化特色化发展。各试点学校因地制宜、因校制宜、因人制宜,积极探索,在校本类课程、教学类课程和活动类课程的建设和实施上凸显本校特色,为学生全面而富有个性的发展提供了更丰富的选择空间,取得阶段性成效。全面完成改制普通高中的清理规范工作,在全面摸底的基础上,开展现场核查,全面完成8所需清理整顿的普通高中改制学校的清理规范工作。

5. 加快构建现代职业教育体系

着力增强职业教育吸引力,扩大技能型人才培养规模。一是优化中职专业结构。建立人才需求预测和专业设置动态调整机制,增设行业紧缺人才和新兴产业有岗位需求的专业点303个,改造撤并专业点228个。二是加强基础能力建设。新增"国家中等职业教育改革发展示范学校建设计划"项目学校11所,总数达32所;新建省级技能型紧缺人才培养基地12个,总数达53个;新建职教集团2个,总数达43个。启动省级行业性和设区市区域公共实训基地建设,新增14个中央财政支持的中职实训基地。中职学校与企业开展多形式的校企合作,订单培养在校生达13.15万人。三是推动中职招生和毕业生升学制度改革。安排3亿元对中职学校一年级学生免除学费,全省中职招生22.5万人,中等职业学校在校生达77.88万人,其中女生39.86万人。2011年,全省共有1706所女职工周末学校,女职工参与"女职工素质提升工程"活动的有249.26万人。共举办女职工培训班、流动课堂10650期,参加学习的女职工有83.91万人次，参加女职工周末学校、女职工素质教育流动课堂等系列活动的女职工和女农民工有47.72万人次。女职工周末学校成为女职工和女农民工获取新知识、接受新理念、增强新技能、活跃新生活的平台。通过学习培训，全省有13.46万名女职工提升了学历层次，有16.57万名女职工晋升技术等级，女职工素质进一步提升。同时，深化"双学双比"活动，继续实施"百万妇女培训计划"，开展"专家快车农村行"24期，全省举办、联办各类培训班590期，培训妇女22万人。

6. 推进妇儿教育基地建设

2011年以来，根据《福建省人民政府办公厅转发省妇联等部门关于扶持妇女儿童活动中心建设方案的通知》（闽政办〔2010〕223号）通知要求，福建省全力推进市、县两级妇女儿童活动中心建设，不断完善妇女文化活动和教育培训体系。推动市、县两级妇女儿童活动中心建设纳入今年省委、省政府为民办实事项目。主动协调省发改委、省财政厅，认真抓好摸底工作，组织条件成熟的项目县（市、区）抓紧做好项目的前期筹备和申报工作，根据各地申报材料和建设进度，分期安排省级补助资金的下达任务，在2010年下达一批10个县建设任务的基础上，于2011年4月和7月分2批下达了22个省级补助建设任务，两期共下达补助资金5000万元。每个月准时汇总各地项目实施情况，及时报送省政府。11月份开始，进一步加大督查通报力度，要求项目市、县（区）每半个月上报一次项目进展情况，并及时上报省政府。[①] 至2013年，全面协调督促各级政府加大对妇女儿童活动中心的财政投入，推动基层妇女儿童活动中心的良好运营，确保妇女儿童活动中心作为公益性群众文体活动场所向普通百姓直接开放，满足妇女儿童群众的

---

① 福建省妇儿工委办公室：《2011年省妇儿工委终身教育工作主要情况》。

基本科教、文化、娱乐、精神需求。①

7. 大力培养新型农村女性

围绕提高农村妇女素质的着力点，提高女性农村技术培训的针对性、实用性，培养有文化、懂技术、会经营的新型农村女性。省农办会同省委组织部、省农科院等有关部门组织实施的农村实用技术远程培训，利用省应急视频会商指挥系统，将培训实况同步传送到全省1400个应急视频乡镇分会场，并通过福建电视台公共频道将培训的实况同步直播到千家万户，同时，把培训的课件上传到省农村党员干部现代远程教育系统，供广大农民朋友回看、点播。通过现代通信传播技术，把福建省知名专家学者专家讲课实时传送到千家万户，实时解答农民在生产过程中遇到的技术难题，及时提供技术指导服务，从而提高广大农民特别是农村妇女的农业生产技能，增强农村妇女依靠科技发家致富的信心和本领。2012年远程培训累计培训113.7万人次，其中妇女占了相当的比例。积极组织农村妇女劳动力参加阳光工程培训，2012年共培训阳光工程学员6.37万人，其中女性学员约3.34万人，占培训总数的52.4%。针对福建省贫困人口组织实施了雨露计划培训，帮助贫困地区农民特别是贫困妇女解决在农业生产中遇到的实际困难，2012年培训贫困人口4万人，其中妇女占了42%。省残联通过实施2012年省委、省政府为民办实事助残项目，为5353名农村残疾妇女免费开展实用技能培训。

8. 提倡终身教育新理念

福建省终身教育事业发展在许多方面已走在全国前列，如出台了中国内地第一部终身教育地方性法规《福建省终身教育促进条例》，组建了第一个政府跨部门终身教育协调机构"福建省终身教育促进委员会"，成立了第一个致力于终身教育的社会团体组织

---

① 福建省妇儿工委办公室：《2013年省妇儿工委终身教育工作主要情况》。

"福建省全民终身教育促进会",第一个与台湾社区大学结成海峡两岸终身教育交流与合作对子,第一个开展士兵职业教育基地活动等。同时,福建省以社区教育和学习型组织为突破口,大力推进终身教育向纵深推进,目前已有全国社区教育示范区3个、社区教育实验区3个,总数居全国第六位;已评选表彰省级学习型组织先进单位93个、学习型组织创建单位147个。在推进终身教育进程中,福建省已在终身教育先行先试、依法推进、闽台交流合作、体制机制创新、形式途径拓展、社会氛围营造、网络和学习平台建设等方面初步形成自己的特色,为加快构建终身教育体系打下了良好基础。目前全省现有8所社区大学、60所社区学院、612所社区学校(社区教育中心)和1618个社区教育学习点。开通"福建终身学习在线"、"海西教育网"等一批开放性学习平台。

二 福建妇女教育的主要进步与成效

2011年以来,在福建省委、省政府的坚强领导和社会各界的大力支持下,全省教育系统全面贯彻落实教育规划纲要,按照优先发展、育人为本、改革创新、促进公平、提高质量、服务大局的要求,全面加快教育改革发展,妇女受教育权得到保障,整体素质有所提升,推动实现了"十二五"发展良好开局。

(一)学前教育长足发展

实施学前教育三年行动计划,三年共新、改扩建公办幼儿园945所,增设3580个农村幼儿班,新增幼儿园学位35万个,每万人口在园幼儿位居全国前列。2013年学前三年毛入园率达96.5%,较2010年增长6.5个百分点,其中女童在园比例45.44%,较2010年增长0.24个百分点(见表1)。

表1　2010～2013年学前阶段女童入园情况

单位：%

内容	2010年	2011年	2012年	2013年
学前三年毛入园率	90.00	92.00	95.5	96.5
女童毛入园率	89.90	91.93	95.42	95.66
女童在园率比例	45.2	45.1	45.4	45.44

（二）学校教育在巩固中提高

第一，小学阶段学龄人口入学率达99.99%，其中女童入学率达99.98%，男女童入学率无显著差异；小学阶段在校生中女童所占比例达45.79%，较2010年提高0.29个百分点（见表2）。

表2　2010～2013年小学阶段女童入学情况

单位：%

内容	2010年	2011年	2012年	2013年
小学阶段学龄人口入学率	99.98	99.98	99.99	99.99
女童小学阶段入学率	99.88	100	99.98	99.98
小学阶段在校生中女童所占比例	45.50	45.66	45.65	45.79

初中学龄人口入学率达99.12%，其中女生入学率达98.94%；初中在校生中女生所占比例为45.82%，较2010年增长0.47个百分点（见表3）。

表3　2010～2013年初中阶段女生入学情况

单位：%

内容	2010年	2011年	2012年	2013年
初中学龄人口入学率	97.94	97.54	98.72	99.12
女生初中阶段入学率	97.99	97.26	98.54	98.94
初中阶段在校生中女生所占比例	45.35	45.28	45.64	45.82

高中阶段毛入学率达92.2%，较2010年增长8.8个百分点，其中女生毛入学率为90.33%，较2010年提高9.23个百分点；普通高中在校生中女生为49.17%，较2010年提高0.57个百分点（见表4）。

表4 2010～2013年高中阶段女生入学情况

单位：%

内容	2010年	2011年	2012年	2013年
高中阶段毛入学率	83.4	87.78	90.7	92.2
女性高中阶段毛入学率	81.1	85.03	88.19	90.33
普通高中在校生中女生占比例	48.6	48.9	48.9	49.17

高等教育领域，高等教育毛入学率为37.70%，其中女性毛入学率为37.42%，比2010年提高11.22个百分点。2010年获得研究生学位的女性人数为15404人，占49.8%，2013年女性人数为19648人，比例为51.45%，比2010年提高1.65个百分点（见表5）。

表5 2010～2013年高等教育阶段女性入学情况

内容	2010年	2011年	2012年	2013年
高等教育毛入学率(%)	26.60	29.40	33.5	37.70
女性高等教育毛入学率(%)	26.2	29.2	33.1	37.42
在校生女性获得博士和硕士的学位人数(人)	15404	17113	18442	19648
在校生女性获得博士和硕士的学位比例(%)	49.80	50.49	51.18	51.45

（三）职业教育稳步发展

职业学校在校生中女性比例为46.67%（见表6），由就业培训中心和民办职业培训机构举办的职业技能培训中女性所占比例为39.3%。

表6　2010~2013年职业学校女性入学情况

内容	2010年	2011年	2012年	2013年
中等职业学校招生人数（万人）	20.15	25.17	24.08	15.50
中等职业学校招生人数中女性人数（万人）	9.34	11.68	10.83	6.81
职业学校在校生中女性比例（%）	47.81	47.61	46.84	46.67

（四）妇女扫盲工作取得实效

福建省成人妇女识字率为95.4%，其中青壮年妇女识字率达99.2%，仅比男性低0.5个百分点，以青壮年妇女为主的扫盲工作取得成效，非文盲率由全国倒数第九跃为第九位。全省6岁及以上人口平均受教育年限为8.8年，其中女性平均受教育年限达8.3年。

三　福建妇女教育的主要问题与挑战

2011年以来，福建省在妇女教育工作中取得了显著进步，建立了比较完整的教育体系，妇女受教育的机会也在不断扩大。但是教育改革发展距经济社会发展和妇女群体的新期待和新要求还有一定距离，主要体现在以下方面。

（一）农村妇女成人教育未完全适应农村妇女的教育需求

由于长期以来形成的城乡二元结构，在农村教育结构本身存在缺陷、经济水平不发达的情况下，作为在接受教育方面的弱势群体的农村妇女无疑会受到更大牺牲。农村成人教育体系不完善、资金短缺，专门针对妇女的教育教学很少或者几乎没有。受到这一问题的限制，农村教育教学条件落后，没有关注到男性与女性之间的性别差异，造成了教育没有针对性，不够灵活。在对农村妇女的技术培训问题上，许多教材只注意到生产技术知识的传授，而忽略了市场、销售、经营管理等方面知识的培训。许多地方缺乏基本的教学设备设施，许多培训职能选择开展一些操作简单、不需要花费太多的项目，这直接限制了农村妇女接受成人教育的范围和自身能力的提升。

（二）女性职业教育吸引力有待进一步提高

早在20世纪80年代中期，福建省复办全国第一所具有国家承认学历教育招生资格的全日制民办女子普通高等学校——福建华南女子职业学院，标志着福建女子职业教育朝着求真务实、服务城市的方向发展。目前福建省职业学校在校生中的女性比例和由就业培训中心和民办职业培训机构举办的职业技能培训中的女性所占比例均有所提升，但数量难掩盖质量，福建女性职业教育的状况不容乐观。一方面，职业学校同一专业女生与男生相比，就业上就显出劣势。职业院校的专业课程设置与市场不协调，没有考虑女性优势。另一方面，针对妇女开设的学校数目少，妇女培训基地不健全，在办学形式、层次和规模上还没有构建女性成人教育教学的专门培训网络，导致有教育需求的女性如进城务工流动女性等无法得到相应教育与培训。

（三）尚未出台针对弱势女性的完善的职业教育体系

福建省妇女在迈向性别平等的方向上固然有不少丰硕的成果，但是毋庸讳言社会上仍存在许多弱势妇女，她们居于社会的边缘位置且常常遭遇经济的贫穷，如低收入、单亲、失业、识字少，残疾的妇女，政府尚未针对这些弱势群体提供特殊的职业教育与就业机会，使其经济上独立自主。

除此之外，针对妇女领导人才的培训工作，也尚未系统化，制约了妇女进入政府、企业等的权力与决策的层级。

四 福建妇女教育发展对策

近年来，福建省委省政府始终坚持优先发展教育，颁布实施中长期教育改革发展规划纲要，与教育部签署新一轮战略合作协议，出台了《关于进一步支持高校加快发展的若干意见》等落实和扩大高校办学自主权的3个重要文件。按照福建省政府《关于2010～2020年教育改革和发展的重点实施意见》，全省教育系统紧紧围绕中心工作和办好人民满意教育，突出促进公平和提高质量两大重点，落实《福建省妇女儿童发展纲要（2011～2020年）》在教育领域中提出的各项目标，扎实推进妇女教育事业发展不断取得新成效。

（一）建立多层次、多渠道，适应农村妇女需要的教育体系

要加大对广大农村女性教育公共资源的投入，其中对农村妇女的教育经费要专款专用，使得农村妇女有条件拥有同男性、城镇妇女一样的受教育权利；通过立法与政策导向，帮助农村组建一支农村妇女成人教育的专业教师队伍；研究城乡中存在的差异，编写贴近实际、贴近农村、贴近妇女的教材，设置农村本土化的教学内容；组织扫盲活动，加大扫盲力度，提高农村妇女的文化水平，帮助其更好地接受成人教育。

（二）优化女性职业教育的社会环境

促进女性职业教育是一项复杂的社会系统工程，将性别平等意识贯彻到职业教育工程中。首先，要进一步尊重女性技术人才，重

视和支持女性教育,为女性职业教育提供及时的、必要的发展信息和发展资源。其次,社会必须提高女性技能型人才的社会地位和待遇,增强女性职业教育的吸引力,改变劳动力市场性别歧视现象,促进女性职业生涯发展,各级各类职业学校应加强对女生的职业指导,开设女性特色课程,如女性心理学、女性领导学、女性成才学等课程,使得女性获得较好的就业前景。

(三)建设多层次、多类型、多功能的终身教育体系

在知识经济时代的背景下,妇女人才要参与以新知识、新技术、新理念为要素的人才竞争,需要具备更完善的素质结构。这要求妇女人才不仅要具备良好的政治素质、健康的身心素质,而且要学习广博的基础知识,掌握精深的专业知识,能够在所从事专业的相近学科里进行知识融合、理论延伸和交叉创新。这就对建设一个多层次、多类型、多功能的终身教育体系提出了更高的要求。依托各级党校、各类培训机构和高等院校等,建立健全妇女人才继续教育网络,要立足妇女人才的岗位需求,有组织、有计划地选派有基础、有潜力的妇女人才深造学习,努力提高妇女人才自身的文化素养和专业水平。

B.4 妇女与经济

朱毅蓉*

摘　要： 本文通过分析2011年和2012年福建引导妇女参与经济建设的成就和主要经验，同时提出了全省妇女在参与经济建设时所面临的困难与问题，在此基础上，有针对性地提出推进妇女参与经济建设的对策建议。文中特别分析了作为全省妇女重要组成部分的农村妇女参与现代农业发展过程所呈现的新变化，参与经济建设，农村妇女仍有很大作为空间，如果能进一步提升农村妇女就业与创业能力，对推进全省妇女参与经济建设将具有决定性意义。

关键词： 妇女　就业　创业

妇女积极参与经济建设，既是贯彻男女平等基本国策的要求，也是物质文明、政治文明和精神文明建设的需要。正如国务院副总理刘延东同志在中国妇女第十一次全国代表大会闭幕式讲话中指出："妇女肩负着社会生产和人类繁衍的双重任务，是推动经济社会发展的伟大力量。没有妇女的广泛参与，就不可能有伟大的社会

---

* 朱毅蓉，福建省人民政府发展研究中心。研究方向：经济发展、社会事业发展。

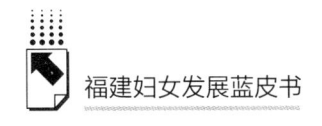

变革和文明进步。""妇女的奋斗与贡献是经济社会协调发展的有力支撑，转变发展方式、推进四化同步、实现创新驱动、打造经济升级版，提高人民群众生活水平和幸福指数，必须充分发挥广大妇女的聪明才智。"

"十二五"以来，福建经济持续较快增长，一些重要经济指标好于全国，领先东部沿海地区，这也为妇女参与经济建设打下良好基础。近年来，福建涌现出了越来越多的女性创业者，广大妇女勇敢地走出家门，在经济建设的大潮中乘风破浪，挑战自我，不断实现自身价值，成为全省经济建设中一支不可缺少的重要力量。

一 妇女参与经济建设的成就与经验

（一）妇女参与经济建设取得新成效

1. 妇女就业规模不断扩大。进入"十二五"，福建省妇女就业规模迅速扩大，尤其是开局之年，妇女从业人员迅速增加，2012年进入平稳增长，成为劳动大军中不可或缺的重要组成部分。2011年、2012年全社会从业人员分别为2460万人和2568.9万人，分别增长12.8%和4.4%；其中，妇女从业人员分别为1066.6万人和1102.5万人，分别增长7.2%和3.4%；女性从业人员占全社会从业人员比例分别为43.4%和42.9%，均已达到《福建省妇女发展纲要（2011~2020年）》规定的保持在40%以上的目标要求（见图1）。城镇单位女性就业人员分别为234.07万人和246.81万人，分别增加17.26万人和12.74万人，增长8.0%和5.4%。2012年，女性非农占就业人员的比例为17.3%，比上年提高1.0个百分点。

2. 妇女就业领域逐步拓宽。从就业结构看，女性主要集中在农业、商业、餐饮、社会服务业和教育卫生等行业。2011年，在

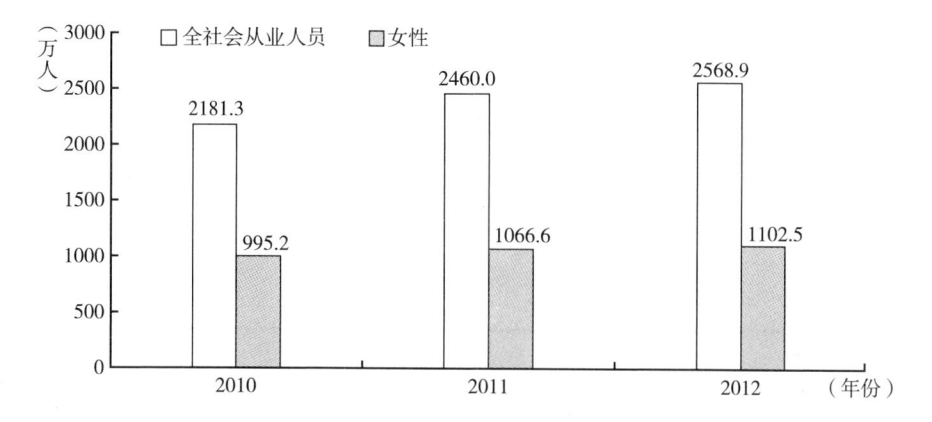

图1　全社会从业人员中女性人数

城镇单位各行业中，卫生、社会保障和社会福利业、住宿和餐饮业，金融业和教育等四行业从业人员的女性比重过半，分别达到61.8%、55.9%、51.3%和50.8%。随着全省经济的快速发展，妇女就业领域逐步拓宽，金融、保险、电子等新兴行业正成为妇女就业的新渠道。

3. 妇女就业层次继续提高。进入21世纪，福建注重优化女性就业环境，妇女从事专业技术人数有所增加。2011年，全省女性专业技术人员29.99万人，占全省专业技术人员比重接近一半，达47.9%。其中，女性中、高级专业技术人员11.88万人，占全省专业技术人员比重为19.0%，比上年提高0.2个百分点；女性高级专业技术人员2.07万人，占全省专业技术人员比重为6.9%，提高0.5个百分点。2012年，女性专业技术人才成长环境继续优化，重点是以专业技术人员资格考试和专业技术职务任职资格评审为抓手，积极落实和完善性别保护政策，大力营造妇女专业技术人员培养的政策氛围，支持鼓励女性专业技术人员提高学术水平，女性专业技术人员队伍日益壮大。在重视女性专业技术人才培养的同时，进一步加大女性高层次人才的选拔培养力度，彰显女性参与福建省

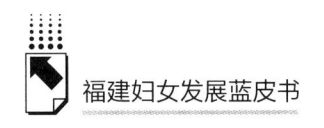

经济社会发展的重要作用。2012年，高级专业技术人员中的女性比例达30.8%，比上年提高0.4个百分点，进一步改善了专业技术人员队伍性别结构。此外，省委组织部等6个部门在全国率先出台支持女性人才成长的十项措施，推动女性高级专家和县处级女干部同龄退休政策等措施的落实。

4. 妇女就业机会持续增加。为妇女提供更多的就业机会是坚持男女平等基本国策的重要表现。进入"十二五"以来，福建通过开展"春风行动"和"情暖外来工－就业在福建"、"庆三八"女性创业就业大型专场招聘会等活动，对女性就业工作给予更多的关注、关心和爱护，特别是对于一些特殊专业人才，或随军家属等政策性安置对象，积极帮助她们顺利就业。仅2012年，全省各级妇联就举办女性就业招聘会160场，提供就业岗位32443家，指导城乡妇女和女大学生创业就业。省妇联还通过实施"巾帼建功"、"巾帼成才"、"巾帼维权"、"巾帼关爱"四大行动，引领妇女积极参与经济发展和社会法制创新，全面提升妇女素质，仅2011年，省妇联与有关部门联合开展女职工技能竞赛187场，参加的女职工14304人，一批女性锻炼成长为业务骨干、技术能手和行业标兵。

5. 妇女城镇化水平日益提高。福建城镇化率一直高于全国平均水平，2011年和2012年，福建城镇化率分别为58.1%和59.6%，分别高于全国5.8个和7个百分点，均位居全国第8位。占全省总人口48%的女性，通过农村富余劳动力转移到城镇、就地城镇化等途径，与全省城镇化水平同步上升。2011年，全省新增城镇就业62.25万，农村劳动力转移就业41.91万人；2012年，新增城镇就业65.8万人，农村劳动力转移就业43.6万人，其中女性占较大比例。

（二）农村妇女参与经济建设呈现新变化

作为全省妇女的重要部分，农村妇女的就业创业一直是各级政府及有关部门的关注重点。进入"十二五"以来，各级政府及有关部门紧紧围绕全省中心工作，积极组织引导农村妇女参与经济建设，并根据产业调整及妇女劳动力就业结构变化的需要，开展了"双学双比"等活动，建立了农村妇女科技骨干、专业户和女经纪人三支队伍，构建起了科技培训、产业示范和协作服务三大体系，使全省农村妇女参与经济建设的规模化、组织化、标准化进程不断加快。

一是妇女参与经济建设的积极性越来越高。随着新农村建设和市场经济体制改革的不断深入，妇女参与农村经济建设的主体意识逐渐显现出来。在各级妇联组织的教育引导下，农村妇女投身经济建设的积极性、主动性和创造性不断提高，并已成为了农业生产的主力军。特别是随着男劳动力外出务工人数增多，妇女参与农业生产的比例逐年增加，全省以妇女为主的生产大户逐年增加，同时外出务工的农村妇女也有较大幅度增加。

二是妇女参与经济建设的组织化氛围越来越浓。农村妇女新经济组织得到发展，组织化程度不断提高，妇女的市场意识、合作意识和风险意识不断增强，已经有越来越多的农村妇女联合起来，组成了各类种植协会、养殖协会、专业联合社等互助合作组织，增强了她们的市场竞争力和抗风险能力。比如，宁化县獭兔养殖协会、连江黄岐镇鲍鱼养殖协会、泰宁梅口乡水际村渔业养殖协会和妇女家庭旅馆协会、南平市龙得宝稻米专业合作社等。目前，全省农村以妇女为主的互助合作组织除了各业协会，还有"妇代会+协会"、"龙头企业+妇代会+农户"等形式。这些妇女合作经济组织带领群众学技术、抓销售、联市场，推动了县域经济和规模经济的发展，增强了农村妇女驾驭市场的能力，促进了全省产业结构的调整和优化。

三是妇女的科技素质提高得越来越快。近几年来，各级妇联持续组织开展"双学双比"、"百万妇女培训计划"、"专家快车农村行"等活动,2012年共举办、联办农村妇女实用技术培训1843期,16.35万名妇女参训,培育全国巾帼现代农业科技示范基地8个、新创建省级巾帼示范村(基地)101个。此外,福建还成立了省女科技工作者协会,通过多渠道、多层次、多形式的培训,农村妇女的科学文化素质有了很大的变化:多数农村妇女掌握1项实用技术,超过三分之一的妇女掌握2项以上(含2项)实用技术。农村妇女文化科技素质的提高,为她们所从事的各业生产逐步向专业化、商品化、社会化发展奠定了坚实的基础。

四是女经纪人的作用发挥得越来越好。农村经济的快速发展,带动了种养殖和农贸市场的发展。女经纪人也不断涌现出来,并活跃在各乡镇村,成为农牧产品流通中的活跃分子。目前,全省农村女经纪人达到3000余名,带动了农村种、养、加等各业发展典型的逐年增多,涌现出一批种植业、养殖业示范大户。

(三)引导妇女参与经济建设的主要经验

1. 开展培训,提升妇女致富本领。加强妇女就业培训,尤其是农村妇女培训一直是各级政府的基础性工作。一是开展技能培训。近年来,各有关部门通过开展富有针对性的实用技能、创业就业培训,引导进城务工妇女获得从业的技术技能和资格条件,让更多的农村妇女步入就业创业行列。比如人力资源和社会保障厅针对有创业愿望没有经验的劳动者,开展SIYB(创办和改善你的企业)等创业基本知识培训;对没有技能想就业的,组织参加就业前培训,享受培训补助政策;对已在企业就业的,享受"送培训进企业"的政策,参加重点企业紧缺技术工种免费技能培训。2012年,全省企业紧缺工种培训4万余人,直补企业培训4.1万人,农村转移就业按项目运作培训4.83万人,全省参加创业培训的女性0.90万人。二是开展"双学双比"活动。依托各级农函大、农广校和妇女培训机构，通过开展"专家快车农村行"、"巾帼致富种子工程"培训等活动实施"百万农村妇女培训计划"，两年来共培训妇女53.59万人次。三是开展营销技能培训。多年来，各级妇联通过开展女经纪人培训班、农村妇女骨干培训班、选送全国女经纪人创业研修班等方式，帮助女经纪人、女能人学习专业理论知识、成功范例的解读和现代营销手段的分析，掌握扎实的营销本领，提升创业就业能力。仅2011年和2012年，共培养了3000余名有文化、懂市场、会经营的农产品流通女经纪人。

2. 搭建平台，推动妇女创业发展。随着人类经济的不断发展，女性的创业就业能力提升显得尤为重要，这不仅为女性增强了参与经济社会发展的能力，也为女性参与社会发展赢得了更多工作和收入的机会。针对基层妇女缺乏创业资金和贸易对接等现状，省妇联积极整合资源，搭建服务平台，帮助妇女提升创业水平，带动农村妇女致富。一是发展巾帼科技示范基地。比如，南平市通过扶持龙头企业和女能手创办各类巾帼科技示范基地，组织引导农村妇女参与烟叶、瓜菜果、淡水养殖和"三八绿色工程"基地建设，涌现出得到国家级表彰的建瓯玉溪妇女耕山队、延平区太平南溪村五凤果场、光泽县"宏森育林试验场"等一批具有带动能力的营林基地和顺昌神农珍稀菇业有限公司、南平丕哥种猪场、光泽圣农鸡业有限公司、邵武豪顺兔业等一批省级巾帼科技培训示范基地，这些示范基地发挥了生产、科研、培训、示范等作用，许多已成为产业化经营的龙头。两年来，全省共建立各类巾帼示范基地380个，其中省级及以上的巾帼示范基地152个，培养了3760名女能手。二是搭建资金支持平台。创业难，妇女创业更难，许多妇女创业首先碰到的便是资金困难问题。为解决妇女在创业就业中遇到的资金瓶颈问题，自2009年开始，福建省推行妇女创业小额贴息贷款工作，个人最高可贷8万元，合伙经营的人人均可贷10万元，贷款贴息资金由财政据实全额负担,农村与城镇创业妇女同等享有,基本做到当年贷款当年脱贫。2011年6月,省妇联与省财政厅、人力资源和社会保障厅、人行福州中心支行、省农村信用社联合社和中国邮政储蓄银行福建省分行等多部门联合出台了《关于在全省进一步开展妇女创业小额贷款工作的意见》(闽妇〔2011〕8号),截至2013年底,福建省已向8.2万人次创业妇女发放小额贷款52.54亿元,既有力地促进了妇女创业就业工作和增收致富,同时也为地方经济增长作出了积极贡献。

3. 注重公平,保障妇女就业合法权益。就业招聘中的性别歧视一直是备受社会关注的难题。近两年,福建省机关事业单位人员招聘进一步体现了"男女平等"。在公务员招录方面,除了保障女职工劳动安全,以及公安、司法警察、安全等系统和人武专职干部等按有关政策规定,对性别可作一定限制外,其他职位原则上不限制性别条件,2012年公务员考试共录用6824人,其中女性2567人,占37.6%。在公务员考试录用过程中,坚持以人为本,给女性考生以充分的人性化关怀。在事业单位招聘方面,坚持公开、平等、竞争、择优的原则,严格把好招聘方案审核关,要求招聘单位不得设定男、女性别限制等任何歧视性条件,不得以性别为由拒绝聘用妇女或者提高对妇女的聘用标准,切实为妇女提供平等的就业机会。此外,在机关事业单位人员流动、人才引进、家属随迁等方面,对女性一视同仁,与男性享受同等待遇,切实维护妇女合法权益,促进妇女人才的合理流动和优化配置。在农村,针对以往不少农村剥夺外嫁女享受土地收益权利的情况,2012年11月,省妇联和省农业厅、省民政局、省国土资源厅联合出台《关于进一步规范完善村规民约维护农村妇女土地权益的意见》,进一步保障福建省出嫁离婚丧偶妇女的土地权益,并从源头上确定妇女的土地承包经营权。在企业中,女职工的权益得到进一步保护,2011年,全省女职工组织组建率达98.65%，全省女职工特殊保护专项集体合同整体签订率达96.21%，在全国居领先位置。2012年，执行《女职工劳动保护特别规定》的企业比重达94.8%，比上年提高8.0个百分点。

4. 强化基础，建立完善女性就业服务体系。完善的服务体系是女性充分就业的有力保障。一是持续完善就业政策措施。福建历来重视就业制度建设，通过不断建立完善积极就业政策体系，进一步提高妇女就业水平。在继续实施前几年有关政策的基础上，为促进和稳定就业，加快技能人才培养，2011年出台了《福建省人民政府关于加强职业培训促进就业的实施意见》（闽政〔2011〕46号）；为促进高校毕业生就业，每年都发布做好普通高校毕业生就业工作的通知。此外，针对经济下行压力大、用工荒、企业生产困难等实际情况，加大实施税费减免、职业培训补助、减征缓征社会保险、职业技能补贴等政策，进一步促进包括妇女在内的群体就业。为保护女职工，积极做好国务院《女职工劳动保护规定》的立法调研和修订工作。二是持续开展公共就业服务。各级公共就业服务机构常年开展系列就业服务活动，如"高校毕业生就业服务"、"春风行动"、"民营企业招聘周"、"海西招聘行动"等，提供大量的适应女性就业的岗位。此外，还广泛应用网络招聘、"12580"海西求职平台、自助求职终端机等新技术，为求职女性拓宽就业门路，提高劳动者就业的成功率。全省所有公共就业服务机构均向所有妇女提供"四免一补"（免费的政策咨询、职业指导、职业介绍和就业信息服务及职业培训补助）的就业服务。

5. 扶贫造血，全方位关爱女性困难群体。福建历来重视农村扶贫开发，持续多年加大扶持力度，取得显著成效。一是加大培训力度，提高贫困户的自我发展能力。实施"雨露计划"和"阳光工程"，开展就业技能培训和实用技术培训，2011年全省共培训贫困户劳动力45800名。二是提高贫困女性的补助标准。2012年城乡低保、农村五保对象中女性人数为31.22万人，比上年增加3.58万人；城市最低生活保障平均增加到324元/人·月，比2011年增加50元/人·月。三是全力帮扶困难职工。开展送健康知识讲座、送文化体育活动等活动，重点对各级困难职工帮扶中心建档的困难女职工及家庭开展集中走访慰问和生活救助。全省各级工会普遍建立困难女职工档案和困难单亲女职工连心卡制度，通过"面对面、心贴心、手拉手"结对帮扶等活动形式为困难女职工送去女职工组织的特别关爱。2012年，全省各级工会女职工组织共建立困难女职工档案2.59万个，筹措帮扶资金150多万元，帮助困难女职工2.19万人次，妇女的贫困程度明显降低。四是帮助就业困难妇女实现就业。福建省对就业困难人员就业，有一系列的扶持政策，如灵活就业社保补助、公益性岗位补贴、企业吸纳就业困难人员的社保补贴等（根据中央有关文件精神和福建省财政承受能力，就业援助政策享受对象仅限于省内户籍的就业困难人员）。

二 妇女参与经济建设仍面临较多困难与问题

妇女广泛参与全省经济建设，在取得自身发展进步的同时，也推动了农村经济社会的全面发展。但是在参与经济建设过程中，妇女仍然面临着诸多挑战。

1. 妇女就业仍存在不少问题。一是女性职业地位与男性差距不小。据调查，进入21世纪以来，中国的阶层分化加快加深，两性之间的职业分层也明显化。从行业来看，在全省城镇单位就业人口比例中，女性从业人口占的比例不到一半，且集中在收益低的农林牧渔及各种商品的零售、批发和餐饮业中，而在行业平均工资最高的民航飞行服务、烟草、电力、信息传输和计算机服务软件业中，男性所占比例为55%~82%。从区域来看，福州、厦门、泉州、莆田等沿海县市妇女的就业率和城镇单位就业人口中女性所占比例均高出全省平均水平，漳州、宁德则与全省平均水平相当，龙岩、三明、南平则低于全省平均水平。二是女性就业层次仍不高。虽然近两年女性就业层次持续提高，但高级专业技术人员中女性的比例却没有明显提高，2012年只达到30.8%，与《福建省妇女发展纲要》规定的到2020年达到35%的要求仍有不少差距，要完成目标，仍需下大力气。三是女性社会保障水平仍待提高。当前全省五险参保率普遍较高，但从实际情况看，受经济增长缓慢的影响，部分中小企业不给职工缴纳或低于规定标准缴纳社会保险，导致女性就业群体无法享受应有的保障，且比率明显高于男性就业群体。在一些生产条件比较差、利润较低的企业，女性从业者"四期"保护得不到保证，怀孕期间被辞退的现象仍时有发生。四是部分妇女就业困难。一方面，女性劳动力中，尚有30%左右应就业的人未能就业；另一方面，又有大量的在业妇女面临着失业的危险。有的企业为了提高经济效益，实行优化组合时，不大考虑妇女的特殊性；有些工种如采矿、伐木等，从生理上看不适合女性。以上种种原因，使女性在招工和毕业分配时遇到一些实际困难。

2. 妇女参与经济建设仍有不少瓶颈。一是妇女的科学文化素质不适应社会发展需要。妇女劳动力在数量上远远超过需求，在素质上又远远低于需求。虽然各级政府和有关部门一直把农业实用技术培训作为农村妇女工作的一个重点，农村妇女的科技素质也得到了普遍提高，但是大多数农村妇女掌握的农业生产技术仍滞后于市场经济的发展。广大妇女认为传统的种养模式已经不能适应市场经济发展的需要，尤其是那些主要从事手工劳作，产品科技含量低、缺乏品牌影响力、不懂得运用网络技术的女性，她们希望能够得到有效的技术指导和培训，更多地掌握相关的生产新技术。二是多数妇女驾驭市场的能力较弱。虽然农村妇女参与农村经济建设的积极性很高，但是面对激烈的市场竞争，很多农村妇女缺乏较强的应对能力，部分妇女只看到项目的眼前利益，没有长远打算。各级妇联参与组建的农村妇女合作经济组织，虽然在一定程度上使这些问题得以缓解，但是因为覆盖面窄，个别组织运作不规范，功能较弱。三是妇女发展生产资金不足。随着各业发展进入新阶段，农村妇女扩大发展规模、引进名特优新产品、开发农产品加工项目等方面都需要一定数量的资金，虽然小额贷款解决了一部分妇女的难题，但仍有很多项目做不到资金及时回转。许多妇女由于资金不足，推迟了项目启动，错过了最佳发展期。四是传统观念的束缚制约了妇女充分就业。以男性为主导的文化还广泛影响着人们的观念，妇女受家庭拖累仍较重，即使"从家庭中走出来"就业的女性仍承担着大量的家务负担，"男主外、女主内"的传统分工仍深深影响着女性就业。

3. 经济发展过程中出现的新情况不容忽视。近年出现的一些新情况尤其值得关注。首先，企业生产经营资金紧张。企业现金流紧张，中小微企业很难获得中长期贷款。这些企业往往有较强的规模扩张需求，需要技改投入和中长期贷款，但银行中长期贷款通常投向一些大型集团和大型企业。中小微企业由于缺少抵押物，贷款首当其冲被挤压，甚至出现断贷、停贷等现象，资金链断裂的危险性和可能性较大。小企业又由于互相担保，资金链断裂的连锁效应使更多企业受影响，产生"多米诺效应"，而这些企业往往是女性就业比较集中的企业。其次，企业用工成本增加。新《劳动合同法》的实施，对企业提出了更高的要求。按法律要求，企业劳动合同签订和社保参保情况要全覆盖，企业用工成本大幅增加，现在和过去比，每个工人每年要增加5000元左右的成本，这对于劳动密集型企业影响很大。劳动密集型企业往往利润较低，在这"微利时代"，冲击最大的也是这些企业，在企业利润下降、物价上涨的时期，用工成本的增加有可能压垮企业。此外，员工管理难度也在增加，许多外地工人不愿意签合同，不愿意交养老保险，工作随意性较强，说辞职就辞职，《劳动合同法》只对企业有约束，对工人缺乏制约性。这些情况严重威胁着女性就业。再次，外贸出口形势严峻。在出口退税率下调、人民币持续升值、贸易壁垒增加等多种因素的影响下，企业传统出口贸易模式受到了考验。纺织、鞋帽等传统出口产业正向孟加拉、印度、越南等东南亚国家转移，虽然他们的产业配套远不及我国，但技术设备比我国更先进，且劳动力成本比中国还低，企业外贸订单向东南亚国家流失倾向明显，这些行业、企业往往容纳较多的女性就业群体。

三 推进妇女参与经济建设的对策建议

坚决贯彻落实男女平等基本国策，进一步为妇女参与经济建设创造一个良好的环境，是摆在各级政府、有关部门面前的一个重要课题。

（一）营造妇女参与经济建设的良好环境

1. 决策上要优先考虑妇女的特殊权益。政府是宏观经济管理的主体，对整个经济运行与发展具有领导、组织、指挥、监督、调节和管理的职责。占人力资源总量一半的女性，其人力资源开发更具有重要的战略意义。优先开发女性人力资源，可以使其在参与经济发展过程中，创造更多的价值，增加对社会贡献的份额，形成女性自身的人力资本增值和经济发展的良性循环。要发挥政府的行政干预力量，把女性人才资源开发纳入整个国民经济和社会发展的大系统、大循环中。制定预测与规划、培养与使用、配置与管理方面

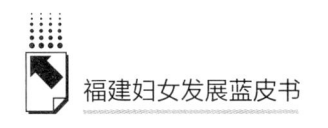

的措施，促进女性人力资源的大开发。一方面要引导全社会认识到对妇女为经济建设所作出的贡献给予充分的肯定和合理补偿的重要性；另一方面要通过对财力资源、物力资源的合理配置，为妇女的教育、卫生保健、劳动就业、摆脱贫困等保障进行投资，使妇女权益的实现具备必要的物资条件。

2. 积极营造男女平等的社会文化环境。各级领导要率先转变观念，加强马克思主义妇女观的教育，把促进妇女参与经济建设上升到贯彻男女平等基本国策的战略高度，增强使命感、责任感。要引导媒体加大对男女平等基本国策的宣传力度；正面宣传优秀女性的典型，塑造成功女性的美好形象，宣传男女共同分担家务、配偶支持女性工作，倡导男女平等的文明社会新风。通过设立宣传站（点）、张贴悬挂宣传画（板）、印发宣传单、出动宣传车等方式，广泛开展宣传教育。同时，在报社、电台、电视台等新闻媒体开设妇女专栏；宣传妇女在社会发展中的伟大作用，清理消除文化思想领域中特别是媒体宣传中对女性的性别歧视，反对宣扬封建传统道德和诱导女性形成依附人格的倾向，清除有些作品中宣传角色定型、扭曲女性形象的消极影响，提高全社会对促进妇女参与经济建设意义的认识，为促进妇女发展营造良好的社会舆论环境。

3. 增强妇女主体意识。妇女要获得与男子同等的社会地位和权利，实现自身的价值，就必须树立自尊、自信、自立、自强的精神，克服自卑依赖心理；必须用现代科学文化知识武装自己的头脑，提高自己的科学文化素质。在产业结构调整、下岗的冲击面前，广大妇女必须树立和增强自主意识、竞争意识、参与意识，不等不靠，积极参加再就业培训，充分发挥自身优势，向旅游、服务、餐饮等行业进军。通过多种形式实现再创业、再就业，在奋斗中实现自己的人生价值。

（二）进一步提升妇女创业就业能力

职业技能培训是提高劳动者素质，增强其就业能力、工作能力、职业转换能力和创业能力的重要手段。

1. 加大妇女就业技能培训力度。一是依托各类中等职业学校、技校，鼓励全省城乡未升学的女性初高中毕业生参加劳动预备制培训，使其至少熟练掌握一项职业技能，提高女性劳动力就业创业能力。二是依托各类平台和培训机构，采取校企联合、委托培训、订单培训等形式，结合返乡妇女自身特点，有针对性地开展玩具加工、家政、服装缝纫等职业技能培训，为她们打好再就业基础，提高新生代劳动者就业培训的针对性。三是落实职业培训资金直补企业政策，提高企业组织女职工参加技能培训的补贴标准，推动形成贯通企业技能劳动者从初级工到高级技师的成长通道，满足女性劳动者发展提升的需求。继续开展"送培训进企业"活动，对福建省重点企业从事紧缺技术工种的员工开展免费技能培训，培养包括女性在内的青年技术骨干。

2. 积极搭建妇女创业服务平台。要引导农村妇女依托龙头企业，向规模化方向发展，建立以农户为基础的家庭饲养场和养殖、种植基地。引导农村妇女建立专业合作协会培养"巾帼示范村"和"巾帼科技示范基地"，形成一批带动一方致富的"妇"字号产业化生产基地，让巾帼创建活动在惠及广大妇女的同时也服务新农村建设。倡导"创业致富在家庭"，支持鼓励有创业意向和胆略的女性在家庭创业，争取在每个乡镇培育一个以上的创业典型。创建"巾帼生态庭院"，发展"农家乐"家庭旅游业，举办生态旅游等活动，引导返乡妇女就地创业就业。选择若干基础较好的乡镇建立无公害蔬菜基地、优质果园、畜牧养殖基地，带动、吸纳广大农村妇女就地就近就业。

3. 引导妇女强化创业品牌建设。大力宣传女性创业典型，引导妇女强化品牌意识，帮助妇女树立标准化的理念和精品意识，突出优质品种和绿色、特色品牌生产，打造精品工程，争取每个乡镇都有一个自己的品牌。帮助农村妇女解决信息缺乏、技术不足、销售不畅等问题，将每村的妇代会主任定为信息联络员，县妇联及时将农业生产、销售信息传送给妇代会主任，并由她们及时发布出去，从而提高农村妇女抵御自然灾害的能力。建立"女性创业项目库"，依托妇联家政职业介绍所，引导组织城镇失业下岗妇女在家政服务领域创业和就业，发展壮大钟点工、月嫂的队伍，促进家政服务业向规模化、专业化、多元化发展。组织开展手工插花、物业管理、家庭烹饪等项目培训，拓宽下岗失业妇女就业领域，定期召开经验交流会，打造出家政服务品牌。

4. 建立扶持女性创业的多层次组织网络。由各级妇联、总工会女工委及政府中小企业管理机构共同推进。首先要成立女性行业协会，成立适合女性的行业协会，通过开展形式多样的女性创业扶持发展活动，收集、传递国内外女性集中行业产业或其他影响女性企业家发展的市场信息。通过建立组织网络，支持女性创业，促进女性企业的生存和发展，保护女性和女企业家的合法权益，建议上级妇联在加强横向组织建设时将此作为重要的组织建设内容来推进。其次要发展壮大各地的女企业家协会，主要职责是调查反映创业及发展中女性特有困难，并向政府有关部门反映；组织女企业家到国内外参观考察，交流女性创业发展中的经验，帮扶创业困难的女性。

5. 完善女性创业支持体系。建立适应女性的创业辅导机构，对已经创业的女性提供个性化的专家咨询服务。通过创业辅导机构帮助女性建立创业信心，掌握创业的必备知识，提高职业道德，增强法制观念和质量意识，培养创业的各种能力，促使她们成功创业。

完善指向女性企业的政策支持体系，建立女性创业发展专项基金和贷款担保基金，对有管理经验、有技术的妇女，在承包土地、资金补助、技术支持和信贷资金方面给予扶持，引导妇女们就地就近自主创业，如金融机构降低门槛为妇女提供小额创业贷款，乡镇对新办农家乐达到一定标准的女性经营户给予一定补助，人力资源和社会保障部门多为妇女提供创业培训和招聘服务。

（三）加强妇女权益保障的法制建设

1. 加强对女性就业保障的监督与管理。要建立以人力资源和社会保障部门为主体，相关部门参加的妇女劳动保护监督检查机构，定期监督检查各单位对女性就业保障方面的各项规定执行情况，及时纠正存在的问题。行业主管部门要严格管理本行业各单位的用人情况，对在招工招聘中侵害女性就业权益、严重歧视女性的行为进行查处，对违法行为较突出的企业经常性抽查，并限期整改。进一步完善工会法治监督组织，在外资、私营等非公有经济组织建立工会，充分发挥工会和妇联作用，依法代表劳动者对用人单位贯彻实施女性就业权益保障情况进行监督。

2. 进一步完善有利于妇女就业的政策法规体系。一是严格实施现行有关保护妇女平等就业机会的法律法规，包括劳动法、《女职工劳动保护规定》以及各类地方性法律规章。二是进一步完善现行保护妇女平等就业的地方性法律法规，在立法理念上更多赋予妇女权利，完善有关侵害妇女权益的法律责任制度。三是进一步完善生育保险制度，提高生育保险统筹标准和水平，推进生育保险社会统筹，不让妇女因承受生育责任而影响就业。

（四）鼓励企业稳定扩大生产

企业存亡关系到女性就业群体的稳定就业，在国内外形势发展

不确定因素增加的基础上,政府要采取有针对性的措施,稳定企业尤其是中小微企业生产,保障女性用工稳定。

1. 加大财政扶持力度。一要充分发挥财政资金引导作用,运用缓征、税收优惠或先征后返等方式间接扶持中小企业。二要完善中小微企业融资体系,加快建立金融机构对社会贡献的考核评价体系及奖励制度,主要考核金融机构在支持中小微企业发展的融资情况及增长率。完善公共征信系统建设,加大贷款风险补偿支持力度,完善中小企业信用担保机构风险补偿政策。加快健全小微企业信用信息数据库,尽快建立银行、小额贷款公司、融资性担保公司等机构和企业、个人信用信息对接共享平台。加大政府采购力度,政府采购向中小企业倾斜,同等条件下优先采购本省中小微企业产品。

2. 努力减轻中小企业发展负担。要切实落实省里已经出台的鼓励企业扩大生产、降低成本等一系列惠企政策,帮助企业渡过当前难关。根据《劳动合同法》的各项具体要求,允许初创企业、小微企业由低到高分步实施,给予其适当的过渡期或缓冲期。坚持分类指导,对小微企业和初创小企业吸纳就业达到一定数量,可由政府帮助承担一定人数比例的社会保险费用或由政府给予适当补贴。调整土地使用税的征收办法,对单位土地面积产出不同、不同生产类型的企业,视具体分类征收;对目前生产经营困难的中小企业,交纳土地使用税确有困难的,允许其缓交、减交土地使用税。对于中小微企业用于研究技术开发所发生的各项费用,以及委托其他单位进行科研试制的费用,可计入生产成本,准予税前加计扣除。

3. 改善企业发展环境。加强中小企业创业辅导,发挥各地中小企业创业辅导中心的作用,制定困难企业辅导计划,对困难企业的生产经营和内部管理开展公益诊断。继续清理和整治"乱收费"

等行为，规范涉企收费和行政执法，切实减轻中小微企业负担。营造适宜企业发展的社会环境，高度重视"产城融合"，进一步健全完善医疗、教育、住房保障、文化娱乐等公共服务，老园区要尽快补齐短板，新产业园区要适当超前规划。

（五）努力推进新型城镇化建设

党的十八大提出中国要走新型城镇化道路。新型城镇化作为解决中国城乡和区域差距的基本途径，突出强调两点，一是城镇化的核心在于人的城镇化，二是城镇化的关键在于提高城镇化质量。长期以来，妇女由于就业技能、就学程度等因素的限制，城镇化水平总体低于男性。当前福建省城镇化比例已超过60%，接下来的城镇化人口中，女性人数将比男性多，因此，推进女性城镇化显得尤其重要。

1. 加强县城和一般乡镇建设，使其成为农村居民尤其是农村妇女的重要聚集地和现代农业生产"大本营"。女性受家庭等因素制约，城镇化的理想途径是就地城镇化，即就地转移到城关或小城镇。一是扩大县城规模，提升人口容量。实施"大城关"战略，通过旧城改造和新城建设拓展城区发展空间，吸引大量的农村人口进城。加快发展特色支柱产业，建设环城关产业带，引导农村人口和产业向县城集聚。加强完善县城市政基础设施，建设功能齐全的小区，建设农民买得起、住得舒适的"刚需性经适房"，对进县城买房的农民给一定的补贴。二是加强一般乡镇建设。一般乡镇虽然人口规模不大，但数量众多，是联结农业生产的最重要节点，也是目前行政村、自然村人口的最主要注入地。当前一般乡镇要重点突破基础设施建设，完善公共服务功能，吸引更多农村人口向乡镇集聚。要允许农民自主盖房，可以集资方式参与保障房建设，或在乡镇划出必要土地，允许农民按规划自己建房。

2. 支持发展现代农业，促进农民自主推进规模化经营。目前，农村已出现劳动力大量转移的现实，既有粮食产区农民弃耕弃田进城的现象，也有特色产业发展较好地区进城农民回村从事农业生产的现象，留在农村的主要都是妇女儿童和老年人，要充分发挥留守妇女的作用。鼓励留在农村的妇女劳力因地制宜，依靠科技大力发展高优特色农业，鼓励卫星城市周边的妇女发展休闲农业和生态农业，促进妇女就近就地创业。

3. 加快发展城乡公共交通，推进城乡交流互动。一是优先发展城乡公交，推进城乡一体化。充分利用这些年来省市县乡村全面通公路的良好条件，加大城乡公交密度，重点发展中心城市与周边县、乡镇与县城所在地、镇村的公交，行政村公交覆盖率达100%，缩小城乡距离感。二是加快城市公交发展力度，根据城市化发展需求、人口分布和就业变化，优化调整公交网络，使公交路线更好拟合客流走向，有条件的城市要加快建立智能化调度系统，提高线网运行效率，缩短出行时间。三是坚持政府主导与市场化相结合，公交定价要遵循低价惠民原则，公交客运网络分三级运行，城市公交由政府补贴，城乡客运采取商业运作，镇村公交则由政府兜底。财政每年都要安排用于城区公交场站提升、新城场站建设和完善城乡结合部场站的经费。

参考文献

福建省统计局、福建省妇女儿童工作委员会办公室：《福建省妇女发展纲要统计监测报告》，2012，内部资料。

福建省统计局、福建省妇女儿童工作委员会办公室：《福建省妇女发展纲要统计监测报告》，2013，内部资料。

陈莎莎、余庆年:《苏南农村妇女经济地位实证研究——以张家港为例》,《辽宁农业科学》2013年第4期。

湖南统计局:《妇女平等参与经济建设的现实障碍分析》,湖南统计信息网,2007-05-21。

曹菊英:《发挥妇女组织作用引领妇女参与经济建设》,吴中区妇女联合会网站,2010-04-21。

中国劳动保障新闻网记者:《提升妇女就业水平任重道远》,中国劳动保障新闻网,2011-09-26。

B.5
妇女参与决策和管理

周 玉*

摘　要： 本文在对比分析《福建省妇女发展纲要（2011～2020年）》和《福建省妇女发展纲要（2001～2010年）》差异性的基础上概括了新纲要的新特色；根据2010年、2011年、2012年《福建省妇女发展纲要统计监测报告》及相关数据，描述近三年来福建省"妇女参与决策和管理"领域的总体状况和取得的进展及存在的问题；利用"福建省第三期中国妇女社会地位调查"资料，分析影响当前福建妇女参与决策和管理实践的有利和不利因素。最后，提出推动女性参与决策和管理的思路与方向。

关键词： 新纲要　现状　影响因素　思路

妇女平等地参与国家政治权力和社会事务管理，既是一个社会衡量妇女发展的重要尺度，也是社会文明进步的重要标志。进入21世纪的第一个十年中，福建省高度重视推动女性参政，省委省

---

* 周玉，社会学硕士，中共福建省委党校、福建行政学院社会与文化学教研部副主任、教授，福建省妇女理论研究会副会长。主要研究方向为制度公正、社会分层与流动、社会资本、社会性别、社会特定群体（干部）的职业地位获得等。

政府高度重视女干部的选拔配备，从加快选拔、加强培养、加大储备等环节入手，促进妇女参与决策和管理，积极落实《2009～2013年全国党政领导班子建设规划纲要》和《福建省妇女发展纲要（2001～2010年）》。《2001～2010福建省妇女发展纲要终期监测统计报告》和《福建省妇女发展报告（2001～2010）》显示，福建省妇女在"参与决策和管理"方面，已基本实现《福建省妇女发展纲要（2001～2010年）》的主要目标。[①]

2011年以来，福建省站在更高起点上，向着实现和落实新一轮福建省妇女发展纲要的目标进发。在当前这一承前启后的历史阶段，我们在过去工作成果的基础上，回顾已经取得的进步和经验，检视存在的不足与缺失，并对之加以理性分析反思，从而为促进福建女性参与决策和管理找到更好的方向和更优的路径。

一 新纲要新特色

在长期推动妇女发展实践的基础上，《中国妇女发展纲要（2011～2020年）》和《福建省妇女发展纲要（2011～2020年）》（下称新纲要）继续将女性参与决策和管理作为优先发展的一个重要领域。在"女性参与决策和管理"方面，与《中国妇女发展纲要（2001～2010年）》和《福建省妇女发展纲要（2001～2010年）》（下称旧纲要）相比，新纲要具有以下新特点。

（一）目标内容更加丰富和全面

新纲要从增强妇女在决策管理中的影响力、提高各级人大代表和政协委员中的女性比例、提高妇女参与行政管理的比例和正职女干部比例、提升妇女参与企业决策管理和基层民主管理水平等四个

---

① 刘群英主编《福建省妇女发展报告（2001～2010）》，社会科学文献出版社，2011。

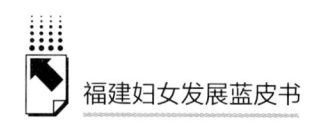

方面提出了8项主要目标、9条策略措施。

与2001～2010年的旧纲要相比,新纲要在妇女参与决策和管理方面新设了"积极推动有关方面逐步提高女性在地方各级人大代表、政协委员以及人大、政协常委中的比例"、"企业董事会、监事会成员及管理层中的女性比例逐步提高"、"职工代表大会、教职工代表大会中女性比例逐步提高"、"村委会主任中女性比例达到10%以上"[①]等具体参与领域的目标。

表1 新、旧纲要设定的"妇女参与决策和管理"目标比较

旧纲要	新纲要
1. 提高妇女参与国家和社会事务管理及决策的水平	1. 积极推动有关方面逐步提高女性在地方各级人大代表、政协委员以及人大、政协常委中的比例
2. 提高妇女参与行政管理的比例,到2010年,全省各级人民政府领导班子中要配备1名以上女干部;省、设区市和县(市、区)人民政府工作部门要有一半以上的领导班子配备女干部;正职或重要岗位女性数量有较大的增加 3. 女干部占干部队伍总数的比例逐步提高	2. 县级以上地方政府领导班子中有1名以上女干部,并逐步增加 3. 省和设区市级政府工作部门领导班子中女干部数量在现有基础上逐步增加 4. 县(处)级以上各级地方政府和工作部门领导班子中担任正职的女干部占同级正职干部的比例逐步提高
4. 女性较集中的部门、行业管理层中的女性比例与女职工比例相适应	5. 企业董事会和监事会成员及管理层中的女性比例逐步提高 6. 职工代表大会、教职工代表大会中女代表比例逐步提高
5. 居民委员会、村民委员会成员中女性应占一定比例	7. 村委会成员中女性比例达到30%以上,村委会主任中女性比例达到10%以上 8. 居委会成员中女性比例保持在50%左右

注:新、旧纲要分别指《福建省妇女发展纲要(2011～2020年)》和《福建省妇女发展纲要(2001～2010年)》,下同。

---

① 福建省人民政府:《福建省妇女发展纲要(2011～2020年)》,2011年9月15日。

（二）量化目标增多，措施更具针对性

纲要提出的目标可分为预期性目标和约束性目标。其中预期性指标，是预计和期望达到的目标，主要通过引导社会公众、社会力量等的行为来实现；约束性指标，是必须实现的目标，主要通过依法加强管理和提供服务来实现。新纲要设计中，量化指标大量增多，它们明确具体、可操作，更便于在实施中加强监测和及时发现问题。比如，过去的纲要，在妇女参与决策方面，提到村民委员会、居民委员会中女性要占一定比例，而新纲要则明确规定村委会成员中女性比例达到30%以上，村委会主任中女性比例达到10%以上[①]。

同时，与旧纲要相比，新纲要更加突出性别敏感性，在两性发展共同面对的难题中，直击两性不平衡发展的根源，聚焦因性别差异带来的资源获得机会不均等，着力克服以往以男性的标准来衡量妇女发展状况的认识误区。在妇女参与决策管理方面，新纲要提出了许多有针对性的目标，包括要求"县级以上地方政府领导班子中有1名以上女干部，并逐步增加"[②] 等，就是针对长期以来参与决策管理领域男女两性在资源获得上存在优、劣势不均衡的问题，提出了更具实效的对策与措施。

（三）加强女性在重要领域和薄弱环节中的决策和管理参与

促进妇女进入地方各级人大与政协及其常委会、政府领导班子等决策和管理参与的重要领域是推动妇女参政的重要途径。针对妇女进入人大、政协，特别是进入人大、政协常委会，更好地行使政治权利，

---

① 福建省人民政府：《福建省妇女发展纲要（2011~2020年）》，2011年9月15日。
② 福建省人民政府：《福建省妇女发展纲要（2011~2020年）》，2011年9月15日。

新纲要特别提出了1项主要目标,即"积极推动有关方面逐步提高女性在地方各级人大代表、政协委员以及人大、政协常委中的比例"①;从政府领导班子、政府工作部门领导班子两个方面,新纲要提出了两项主要目标,一是"县级以上地方政府领导班子中有1名以上女干部,并逐步增加";二是"省和设区市级政府工作部门领导班子中女干部数量在现有基础上逐步增加"②。此外,新纲要还强调提高地方政府和工作部门正职干部中的女性比例,设1项主要目标,即"县(处)级以上各级地方政府和工作部门领导班子中担任正职的女干部占同级正职干部的比例逐步提高"③。

进一步提高妇女在生产一线和基层等决策和管理参与薄弱环节中的比例是推动妇女参政的另一重要手段。为此,需要致力推动妇女进入企业董事会和监事会、职代会和教代会、村委会和居委会,不断提高妇女参与生产一线和基层民主管理的水平。新纲要在这方面提出了4项主要目标,即"企业董事会和监事会成员及管理层中的女性比例逐步提高"、"职工代表大会、教职工代表大会中女代表比例逐步提高"、"村委会成员中女性比例达到30%以上,村委会主任中女性比例达到10%以上"、"居委会成员中女性比例保持在50%左右"④。

(四)注重巩固女性平等参与决策和管理的社会文化基础

妇女参与决策和管理水平的切实提高,离不开社会文化和社会氛围等社会基础。妇女发展目标要在现实生活中得到实现,不仅需

---

① 福建省人民政府:《福建省妇女发展纲要(2011~2020年)》,2011年9月15日。
② 福建省人民政府:《福建省妇女发展纲要(2011~2020年)》,2011年9月15日。
③ 福建省人民政府:《福建省妇女发展纲要(2011~2020年)》,2011年9月15日。
④ 福建省人民政府:《福建省妇女发展纲要(2011~2020年)》,2011年9月15日。

要借助政府意志的推动和科学的政策制度安排，还需要它所体现的价值取向与社会的价值取向一致，需要它能够为社会文化所接受。在这个意义上，新纲要的实施还有赖于先进的性别文化和良好的社会基础。由于先进性别文化对新纲要的实施和妇女发展具有强大助推作用，建设和倡导平等、和谐、文明的先进性别文化，使社会主流的性别文化成为促进性别平等的助力而不是阻力，就成为新时期推动妇女参与决策和管理的题中应有之义。

为此，新纲要十分重视社会性别主流化，重视先进性别文化的弘扬，为妇女平等参与营造良好的社会文化氛围。围绕"促进妇女参与决策和管理"这一主题，新纲要除了提出妇女参与决策和管理的上述各项具体目标外，还在多个层面提出了明确的要求：在基本原则上，不仅把妇女平等参与作为一项贯穿纲要始终的原则，而且把"构建文明先进的性别文化，营造良好的社会环境"作为两性平等发展原则的重要内容；在总目标中，特别强调"将社会性别意识纳入法律体系和公共政策，促进妇女全面发展，促进两性和谐发展，促进妇女与经济社会同步发展"[①]；在妇女参与决策和管理方面，要求"为妇女参与决策和管理创造良好社会环境。开展多种形式的宣传，提高全社会的性别平等意识，以及对妇女在推动国家民主法治进程和促进两性和谐发展中重要作用的认识"[②]，等等。

二 现状：基于数据与事实的描述

（一）总体概要

2011年以来，福建省"妇女参与决策和管理"领域在原有成

[①] 福建省人民政府：《福建省妇女发展纲要（2011~2020年）》，2011年9月15日。
[②] 福建省人民政府：《福建省妇女发展纲要（2011~2020年）》，2011年9月15日。

绩的基础上进一步推动新纲要目标的实现，表2、表3反映了本领域中的进展与现状，它们显示，这一进程富有成效，同时也存在一定阻碍，还需要付出不断的努力。

2011年，本领域共有12个可量化指标纳入监测，4个有改善，6个持平，2个没有改善。"提高省人大代表女性比例"、"提高省政协委员女性比例"、"县级政府领导班子中有1名以上女干部，并逐步增加"、"企业职工代表大会中女代表比例逐步提高"等4个指标获得改善。"省级、市级政府领导班子中有1名以上女干部，并逐步增加"、"企业监事会成员中的女性比例逐步提高"、"村委员成员中女性比例达到30%以上"、"居委会成员中女性比例保持在50%以上"、"村委会主任中女性比例达到10%以上"等6个指标持平。"省级政府工作部门领导班子中女干部数量在现有基础上逐步提高"、"企业董事会成员中女性比例逐步增加"等2个指标没有改善[1]。

2012年，本领域中共有14个可量化指标纳入监测，6个有改善，4个持平，4个没有改善。"省人大代表中女性比例"、"省级政府工作部门领导班子中女干部配备率"、"企业董事会中女职工董事占董事比例"、"村委会成员中女性比例"、"村委会主任中女性比例"、"居委会成员中女性比例"等6个指标有改善。"省级、市级政府领导班子中有1名以上女干部，并逐步增加"、"提高省政协委员女性比例"、"提高省政协常委委员中女性比例"等4个指标持平。"省人大常委委员中女性比例"、"县级政府领导班子中女干部配备率"、"企业监事会中女职工监事占监事比例"、"职工代表大会中女性比例"等4个指标没有改善[2]。

---

[1] 福建省统计局、福建省妇女儿童工作委员会办公室：《2011年福建省妇女发展纲要统计监测报告》，2012年9月。

[2] 福建省统计局、福建省妇女儿童工作委员会办公室：《2012年福建省妇女发展纲要统计监测报告》，2013年9月。

表2 新纲要实施以来福建省"妇女参与决策和管理"的
进展与现状（主要目标实现概况）

年份	领域	主要目标数	可量化指标	有改善指标	未改善指标
2011	妇女参与决策和管理	8	12	4	2(6平)
2012	妇女参与决策和管理	8	14	6	4(4平)

注：根据《2011年福建省妇女发展纲要统计监测报告》、《2012年福建省妇女发展纲要统计监测报告》整理。

表3 近三年来福建省"妇女参与决策和管理"的
进展与现状（具体目标分项数据）

目标内容	新纲要福建目标	2010年	2011年	2012年	2011年监测结果	2012年监测结果
1. 省人大代表中女性比例	提高	23.6	23.7	24.9	改善	改善
2. 省人大常委会委员中女性比例	提高	16.0	16.0	10.0	—	未改善
3. 省级政府领导班子中女干部配备率	县级以上地方政府领导班子中有1名以上女干部，并逐步增加	100	100	100	持平	持平
4. 市级政府领导班子中女干部配备率		100	100	100	持平	持平
5. 县级政府领导班子中女干部配备率		89.3	100	96.4	改善	未改善
6. 省级政府工作部门领导班子中女干部配备率	在现有基础上逐步增加	46.5	45.2	50.0	未改善	改善
7. 企业董事会中女职工董事占董事比例	逐步提高	—	4.4	6.3	未改善	改善
8. 企业监事会中女职工监事占监事比例	逐步提高	—	9.3	6.0	持平	未改善
9. 职工代表大会中女性比例	逐步提高	30.7	33.4	33.2	改善	未改善
10. 村委会成员中女性比例	达到30%以上	21.4	21.4	29.5	持平	改善

续表

目标内容	新纲要福建目标	2010年	2011年	2012年	2011年监测结果	2012年监测结果
11. 村委会主任中女性比例	达到10%以上	2.1	2.1	3.0	持平	改善
12. 居委会成员中女性比例	保持在50%以上	63.0	63.0	64.8	持平	改善
13. 省政协委员中女性比例	提高	20.5	20.6	20.6	改善	持平
14. 省政协常委委员中女性比例	提高	—	20.8	20.8	—	持平

注：根据《福建省妇女发展纲要（2011~2020年）》、《2010年福建省妇女发展纲要统计监测报告》、《2011年福建省妇女发展纲要统计监测报告》、《2012年福建省妇女发展纲要统计监测报告》整理。

新纲要实施以来，在福建省委和省政府的大力推动下，福建妇女的政治地位有了明显提升，参与决策和管理方面出现了诸多可喜变化。伴随着全省社会经济各项事业的发展与进步，先进社会性别文化的形成与传播，女性参与决策和管理的社会环境不断优化，女性参政的社会认同程度不断提升，加上女性自身素质不断完善，社会参与自主意识增强，女性参与决策和管理的领域与范围得到进一步拓展。与此同时，由于历史文化、社会基础、政策制度和个人问题等多种不利因素影响，推进福建妇女参与决策和管理的进程也存在着某些现实的困难。

（二）取得的进展

1. 改善源头，稳步夯实女性参与决策和管理的基础

一是全省女干部队伍数量呈稳定增长态势。2011年，全省干部总数260255名（仅机关干部、事业单位管理人员，厅级干部数据截至2012年4月），比上年同期净增8750名。其中，女干部

60082名，比上年同期净增3965名，占比23.1%。全省有省级女领导干部5名，占同级干部总数的11.9%；正厅级26名，占同级干部总数的10.4%；副厅级130名，占同级干部总数的15%；正处级1260名，占同级干部总数的15.0%；副处级2347名，占同级干部总数的17.6%；正科级6993名，占同级干部总数的16.2%；副科级9812名，占同级干部总数的18.5%；科员及以下39479名，占同级干部总数的28.0%。女干部配备总体达到中央和省委要求。

2013年12月，全省共有女公务员（含参公）47483名，其中厅级181名，处级3090名。省级党委、人大、政府、政协领导班子均配备有1名女干部，省法院、检察院领导班子均配有女干部。10个省委工作部门领导班子7个配有女干部，配备率70%，40个省政府工作部门领导班子中22个配有女干部，配备率55%。省委、省政府工作部门均达到中央规定"一半以上领导班子配备有女干部"的配备要求。9个设区市党政领导班子配备有女干部19名。全省84个县（市、区）党政班子配备有女干部197名，平均每个县（市、区）党政班子达2.35名，其中女县（市、区）党政正职18名。全省932个乡镇党政班子共配备有女干部782名，其中配备女乡（镇）党委书记58名，女乡（镇）长82名。

二是女性民主参与管理和决策的渠道有所拓宽。以第一线的工会组织为例，全省各级工会注重选配一定比例的女职工代表，反映女职工的意愿和要求，支持女职工参与企业民主管理和提高自身的参政议政水平，并逐步提高女代表的比例。2011年，企业职工代表大会中女代表比例有所提高，由2010年的30.7%提高到2011年的33.4%，提高2.7个百分点；企业监事会成员中的女性比例与上年持平，均为29.5%。2012年参加职代会职工代表共73.15万人，其中女职工代表24.28万人，比例为33.2%。积极推荐优秀

女职工进入企业各级领导班子、董事会、监事会等，直接将女职工的意见和建议反映到决策层。2012年，企业董事会中女职工董事比例为6.3%，比上年提高1.9个百分点；企业监事会中女职工监事比例为6.0%，比上年降低3.3个百分点。各级工会女职工干部配备率也有提高。

2. 聚焦重点，着力强化女性参与决策和管理重点环节

人大、政协、各级政府和基层是妇女性参与决策和管理的重点领域。2011年，省第九次党代会女代表占26.8%，比上届提高了4.5个百分点。省级人大代表和省政协委员分别为558人和670人，女性比例为23.7%和20.6%，比例与上年基本持平。同年，省委高度重视市县乡换届中的培养选拔女干部工作，全省县、乡两级党政正职女领导配备创历史新高。各设区市党委、政府领导班子中女干部的配备率达到100%，其中1名女干部担任设区市委书记，2名女干部担任设区市政府市长，全面落实了中央和省委换届文件规定"市级四套班子各配1名以上女干部"、"全省范围内设区市党政正职中一般各配备1名女干部"的目标要求。各设区市也加大了选配进入党政工作部门领导班子的工作力度，总体达到了"一半以上的领导班子配备有女干部"的目标要求。县、乡换届后，党政正职女领导分别增加了8名和31名，其中女县（市、区）党政正职18名，比上次换届增加7名，创下正职女干部配备率新高。县级党委、政府领导班子中女干部配备率达100%。在基层，居民委员会成员中女性比重达63.0%，村民委员会中女性比重为21.4%，其中村委会主任中女性占2.1%。

2012年，省委、省政府把推进妇女参政议政工作提上议事日程，营造女性建言献策氛围，鼓励女性参与决策和管理。积极推动有关方面逐步提高女性在地方各级人大代表、政协委员以及人大、政协常委中的比例。2012年，福建省十二届人大代表558人中有女代表139人，比例达24.9%；省政协委员670人中有女委员138人，比例达20.6%；人大和政协常委女性比例分别为10.0%和20.8%。

同时，加强女干部培养选拔，对省直单位和各级领导班子建设情况进行适时研划，对出现职数空缺应配未配女干部的班子，及时选配，确保各级领导班子中女干部配备达到规定要求，努力达到县级以上地方政府领导班子中有1名以上女干部，全省女干部配备实现稳中有升。2012年，省委、省人大、省政府、省政协领导班子均配备有1名女干部，省法院、检察院班子均配有女干部，一半的省政府工作部门领导班子配备了女干部，比上年提高4.8个百分点。市级政府领导班子中女干部配备率达100%，县级政府领导班子中女干部配备率达96.4%。在基层，村委会成员、村委会主任、居委会成员中女性比例分别为29.5%、3.0%、64.8%，均比上届有所提高。村委会成员中女性比例已接近《妇女纲要》目标要求；居委会成员中女性比例已达到《妇女纲要》目标要求。

3. 创新机制，不断拓宽女性参与决策和管理渠道

全省进一步适应新形势下加强社会管理创新的要求，提高妇女参与社会管理的层次，不断创新妇女参与决策和管理的机制。省妇联以覆盖全省的"妇女之家"为依托，以"履职、用情、依法、服务、维稳"为维权工作新理念，以夯实基层基础为重点，积极探索实施妇女议事制、妇女信访代理/协理制、妇女帮扶互助制，畅通妇女群体的诉求和上情下传、下情上达的渠道，组织妇女代表和妇女群体议国家事、议集体事、议家庭事、议身边事，在议事中架起党政联系妇女群众的桥梁，拓展妇女群众利益诉求的渠道，扩大妇女群众民主参与的程度，使广大妇女在参与中维护自身权益，提高自身综合素质。

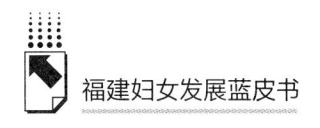

(三)存在的问题

1. 妇女参与决策和管理的程度仍然偏低。省级政府工作部门领导班子中女干部配备率是上一轮纲要未达标的指标之一,2011年为45.2%,比上年还下降1.3个百分点;县、乡级女干部的配备比例仍偏低;企业董事会成员中的女性比例有所下降,2011年为20.7%,比上年下降1.6个百分点;农村妇女参与决策管理的水平仍不高,也是实施本次新纲要的难点之一,村委会主任女性比例仅为2.1%,与《纲要》中的10%目标差距甚远,培养选拔女干部工作任务仍然艰巨。2012年,全省公务员人数中女性比重虽有所提高,但仍处于20.1%的较低水平;省人大常委会委员中女性比例从上年的16%下降到10%,减少了6个百分点;县级政府领导班子中女干部配备率从上年的100%下降到96.4%,重回不达标状态;企业监事会中女职工监事占监事比例从上年的9.3%下降到6%,减少了3.3个百分点;职工代表大会中女性比例从上年的33.4%下降到33.2%,减少了0.2个百分点。这些情况表明妇女参与决策和管理仍有待于强力推进。在基层民主参与决策和管理中,村委会成员、主任中女性比例分别为29.5%和3%,女性的人数比例和参政水平也偏低。

2. 妇女参与决策与管理存在结构性不合理。女干部队伍结构不均衡,女性在各级领导班子中的比例偏低,权力参与的层次较低,"三多三少"的现象,即"女干部在机关工作的多、在基层工作的少;任副职的多、任正职的少;一般岗位多、重要岗位少",依然不同程度地存在,在很大程度上限制了女性对决策和管理的影响力。

三 溯源:成就与问题背后

从现实出发,追溯获得成绩与产生问题的根源,从中寻找未来努力的方向，是推进妇女参与决策和管理水平不断提高的关键。为此，我们有必要回到新纲要实施之前的十年。本节利用反映2001~2010年福建妇女参与决策和管理实际情况的"福建省第三期中国妇女社会地位调查"相关部分资料，分析对当前福建妇女参与决策和管理实践产生影响的各项因素。

（一）有利因素

1. 女性对国家社会政治表现出较明显的高关注度

福建妇女关注"国内外重大事务"的比例达95.6%，与已发布的全国妇女对国内外重大事务关注率的92.9%相比，高了2.7个百分点，关注的议题也更加宏观和国际化。其中，占城镇妇女关注度10%以上的四大议题为金融危机（19.1%）、社会保障（17.5%）、社会治安（14.2%）和住房问题（11.9%），占农村妇女关注度10%以上的三大议题为社会治安（21.2%）、社会保障（14.2%）和环境保护（11.7%）。总体而言，妇女关注的议题与男性没有显著差异[①]（见表4）。

表4 在以下国内外重大事务中，您最关注的是？

单位：%

最关注的国内外大事	总体		城镇		农村	
	男	女	男	女	男	女
金融危机	17.3	13.2	25.0	19.1	7.5	5.0
环境保护	10.2	10.0	9.3	8.9	11.2	11.7
反腐倡廉	4.7	1.3	5.2	1.4	4.2	1.3
社会治安	14.6	17.1	10.5	14.2	19.9	21.2
社会公平	6.0	5.2	6.1	4.9	5.9	5.7

---

① 周玉：《变迁中的女性政治参与——基于"福建省第三期中国妇女地位调查"数据的研究》，《中共福建省委党校学报》2014年1月。

续表

最关注的 国内外大事	总体		城镇		农村	
	男	女	男	女	男	女
社会保障	15.9	16.1	15.2	17.5	16.9	14.2
男女平等	0.7	3.0	0.4	1.0	1.0	5.7
住房问题	9.9	10.7	11.7	11.9	7.5	9.2
中国国际地位	2.3	0.9	2.9	1.4	1.7	0.2
教育改革	3.2	5.8	3.9	7.0	2.3	4.1
"三农"问题	6.1	3.4	1.2	1.0	12.7	6.8
医疗改革	4.8	5.5	5.2	6.8	4.2	3.8
两岸统一	1.8	0.9	2.3	1.2	0.8	0.5
都不关心	1.8	4.3	0.8	2.7	3.2	6.6
说不清	0.5	2.0	0.3	0.9	0.8	3.6
不回答	0.1	0.3	0.1	0.1	0.2	0.4

2. 女性总体参与决策和管理率较高，参与意识和主动性增强

跟已发布的全国数据相比，福建妇女的参与决策和管理率和参与程度在总体上均高于全国平均水平。在被调查的妇女中，近5年来人大代表选举投票和村、居委会选举投票的参与率分别为56.5%和75.5%，和男性的57.6%和75.1%相差无几。且绝大多数人能认真投票，比例分别达71.1%和75.1%。尤其值得一提的是，近5年来福建农村妇女参与村委会选举的投票率为89.6%，比全国的83.6%高了6.0个百分点，且投票时"尽力了解候选人情况，自己投票"的比例为74.1%，比全国的70.4%高了3.7个百分点[①]。

在民主监督方面，55.4%的福建妇女近3年来至少有过一种民主监督行为（本报告所指民主监督行为包括：给所在单位/社区/村提建议，通过各种方式向政府有关部门反映情况/提出政策建议，在网上就国家事务、社会事件等发表评论、参与讨论，主动参与捐款、

---

① 周玉：《变迁中的女性政治参与——基于"福建省第三期中国妇女地位调查"数据的研究》，《中共福建省委党校学报》2014年1月。

无偿献血、志愿者活动),与已发布的全国妇女民主监督行为数据 54.1% 相比,高了 1.3 个百分点。其中,19.2% 的福建妇女近 3 年来主动向所在单位/社区/村提过意见/建议,与已发布的全国妇女相关数 18.3% 相比,高了 0.9 个百分点,与 2000 年福建省的 16.2% 相比提高了 3 个百分点,性别差异缩小了 4 个百分点①(见表 5)。

表 5 近 3 年您是否有过给所在单位/社区/村提建议?

单位:%

	2000 年			2010 年			十年间变化	
	男	女	性别差异	男	女	性别差异	女	性别差异
全国	31.2	15	16.2	26.1	18.3	7.8	提高了 3.3 个百分点	缩小了 8.4 个百分点
福建	30.7	16.2	14.5	29.7	19.2	10.5	提高了 3.0 个百分点	缩小了 4.0 个百分点
福建与全国差异		福建较全国高 1.2 个百分点	福建较全国低 1.7 个百分点		福建较全国高 0.9 个百分点	福建较全国高 2.7 个百分点	福建较全国低 0.3 个百分点	福建较全国低 4.4 个百分点

3. 女性参与决策管理的经验有较多积累

十年来,福建女性参与各类决策管理的状况发生了可喜的变化。2010 年 13.7% 的福建妇女担任过生产组长、村/居委会小组长及以上领导职务,与已发布的全国妇女对各级决策和管理的参与率数据 11.2% 相比,高了 2.5 个百分点,改变了 2000 年时福建女性参与决策管理程度低于全国的状况。十年间,福建女性参与各类决策管理的程度比 2000 年的 5.4% 提升了 8.3 个百分点,这一进步比全国十年来 4.5 个百分点的提升程度高出了 3.8 个百分点。受访者中,担任过科级、股级的女性合计达 10%,比 2000 年的 2.5% 大

---

① 周玉:《变迁中的女性政治参与——基于"福建省第三期中国妇女地位调查"数据的研究》,《中共福建省委党校学报》2014 年 1 月。

大提高了7.5个百分点,这说明,女性参与决策和管理尤其是基层决策管理的经验日渐积累、作用日益显现①(见表6)。

表6 工作/务农以来,是否担任过班组长、村/
居民小组长及以上领导或负责人

单位:%

	2000年			2010年			十年间变化	
	男	女	性别差异	男	女	性别差异	女	性别差异
全国		6.7			11.2		提高了4.5个百分点	
福建	16.9	5.4	11.5	26.2	13.7	12.5	提高了8.3个百分点	扩大了1.0个百分点
福建与全国差异		福建较全国低1.3个百分点			福建较全国高2.5个百分点		福建较全国高3.8个百分点	

4. 女性参与政治团体和社会组织的积极性显著提高

2010年,福建妇女参加中国共产党、共青团和民主党派的比例为20.4%,与2000年的12.4%相比,提高了8个百分点。在性别差异方面,2000年参加中国共产党、共青团和民主党派等政治团体者的两性差异为13.4个百分点,2010年为9.1个百分点,下降了4.3个百分点。尤其值得注意的是,女性共产党员的比例从2000年的5.9%上升到2010年的12.8%,十年间提升了6.9个百分点②(见表7)。

在对民间社团和社会组织的参与方面,十年来福建女性的参与度呈现上升趋势。女性在"联谊组织"、"社会公益组织"和"社区管理、活动组织"中的活动增多,影响力也逐渐明显。这表明,

---

① 周玉:《变迁中的女性政治参与——基于"福建省第三期中国妇女地位调查"数据的研究》,《中共福建省委党校学报》2014年1月。
② 周玉:《变迁中的女性政治参与——基于"福建省第三期中国妇女地位调查"数据的研究》,《中共福建省委党校学报》2014年1月。

福建女性的社会参与全面发展，社会活跃程度日益提升。广泛的社会参与为更高层次的参与决策和管理奠定了良好的基础①（见表8）。

表7　您的政治面貌？

单位：%

	2000年			2010年			十年间变化	
	男	女	性别差异	男	女	性别差异	女	性别差异
群众	74.2	87.6	13.4	70.5	79.6	9.1	下降了8个百分点	下降了4.3个百分点
共青团员	7.8	6.2		6.7	7.2		上升了1.0个百分点	
共产党员	17.7	5.9		22.3	12.8		上升了6.9个百分点	
民主党派	0.3	0.3		0.5	0.4		上升了0.1个百分点	

表8　您是否加入下列社会组织/民间团体？

单位：%

社会组织/民间团体	2000年	2010年
专业、行业组织	6.4	1.1
联谊组织	4.2	8.0
社会公益组织	—	8.4
社区管理、活动组织	—	7.1
民间自助、互助组织	8.0	4.4

5. 社会有关女性参与决策和管理的观念发生了有利于女性的较大变化

对于目前各级领导岗位上妇女比例较低的原因认知，79.5%的人否认是由于"女性领导能力较差"，82.2%的人否认是由于"妇

---

① 周玉：《变迁中的女性政治参与——基于"福建省第三期中国妇女地位调查"数据的研究》，《中共福建省委党校学报》2014年1月。

女不愿当官"；反之，56.6%的人认为是由于"社会偏见"。57.6%的人认为是由于"培养、选拔不力"。此外，还有80.7%的人认同"妇女的能力不比男人差"，71.8%的人同意"在领导岗位上，男女比例应大致相等"。这说明，全社会普遍肯定妇女的政治能力，对之有较高的评价，并在总体上认同女性领导偏少主要源于外在的家庭、社会和制度等负面因素①（见表9）。

表9 "女性领导偏少"的主要原因

单位：%

项目	2000年			2010年						十年间对于女性参政观念的变化说明
	男	女	总体	男		女		总体		
				赞同	反对	赞同	反对	赞同	反对	
女性领导能力较差	17.8	18.2	17.6	14.6	80.8	16.6	78.2	15.6	79.5	总体上负面观念认同比下降了2.0
女性不愿当官	5.6	5.8	5.4	10.1	82.8	11.0	81.6	10.5	82.2	总体上对女性参政主观意识不足的认同比上升了近1倍
女性不适合当官	—	—	—	11.6	83.7	9.0	84.1	10.3	83.9	
家人不支持	9.3	16.2	11.8	23.9	69.1	26.5	66.8	25.2	67.9	总体上对家庭环境不利于女性参政的认同比上升了1倍多
女性家务负担重	—	—	—	64.7	31.7	72.6	23.9	68.6	27.8	
社会偏见	49.3	45.2	47.1	52.0	42.7	61.3	31.4	56.6	37.1	总体上对社会环境不利于女性参政的认同比上升了9.5个百分点
培养、选拔不力	16.8	12.9	15.1	55.7	35.9	59.5	29.5	57.6	32.8	总体上对女性参政存在制度障碍的认同比大幅上升了42.5个百分点

---

① 周玉：《变迁中的女性政治参与——基于"福建省第三期中国妇女地位调查"数据的研究》，《中共福建省委党校学报》2014年1月。

（二）不利因素

1. 女性参与决策和管理的组织基础仍较为薄弱

从表7可见，2000年政治面貌为"群众"的男性为74.2%，女性为87.6%，女性群众比男性群众多13.4个百分点。与此同时，"党员"中男性为17.7%，女性为5.9%，女性党员比男性党员少11.8个百分点；十年后，虽然女性党员的比例有了较明显的上升，但与男性相比，仍未在根本上改变"群众比例高党员比例低"的状况。2010年"群众"中男性比例为70.5%，女性为79.6%，女性群众比男性群众多9.1个百分点，"党员"中男性比例为22.3%，女性为12.8%，女性党员比男性党员少9.5个百分点[①]。

女性在政治身份上的这一多一少，成为她们提高参与决策和管理层次和地位的明显阻碍。参与决策和管理实践表明，"中共党员"和其他党派的政治身份不仅有助于拓宽女性走向政治参与的渠道，而且能为之提供参与决策和管理能力锻炼的平台和空间，是女性提高政治地位的重要条件。女性党员偏少的问题值得重视[②]。

2. 女性的基层决策管理和政治参与地位仍存在明显的提升空间

从主观感知上看，调查对象中女性认为自己对本单位/社区/村的决策能够产生"重要影响"的比例仅为0.4%，低于男性的1.3%。认为自己对单位/社区/村决策有"一点影响"、"较大影响"和"重要影响"三项合计，女性为11.1%，是男性三项合计值22%的一半左右。这说明，大多数女性主观上认为自己对与自

---

① 周玉：《变迁中的女性政治参与——基于"福建省第三期中国妇女地位调查"数据的研究》，《中共福建省委党校学报》2014年1月。
② 周玉：《变迁中的女性政治参与——基于"福建省第三期中国妇女地位调查"数据的研究》，《中共福建省委党校学报》2014年1月。

己密切相关的决策内容产生不了影响,这难免在一定程度上压抑女性参与决策和管理的愿望和行为①(见图1)。

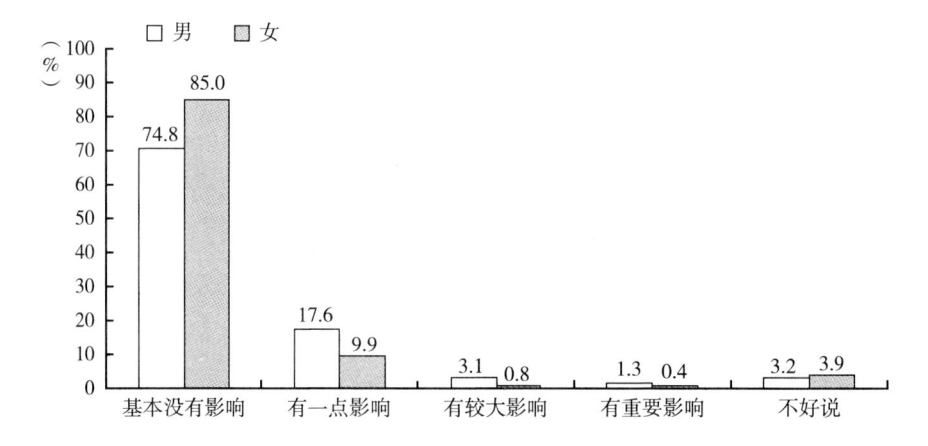

图1 决策影响能力主观感知的性别比较

从实际情况来看,受访者女性担任过负责人的比例为13.7%,比男性26.2%低12.5个百分点。农村妇女担任村/居民小组长比例低。调查对象中,92.6%的女性没有担任过基层负责人,比男性81.5%高出11.1个百分点;在城镇,81.9%的女性没有担任过任何职务,比男性的68%高出13.9个百分点②(见表10)。

表10 是否担任过领导或负责人的城乡、性别差异(2010年)

单位:%

	男	女	城镇男	城镇女	农村男	农村女
是	26.2	13.7	32.0	18.1	18.5	7.4
否	73.8	86.3	68.0	81.9	81.5	92.6

---

① 周玉:《变迁中的女性政治参与——基于"福建省第三期中国妇女地位调查"数据的研究》,《中共福建省委党校学报》2014年1月。
② 周玉:《变迁中的女性政治参与——基于"福建省第三期中国妇女地位调查"数据的研究》,《中共福建省委党校学报》2014年1月。

此外，妇女担任过的最高职务主要集中在科级以下级别。数据显示，女性平均拥有行政职务的比例和级别均低于男性，农村女性没有行政职务的比例最高。城镇女性中担任过最高职务的科级比例为2.1%，而农村女性担任过科级及以上干部比例为0。这表明，目前仍然没有改变女性参政总体处于少数和位居低位的现状①（见图2）。

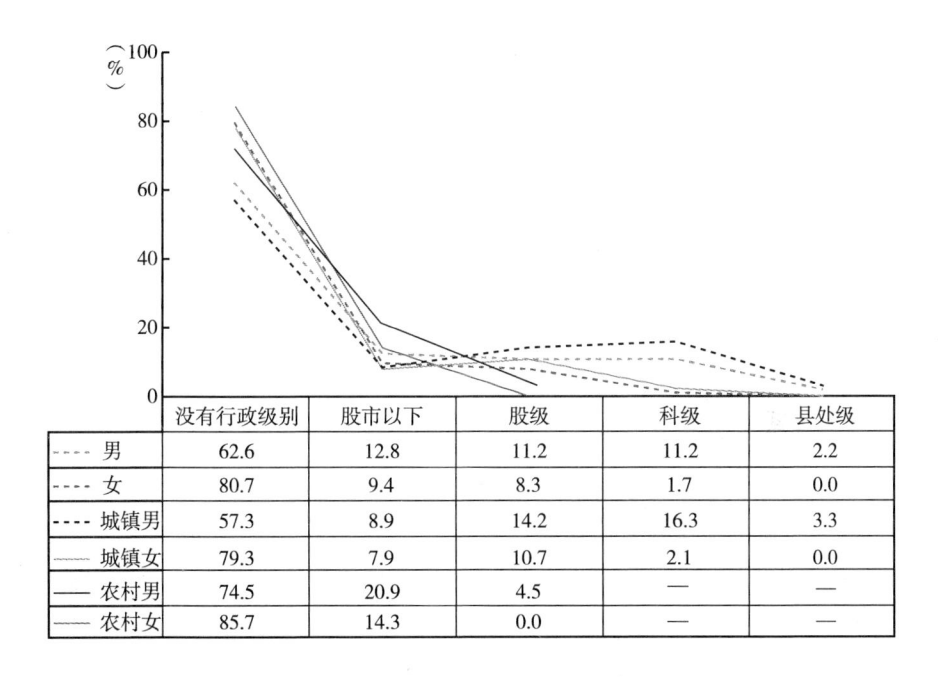

	没有行政级别	股市以下	股级	科级	县处级
男	62.6	12.8	11.2	11.2	2.2
女	80.7	9.4	8.3	1.7	0.0
城镇男	57.3	8.9	14.2	16.3	3.3
城镇女	79.3	7.9	10.7	2.1	0.0
农村男	74.5	20.9	4.5	—	—
农村女	85.7	14.3	0.0	—	—

图2 两性担任过的最高职务比较

与此同时，大多数女性在社会组织中的角色是充当普通成员，比例高达92.9%，而作为创始人和负责人高层管理者与核心成员中层管理者的女性比例仅为7.1%，比男性作为社会组织管理层的比例低10.3个百分点②。

---

① 周玉：《变迁中的女性政治参与——基于"福建省第三期中国妇女地位调查"数据的研究》，《中共福建省委党校学报》2014年1月。
② 周玉：《变迁中的女性政治参与——基于"福建省第三期中国妇女地位调查"数据的研究》，《中共福建省委党校学报》2014年1月。

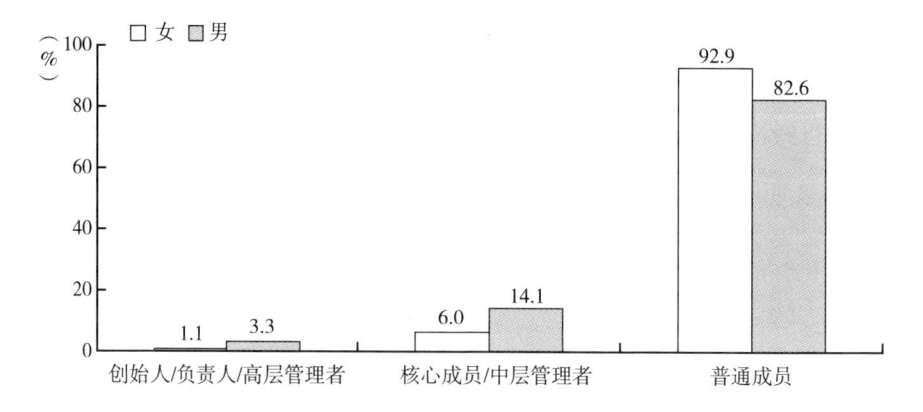

图3 两性在社会组织中的影响力比较

3. 现代化中的性别差异强化了女性政治参与决策和管理的弱势效应

与城镇男子一样，互联网已经逐渐成为城镇妇女政治参与决策和管理的主要途径之一。但是农村女性却在教育和现代科学技术这一环上大大落后于其他群体，成为现代化中性别差异弱势一方的突出表现者。了解国内外大事的途径选择数据较为明显地表明，"数字鸿沟"可能再次将女性中的一部分尤其是农村女性置于不利的发展境地。从图4可以看出，农村女性的政治认知基本依赖传统的"电视"，朋友、家人、熟人成为她们获取信息的第二途径，而使用网络的比例仅5.7%，大大低于城镇男性的22.1%和城镇女性的16.2%。这必然对她们在现代社会中参与决策和管理的能力和机会造成限制[1]。

4. 传统文化的惯性力量仍然制约着女性参与决策和管理

十年来，对"女人干得好不如嫁得好"的总认同率从34.1%上升到44.3%，提高了10.2个百分点。其中，城乡分别提高了

---

[1] 周玉：《变迁中的女性政治参与——基于"福建省第三期中国妇女地位调查"数据的研究》，《中共福建省委党校学报》2014年1月。

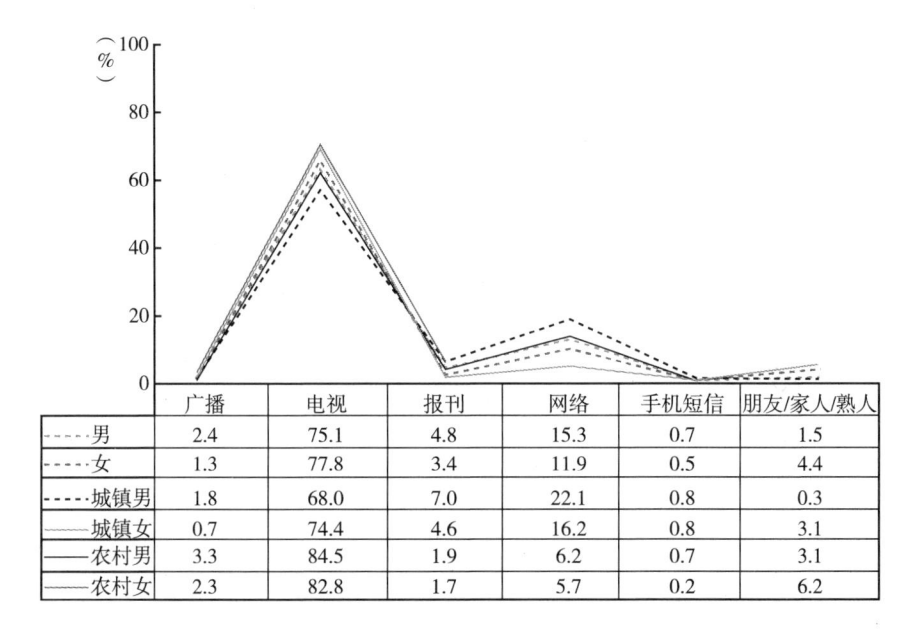

	广播	电视	报刊	网络	手机短信	朋友/家人/熟人
---- 男	2.4	75.1	4.8	15.3	0.7	1.5
---- 女	1.3	77.8	3.4	11.9	0.5	4.4
---- 城镇男	1.8	68.0	7.0	22.1	0.8	0.3
—— 城镇女	0.7	74.4	4.6	16.2	0.8	3.1
—— 农村男	3.3	84.5	1.9	6.2	0.7	3.1
—— 农村女	2.3	82.8	1.7	5.7	0.2	6.2

图 4　现代化中的城乡两性差异与政治认知手段

5.2个和18.0个百分点，男女分别提高了11.8个和8.1个百分点。对"丈夫的发展比妻子的发展更重要"的总认同率从21.2%大幅增加到63.3%，上升了42.1个百分点。其中，城乡分别上升了43.2个和45.8个百分点，男女分别上升了42.9个和40.9个百分点。这表明，城乡和男女受访者中，传统性别观念均存在着广泛的影响力，甚至表现出回潮、强化的倾向①（见表11、表12、表13）。

这种影响反映在妇女参与决策和管理方面，就是表9所反映出的情形：女性家务负担重、家人不支持女性当领导、社会对女性有偏见等因素直接影响女性干部的成长。

5. 两性平等与决策和管理的制度机制尚有待于进一步优化

正如表9所表明的，"培养、选拔不力"是女性干部偏少的一

---

① 周玉：《变迁中的女性政治参与——基于"福建省第三期中国妇女地位调查"数据的研究》，《中共福建省委党校学报》2014年1月。

表11 您是否同意"干得好不如嫁得好"?

单位：%

		非常同意	比较同意	不大同意	很不同意	说不清
2000年	男	7.3	21.3	40.3	18.9	12.2
	女	12.1	28.1	35.0	20.8	4.0
	总体	10.1	24.0	37.5	19.9	8.6
2010年	男	13.0	27.4	42.0	12.0	5.6
	女	17.3	31.0	37.5	9.4	4.8
	总体	15.1	29.2	39.8	10.7	5.1

表12 您是否同意"女性应该避免在社会地位上超过她丈夫"?

单位：%

		非常同意	比较同意	不大同意	很不同意	说不清
2000年	男	4.5	14.4	48.7	23.9	8.5
	女	7	17	46.3	25.8	3.9
	总体	5.5	15.7	47.4	24.9	6.5

表13 您是否同意"丈夫的发展比妻子的发展更重要"?

单位：%

		非常同意	比较同意	不大同意	很不同意	说不清
2010年	男	20.9	40.9	31.3	4.6	2.3
	女	23.0	41.9	26.3	6.2	2.6
	总体	21.9	41.4	28.8	5.4	2.5

个重要原因。十年间，总体上对女性参与决策和管理存在制度障碍的认同比从15.1%提高到57.6%，大幅上升了42.5个百分点，男女对此的认同比分别从2000年的16.8%和12.9%上升到2010年的55.7%和59.5%，提高了38.9个和46.6个百分点。这表明，越来越多的人认识到制度不完善因素对女性参与决策和管理的负面影响[①]。

---

① 周玉:《变迁中的女性政治参与——基于"福建省第三期中国妇女地位调查"数据的研究》，《中共福建省委党校学报》2014年1月。

对于制度和其他女性自身之外的阻碍因素，十年前79.6%的受访者认同"经济发展了，妇女地位自然而然就会提高"，对之持顺其自然的态度。现在87.9%的受访者一致认同"男女平等不会自然而然实现，需要积极推动"。这些表明，改变完善那些不利于两性平等参政的制度机制因素成为多数人的普遍共识，同时，对这一问题的解决已经迫在眉睫①（见表14、表15）。

表14 您是否同意"经济发展了，妇女地位自然而然就会提高"？

单位：%

		非常同意	比较同意	不大同意	很不同意	说不清
2000	男	35.1	44.7	11.9	2.0	6.2
	女	39.4	40.1	9.9	1.6	9.0
	总体	37.4	42.2	10.8	1.8	7.7

表15 您是否同意"男女平等不会自然而然实现，需要积极推动"？

单位：%

		非常同意	比较同意	不大同意	很不同意	说不清
2010	男	38.5	49.3	5.6	.4	6.3
	女	43.5	44.5	3.1	.2	8.6
	总体	41.0	46.9	4.3	.3	7.4

四 推动女性参与决策和管理的思路与方向

（一）营造和谐优良的两性平等参与决策和管理的社会环境

重点是宣导先进的性别文化与两性平等的观念政策，巩固扩大

---

① 周玉：《变迁中的女性政治参与——基于"福建省第三期中国妇女地位调查"数据的研究》，《中共福建省委党校学报》2014年1月。

并形成女性参与决策和管理的社会支持系统。利用各种干部培训机构和媒体进行宣传教育，提高各级领导者的性别平等意识和贯彻落实男女平等基本国策的自觉性。女性与决策和管理向不利的传统思想观念挑战的过程，也是先进性别意识、文化和两性平等观念不断普及推广的过程。通过宣导减少社会偏见，帮助女性走出家庭、融入社会、参与基层自治和社区管理，逐渐形成从家庭到社会的女性参与决策和管理社会的支持系统[①]。

（二）增强女性自身的政治感知与参与决策和管理的能力

女性自身的参与意识与能力也是保证女性参与决策和管理数量与质量的一个重要因素。以农村女性群体为重点，加大对女性的基础教育和科学技术教育，尽量缩小城乡差距和性别差距，使女性在整体上提升素质，更好地融入和适应现代社会，为参与决策和管理奠定坚实基础。同时对女性进行参与决策管理意识和参与技巧的培训，提高女性参与决策和管理的主动性。通过各种培训形式，对基层女性进行参与决策管理的意识与技能的培训，不断扩大女性民主参与的基础，提升女性的自身能力，为使女性参与更大更高层次的竞争奠定坚实基础。这方面需要各级妇联发挥影响，利用其具备和凝聚的各种资源优势，为女性打造一个终生提升、充电的平台[②]。

（三）培育广泛而坚实的女性参与决策和管理的组织基础

一是增加基层女性党员的比例，为女性参政储备丰富的人力资源；二是鼓励女性参与政治社团和社会组织，将之作为锻炼提高自

---

① 周玉：《变迁中的女性政治参与——基于"福建省第三期中国妇女地位调查"数据的研究》，《中共福建省委党校学报》2014年1月。
② 周玉：《变迁中的女性政治参与——基于"福建省第三期中国妇女地位调查"数据的研究》，《中共福建省委党校学报》2014年1月。

己参与决策和管理能力的"练习场";三是发挥组织部、妇联等的作用,为推动女性参与决策和管理构建一个能及时吸纳女性需求的组织保障系统①。

(四)完善公平有效的女性参与决策和管理制度机制

一方面加大现有制度及《福建妇女发展纲要(2011~2020)》的执行与监督力度。在实施《纲要》中加大女性参政保护性政策的实施范围,进一步明确女性在各级领导班子中的比例并作出明确硬性规定;另一方面充分运用好现有法律与制度,不断探索切实有效的具体操作办法,进一步优化女性在政治结构中的位置②。

抓好"两端"是完善和落实女性参与决策和管理制度机制的关键。一是通过高层示范、从省里做起,一级学一级,上级做给下级看,确保国家机关的每个层级、每个部门都有女性,形成完整的女性权力参与系统;二是扩大基层女性干部基数,继续推行女性参与各种社会组织的保护性政策,扩大女性在政治社会管理和决策中的影响力③。

综上,通过上述"四位一体"(见图5)的女性参与决策和管理促进系统,使"营造社会环境"、"增强参政能力"、"培育组织基础"和"完善制度机制"四个环节依次推进而又相辅相成,各环节间环环相扣,形成相互反馈、修正、调适的机制,共同作用于女性参与决策和管理。通过全社会的通力合作,高层重视,基层参与,中间推动,形成合力,继续推动福建女性参与决策和管理地位不断提高。

---

① 周玉:《变迁中的女性政治参与——基于"福建省第三期中国妇女地位调查"数据的研究》,《中共福建省委党校学报》2014年1月。
② 周玉:《变迁中的女性政治参与——基于"福建省第三期中国妇女地位调查"数据的研究》,《中共福建省委党校学报》2014年1月。
③ 周玉:《变迁中的女性政治参与——基于"福建省第三期中国妇女地位调查"数据的研究》,《中共福建省委党校学报》2014年1月。

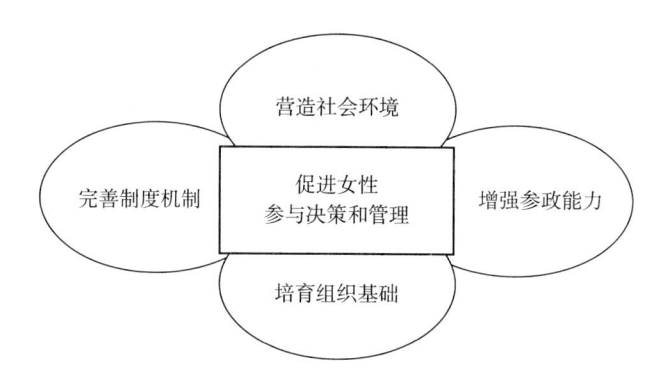

图 5　"四位一体"的女性参与决策和管理促进系统

参考文献

福建省统计局、福建省妇女儿童工作委员会办公室：《2010 年福建省妇女发展纲要统计监测报告》，2011，内部资料。

福建省统计局、福建省妇女儿童工作委员会办公室：《2011 年福建省妇女发展纲要统计监测报告》，2012，内部资料。

福建省统计局、福建省妇女儿童工作委员会办公室：《2012 年福建省妇女发展纲要统计监测报告》，2013，内部资料。

刘群英主编《福建省妇女发展报告（2001～2010）》，社会科学文献出版社，2011。

周玉：《变迁中的女性政治参与——基于"福建省第三期中国妇女地位调查"数据的研究》，《中共福建省委党校学报》2014 年 1 月。

B.6 妇女与社会保障

陈婉萍*

摘　要： 作为占人口半数的妇女群体，其拥有社会保障的状况是衡量女性社会地位的重要指标。2010~2013年四年间福建女性在享有养老和医疗等6个方面的社会保障上取得了一定的成效，特别是社会保险制度的建立与发展，保障了福建居民共享经济社会发展的成果，但也还存在一些需要加以完善的问题。基于此，本研究提出了相应对策与建议。

关键词： 妇女　社会保障　现状分析　对策建议

社会保障是国家实现社会进步的重要社会政策，也是社会发展到一定阶段后公民应该享有的一项基本权利。目前在我国，以养老保险、失业保险和医疗保险等为主体的社会保险制度，是构成社会保障体系的重要内容。在我国推进男女平等的进程中，促进妇女发展、维护妇女权益、构建男女平等的社会保障制度起着不可替代的作用，女性社会保障体系的发展完善，为提升女性的社会、政治、经济和家庭地位奠定了坚实的基础。

---

* 陈婉萍，福建省妇女儿童工作委员会办公室副主任。

一 福建妇女社会保障总体状况

第三期中国妇女社会地位调查显示，2010年，福建在业妇女第二、三产业从业者的比重均高于全国平均水平，第一产业从业者的比重则大大低于全国平均水平。福建农村妇女的医疗保障覆盖率为97.8%，高于全国95.0%的平均水平，也高于相邻的广东省（88.4%）。福建妇女对房产的总拥有率高于全国平均水平2.4个百分点。城镇职业妇女中生育最后一个孩子时的产假天数达到并超过国家规定的占89.7%，较全国平均水平高2.4个百分点，与相邻省份广东省占67.3%相比，高了22.4个百分点。

经过努力，继2011年新农保制度全覆盖后，2012年比全国提前半年实现城保制度全覆盖；2013年企业退休人员养老金待遇大幅提高，人均增加296.87元/月，调整后养老金水平达1917元/月，较调整前增长16.39%，增幅高于全国平均水平。在此基础上，福建省不断探索妇女保障新模式，增加妇女保障内容和项目，提高妇女保障享有率和水平，推动城乡妇女保障一体化进程，使更多的妇女在劳动权益得到保障的同时，更好地享受其他社会保障。

二 2010~2013年福建妇女社会保障发展分析

2010~2013年，福建全省城镇职工和居民基本医疗保险、生育保险中女性参保人数稳步增长。城镇基本医疗保险基本实现全覆盖，妇女基本实现应保尽保。积极推动女性困难群体参加社会保险、提高育龄妇女家庭的补助标准。同时，加大《妇女权益保障法》宣传力度，全社会对《妇女权益保障法》的知晓率有较大提高，妇女合法权益的总体保障水平进一步提高。

（一）宏观层面

1. 社会保障的性别平等发展态势趋好

从性别视角分析，在基本的社会保障领域，福建女性社会保障总体状况发展较好，性别差距逐步缩小，特别是参加基本养老保险、医疗保险、工伤保险的女性人数增加幅度较大。2010年，全省参加基本养老保险、医疗保险、工伤保险的女性人数分别为212.79万人、426.63万人、137.88万人，女性所占比重分别为33.50%、34.79%、33.01%；2013年，全省参加基本养老保险、医疗保险、工伤保险的女性人数分别为362.84万人、584.94万人、239.49万人，女性所占比重分别为44.64%、45.56%、39.42%，占比分别上升了11.14个、10.77个、6.41个百分点，上升幅度较大。此外，在生育保险方面，2010～2013年参险的女性比例除2013年外每年均超过50%。总的来说，在社会保障的基本领域，性别平等发展的态势趋好（见表1）。

表1　福建女性享有的部分社会保障情况

目标内容		单位	2010年	2011年	2012年	2013年
基本养老保险	总人数	万人	635.27	694.92	755.48	812.81
	女性人数	万人	212.79	236.61	350.25	362.84
	女性占比	%	33.50	34.0	46.36	44.64
医疗保险	总人数	万人	1226.25	1255.17	1262.92	1283.78
	女性人数	万人	426.63	599.24	558.67	584.94
	女性占比	%	34.79	47.74	44.23	45.56
工伤保险	总人数	万人	417.74	494.94	540.53	607.55
	女性人数	万人	137.88	176.85	231.58	239.49
	女性占比	%	33.01	35.73	42.84	39.42
生育保险	总人数	万人	326.40	395.54	424.62	539.55
	女性人数	万人	165.7	199.3	214	237.77
	女性占比	%	50.77	50.39	50.40	44.07

资料来源：《2013年福建省妇女发展纲要统计监测报告》。

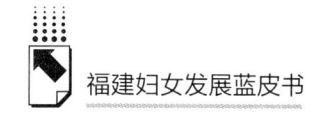

2. 女性参加社会保障意识明显增强

随着《妇女权益保障法》宣传范围的不断扩大，福建妇女对妇女权益保障的关注度不断提高，参加社会保险增强自身保障的意识逐渐增强，近年来，女性参与各类社会保险的人数逐年增加。2013年，福建省城镇职工和居民基本养老保险参保人数为812.81万人，比2010增加了177.54万人，年均增幅为8.6%，其中，女性参保人数为362.84万人，比2010年增加了150.05万人，年均增幅为20.9%，参保人数增加较多；新型农村社会养老保险参保人数为1467.16万人，比2010年增加991.35万人，年均增幅为58.3%，参保人数大幅度增加；城镇女职工和女居民基本医疗保险参保人数为584.94万人，比2010年增加158.31万人，年均增幅为12.8%；参加工伤保险的女性人数为239.49万人，比2010年增加了101.61万人，年均增幅为21.2%；城镇女职工生育保险参保人数237.77万人，比2010年增加72.07万人，年均增幅为12.9%。从五项社会保险的数据上看，女性参加养老保险和工伤保险的人数增幅最大，这表明福建女性对保障个人未来生存需要和职业安全发展的考虑增多，对能够解决"后顾之忧"，保障"后顾无忧"的各类保险重视程度大幅提升（见表2）。

表2 福建社会保险参保人数及增长基本情况

指标名称	2010年 人数（万人）	2011年 人数（万人）	2011年 比增（%）	2012年 人数（万人）	2012年 比增（%）	2013年 人数（万人）	2013年 比增（%）
城镇职工和居民基本养老保险	635.27	694.92	9.4	755.48	8.7	812.81	7.6
其中:女性	212.79	236.61	11.2	350.25	48.0	362.84	3.6
新型农村养老保险	475.81	1210.0	154.3	1393.36	15.2	1467.16	5.3

续表

指标名称	2010年	2011年		2012年		2013年	
	人数（万人）	人数（万人）	比增（％）	人数（万人）	比增（％）	人数（万人）	比增（％）
城镇女职工和女居民基本医疗保险	426.63	599.24	40.5	558.67	-6.8	584.94	4.7
工伤保险女性	137.88	196.11	42.2	231.58	18.1	239.49	3.4
城镇女职工生育保险	165.7	199.3	20.3	214	7.4	237.77	11.1

资料来源：《2013年福建省妇女发展纲要统计监测报告》。

3. 确保妇女充分享有社会保障的制度体系日趋完善

福建省的女性社会保障制度建设紧跟经济社会发展进程，进入21世纪以来，先后颁布了《福建省企业女职工劳动保护条例》、《福建省失业保险条例》、《福建省实施〈工伤保险条例〉办法》、《福建省企业职工生育保险规定》等一系列地方性法规规章。2012年从福建省情出发，又对《福建省失业保险条例》进行了修订，使这部地方性法规更加完善。以上各项法规规章的出台和修订完善，不断扩大福建妇女享有社会保障的覆盖面，使社会保障领域的法律法规更加健全完善，使福建妇女享有的各类社会保障得到更加全面的法律保护。2012年，福建省妇联牵头，对全省各地乡规民约进行了梳理规范，督促修改废除与男女平等基本国策和其他各项法律法规相违背的条款，使全省城乡妇女的社会保障工作进一步规范化、法制化。

（二）微观层面

1. 医疗保险保障能力明显增强

至2013年，福建全省普遍开展城镇居民医保门诊统筹，城镇职工和城镇居民医保报销比例稳定在70%左右和75%左右，城乡居民基本医疗保险政府补助标准提高到280元,最高支付限额分别达到当地职工年平均工资和当地城镇居民可支配收入的6倍。特别是2011年福建省人社厅出台《关于建立医疗保险付费方式改革重点联系工作制度的通知》(人社厅函〔2011〕321号),积极探索适合福建本省的医疗付费方式以来,建立医保基金违规举报奖励制度,财政补助长效机制初步形成,开展城镇居民普通门诊统筹和医保付费方式改革,探索按人头付费、按病种付费和总额预付等医保复合型付费方式,实现信息联网、异地就医刷卡即时结算,带动了广大人民群众参与医保的积极性。2010~2013年,城镇基本医疗保险基金结余率每年均控制在30%以内,通过医保基金结余度控制,确保了医保基金得到有效利用,从而推动城镇基本医疗保险的收缴率逐年提高(见表3)。

表3 福建医疗保险的社会统筹情况

	目标内容	单位	2010年	2011年	2012年	2013年
基本医疗保险	总人数	万人	1226.25	1255.17	1262.92	1283.78
	女性人数	万人	426.63	599.24	558.67	584.94
	女性占比	%	34.79	47.74	44.23	45.56
	基金收入	亿元	113.72	144.68	176.60	206.76
	基金支出	亿元	96.01	114.74	134.81	148.66
	当期基金结余	亿元	17.71	29.94	41.79	58.10
	当期基金结余率	%	15.57	20.69	23.66	28.10
	基金收缴率	%	99.29	99.43	99.48	99.52

资料来源:《福建省统计年鉴2013》、《福建省人力资源和社会保障主要统计数据汇编2013年》,福建省统计局网站。

2. 就业保障落实较好

就业保障工作包括失业保险、工伤保险和生育保险发展情况(诸福灵《中国社会保障发展指数报告(2012)》)。2013年,福建省积极推进农民工、非公经济组织从业人员及私营企业职工参加失业保险，落实失业保险金发放标准与物价上涨挂钩联动机制，做好领取失业金人员参加职工医保工作；推动女性失业保险与促进就业并重，登记失业的女性享受失业保险待遇，并可通过劳务派遣、社区就业、妇女小额贷款扶持项目等实现再就业，2013年取得省政府扶持妇女申贷的政策支持，全省发放妇女小额（担保）贷款11.71亿元，获贷妇女19976人。发放巾帼扶贫贴息贷款、母亲创业循环金8371元，获贷妇女2840户，有力地促进了妇女创业、带动就业和增收致富。加强了工伤、生育保险工作，全面落实劳动合同制度，工伤人员和职工生育保险待遇得到较好落实。据福建省总工会女职工委员会调查统计，2012年在签订集体合同的企业中，女职工专项集体合同43136份，覆盖企业数179353家，覆盖女职工5708271人，整体签订率达到94.8%；执行了《女职工劳动保护特别规定》的企业比重比上年提高7.9个百分点。特别是生育保险方面，2010~2013年参加生育保险的女职工人逐年增加，尤其是2012年支出增幅远大于收入增幅，表明享受到生育保险的人数大幅度增加，生育保险给越来越多的女性带来了保障。（见表4）。

表4 福建生育保险基本情况

目标项目		单位	2010年	2011年	2012年	2013年
参加生育保险的企业职工人数		万人	326.40	395.54	424.62	539.55
其中：女性			165.7	199.3	214	237.77
生育保险基金	收入	亿元	3.60	6.56	6.82	12.54
	支出		2.70	3.44	5.52	8.16
	当期结余		0.90	3.12	1.30	4.38

资料来源：《福建省统计年鉴2013》、《2013年福建省妇女发展纲要统计监测报告》、《福建省人力资源和社会保障主要统计数据汇编2013年》，福建省统计局网站。

3. 贫困保障工作力度加大

社会救助、社会福利等也是社会保障工作的重要内容，福建省在女性贫困保障方面做了大量工作。

（1）制定政策措施完善救助机制

各部门积极配合，从新农合、医疗救助和建立困难职工档案等方面，加强机制建设帮助贫困妇女。2010年省民政厅、妇儿工委办、财政厅、卫生厅、人力资源和社会保障厅联合下发了《关于做好城乡低保妇女"两癌"后续治疗医疗救助工作的通知》（闽民保〔2010〕209号），就确诊患病低保妇女提高医疗救助补偿比例、医院减免治疗费用等进行明确规定。2013年，全省各级工会女职工组织共建立困难女职工档案3.13万个，筹措帮扶资金285多万元，帮助困难女职工3.21万人次，妇女的贫困程度明显降低。

（2）扩大保障面提高女性低保参与率

扩大社会保障覆盖面，紧跟社会经济增长，逐步提高特殊群体和困难群体的社会保障水平。截至2013年12月底，福建省城镇居民最低生活保障人数为15.76万人，当月人均补助247元，共发放城市低保金约5.34亿元；农村低保人数为73.66万人，当月人均补助122元，共发放农村低保金约12.97亿元。城乡低保对象中女性对象约有28.6万人，占38.8%。全省农村五保供养人数为8.8万人，其中女性对象约有1.4万人，占15.9%；当月人均补助373元，共发放农村五保供养金约3.96亿元。

（3）多方筹措资金救助贫困妇女

统筹启用"福建省红十字母亲健康天使基金"、全国妇联"贫困母亲两癌救助专项基金"和"省红十字恒安伊人天使基金"，对贫困"两癌"重症妇女实施救助。2011年以来，共收到全国妇联、中国妇女发展基金会下拨经费153万元。省妇联、省红十字会在此基础上多方筹措救助资金扩大救助范围，全省共募集"母亲健康基金"411.1万元，共救助"两癌"贫困妇女911名。

三 存在的问题与原因分析

随着社会保障制度不断发展完善，福建女性获得各类社会保障的人数不断增加，覆盖面不断扩大，性别平等发展态势趋好。但是，根据2012年年底福建省妇女儿童工作委员会所做的"福建省女性工作生活幸福感现状"课题调查，在社会保障的满意度上，有73.5%的人选择了"过得去"，24.1%的人选择了"比较满意"，18.9%的人选择了"不大满意"，5%的人选择了"很不满意"，2.3%的人选择了"非常满意"，数据显示，只有四分之一的女性对目前享有的社会保障表示满意。说明在社会保障领域推动社会公平、促进性别平等、两性和谐发展方面还存在一些困难和问题，应引起全社会重视。

（一）宏观层面

1. 潜在的性别歧视使得女性的权益得不到有效保障

新中国成立以来，男女平等一直是促进我国社会发展的基本国策。近年来，我国政府将包括性别平等在内的公平正义作为构建社会主义和谐社会的重要内容。从法律和政策层面上看，男女两性在社会保障的内容和标准上看并不存在差别，但是，在实践中，潜在的性别歧视在社会生产生活领域中依然存在，例如，有的用人单位提出性别限制，明文规定限招女性或女性在聘用期不得怀孕生育，村规民约中甚至出现侵害女性权益的条款等。这些"潜意识"的信息，会在实际利益的分配上倾向男性，女性的社会保障虽然有法律和政策规定的平等权，但在实践中女性的有效权益保障还是没有享受到，较为突出的仍是女性在就业上的不平等。第三期中国妇女社会地位调查报告显示，2010年，我国18~64岁女性的在业率为71.1%，城镇为60.8%，农村为82.0%。女性在第一、二、三产业的在业率分别为45.3%、14.5%和40.2%，女性比重明显偏低。城镇和农村在业女性的年均劳动收入分别为男性的67.3%和56.0%，同工不同酬现象严重。就福建省而言，2010~2012年，福建全省社会从业人员中，女性人数分别为995.2万人、1066.6万人、1102.5万人，总体呈上升趋势。但是从整体上看，2011年全社会从业人数比2010年增加了278.7万人，而女性从业人数仅增加71.4万人，仅占增加人数的25.62%；2012年全社会从业人数比2011年增加了108.9万人，而女性从业人数仅增加35.9万人，仅占增加人数的32.97%；女性从业人数增加数均不超过总增加数的1/3（见图1）。

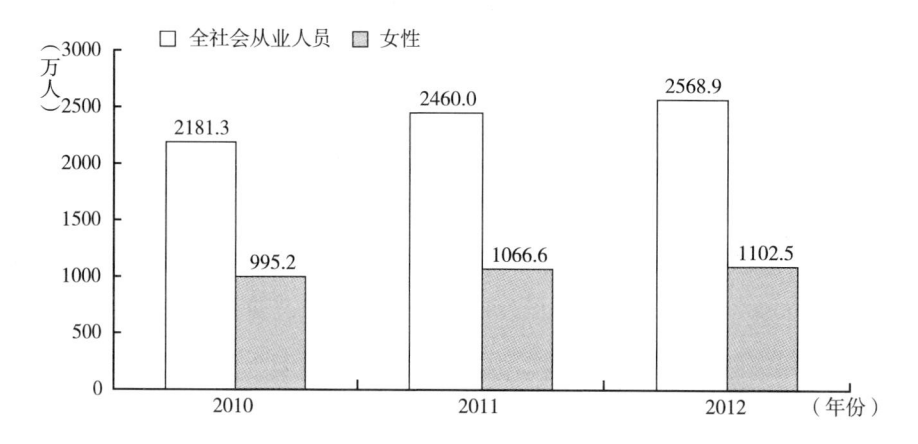

图1 福建社会从业人员中女性人数

资料来源：《2012年福建省妇女发展纲要统计监测报告》。

2. 社会保障的城乡差异依然存在

我国特有的城乡二元分治格局，导致了我国社会保障制度的城乡分治，在制度设计上，城乡差异巨大。目前，覆盖城市居民社会保障的各项制度体系初步形成，而在农村，2007年才开始在全国范围建立农村最低生活保障制度，这意味着农村的社会保障制度建设刚刚起步。医疗保障方面，在城镇化进程中，大量失地农民户籍转变为居民，新农合基金规模明显下降，抗风险能力随之下降。就业保障方面，虽然《福建省失业保险条例》在全国地方立法中首次规定：农民工可享受与城镇职工同等的失业保险待遇。但在实际运作过程中，由于农民工群体流动性较大，大多数农民工失业后仅领取了一次性生活补助金，并未领取失业金，使得失业保险对农民工的保障作用未得到充分发挥。而针对女性专门设计的生育保险，也不包括占人口80%的农村人口中的农村妇女。

3. 社会保障基金与现有保障能力不相匹配

筹集社会保险的根本目的，在于汇集群众的费用，分担参保者可能面临的各类风险。因此，不同的社会保险种类对于结余有不同的要求。养老保险作为积累型的制度，滚存结余增加是利好。而医疗保险、失业保险、工伤保险、生育保险属于现收现付的社会保险险种，倘若基金结余率过高、结余量过大，说明该类保险未能充分发挥保障作用，参保者获得保障的程度必然下降。福建省2010～2013年四类保险的收支结余情况见表5。

（二）微观层面

1. 老年女性的养老问题堪忧

从福建省统计局的数据来看，福建省劳动年龄人口负担老年系数从2010年的10.3增加到2012年的10.8，2013年进一步增加到10.85，赡养系数不断加大。并且从已有的数据上看，在超过劳动

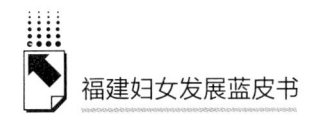

表5 福建社会保险收支结余情况

目标项目		单位	2010年	2011年	2012年	2013年
城镇基本医疗保险	收 入	亿元	113.72	144.68	176.60	206.76
	支 出	亿元	96.01	114.74	134.81	148.66
	当期结余	亿元	17.71	29.94	41.79	58.10
	结 余 率	%	15.57	20.69	23.66	28.10
	累计结余	亿元	174.86	204.81	264.61	304.70
失业保险	收 入	亿元	11.63	10.22	22.65	29.99
	支 出	亿元	5.60	2.90	7.90	9.67
	当期结余	亿元	6.03	7.32	14.75	20.32
	结 余 率	%	51.85	71.62	65.12	67.76
	累计结余	亿元	52.25	59.57	82.90	103.21
工伤保险	收 入	亿元	5.36	9.12	10.85	14.81
	支 出	亿元	2.80	4.35	6.44	8.15
	当期结余	亿元	2.56	4.77	4.41	6.66
	结 余 率	%	47.76	52.30	40.65	44.97
	累计结余	亿元	19.66	24.16	28.55	35.21
生育保险	收 入	亿元	3.60	6.56	6.82	10.27
	支 出	亿元	2.70	3.44	5.52	7.60
	当期结余	亿元	0.90	3.12	1.30	2.67
	结 余 率	%	25.0	47.56	19.06	26.00
	累计结余	亿元	5.82	8.95	10.24	12.43

资料来源：《福建省统计年鉴2013》、《福建省人力资源和社会保障主要统计数据汇编2013年》，福建省统计局网站。

年龄组人口中，男性占比从2010年的5.6%到2012年的6.1%，增加了0.5个百分点，而女性占比从2010年的8.4%到2012年的9.0%，增加了0.6个百分点。这组数据表明，福建老年人口中，女性占比超过50%，且女性占比呈逐渐增长的趋势。但是经调查了解，参与养老保险的女性却比男性少得多。一方面由于相对于男性而言，大多数女性的收入较低，导致女性个人缴费能力较低，有参加养老保险的诉求但是参保能力不足，特别是新型农村社会养老保险的筹资模式是个人缴费、集体补助、政府补贴相结合的方式，要领到最低55元/月的养老金和30元/年的政府补贴，自己先得交上至少100元，这对低收入甚至无固定收入的农村妇女来说无疑是一笔沉重的负担。此外，还得让村集体愿意为自己交补助，对长期生活在男女不平等环境下的广大农村妇女来说这又是一大难题，许多乡村都会以村集体收入欠缺、优先保证男性养老为由劝说女性放弃养老保险。另一方面，女性受传统的"养儿防老，家庭养老"的思想影响更为根深蒂固，认为依靠家庭和土地来养老最安全、可靠的占绝大多数，这也使得广大妇女对参与养老保险的认识不足。

2. 生育保险的保障作用力度有限

作为专门针对职业女性设计的特殊利益保障制度，仅覆盖与用人单位建立劳动关系的劳动者，受益对象偏少，基金总量小。而城乡所有非从业人员，包括约占农村总人口80%的农村妇女在内，至今未建立相应的生育保障制度予以保障。

3. 失业保险的参与率有待进一步提高

福建省2012年参加失业保险的人数为459.12万人，仅占全省劳动者人数2568.93万人的17.9%，2013年参保人数提高到496.66万人，仅提高不到1.5个百分点，参与率低，而女性的参与率更低。究其原因，一方面是由于福建省地处侨乡，女性经济来源渠道较广，从外汇占有率和住房占有率来看，福建女性的占有率均高于全国平均水平，女性以获取家人供养、收取住房租金等方式获取收入保障生活的比例高于全国许多省份，对失业后的生活状况的担忧情绪相对其他省份较低，从而使福建女性参加失业保险的意识不强。另一方面，女性失业保险的保障作用不强。失业保险的设定本身并不存在性别差异，但从福建省城镇登记失业人员上看，

2010~2013年失业人员人数相差不大,均在14.5万人左右,在城镇登记失业率逐年下降的情况下,女性失业人数却起伏较大,尤其是2012年,在总体失业人员相对减少的情况下,女性失业人数6.6万人,比2011年猛增1.03万人,比2010年也增加了0.52万人(见表6)。

表6 2010~2013年福建失业人员情况

目标内容	单位	2010年	2011年	2012年	2013年
1.城镇登记失业人员	万人	14.49	14.64	14.5	14.70
其中:女性	万人	6.08	5.57	6.6	—
2.城镇登记失业率	%	3.77	3.69	3.63	3.55
3.参加失业保险人数	万人	374.18	430.9	459.12	496.66

资料来源:《2013年福建省妇女发展纲要统计监测报告》、《福建省人力资源和社会保障主要统计数据汇编2013年》。

4. 工伤保险的扩面难度较大

我国工伤保险的覆盖人群已从过去的仅有国有企业职工能参保,扩大到了国有、集体、外资、私营等各类企业职工。但从福建省统计局的数据来看,2012年全省有231.58万女性职工参加了工伤保险,仅占当年全省劳动人口2568.93万人的9%;2013年参保女职工为239.49万人,仅比2012年增加了7.91万人,相对于全省劳动人口而言,增幅微乎其微。参保职工主要分布在国有企业、集体企业。由于缺乏有力的监督惩处机制,大部分的民营企业、私营企业、混合所有制企业虽已纳入工伤保险的覆盖范围,却是扩面的难点所在。

5. 贫困保障监管有待完善

福建省的贫困保障工作虽取得一定成效,但由于长期以来存在体系不完善、制度"碎片化"等问题,社会救助和社会福利工作均未出台相关法律法规，在实际工作中，只能以行政手段开展社会福利和社会救助工作，无法律强制保护措施，工作随意性较大、社会监管能力较差。例如，社会救助是对低收入人群的一项基本的普惠性工作，但在实际操作过程中，社会救助工作永远要服从当地经济工作，因此常常存在人员虚报现象，有的地方甚至存在"年度指标"，低收入人员轮流获得救助，而不是普遍获得救助。社会福利实施的方式则主要以向社会提供福利设施和服务为主，符合条件的社会成员才可以享受。在实际工作中也存在社会福利和社会救助该享受的享受不到，不该享受的却又享受的现象。

6. 农村女性的社会保障有待进一步落实

目前，我国农村社会保障制度刚刚起步，农村女性的各类社会保障常常受制于"乡规民约"。福建妇女出嫁后大多从夫居住，由于国家对村集体经济组织成员资格的认定标准不明确，且传统宗族利益关系对女性的排斥影响深远，使得在农村，包括城镇化后的城中村里，女性的村籍、地权、股权等都处在不稳定的位置，导致广大农村妇女的社会保障得不到有效落实。2012年起，福建省妇联《关于进一步规范完善村规民约维护农村妇女土地权益的意见》（闽妇〔2012〕109号），对全省各地村规民约进行了梳理，要求各地对乡规民约中与男女平等原则不相符的规定、带有性别歧视的条款予以修改废除，但由于涉及面广，特别是涉及宗族利益问题，在具体操作过程中阻力重重。

四 提升妇女社会保障水平的对策建议

从对福建省女性享有的社会保障分析来看，女性的社会保障水平还有较大的提升空间，为此，提出以下对策建议。

（一）努力消除性别歧视，促进性别平等

1. 培养全社会性别平等意识

性别平等意识应从小培养，这就需要建设一支高素质的教育队伍。建议对各级各类教育者和管理者进行正确的性别知识、性别意识教育和培训，使他们学会注重男女生的性别差异，改进教学方法，让包含性别平等教育的教学理念深入人心，使他们成为营造男女平等社会氛围的推动者。

2. 改善社会性别认识环境

对现有的文化体系和知识系统，以及家庭、学校和社会环境进行性别分析，修改和废除不符合性别平等公正的有关内容，努力营造男女平等的文化氛围；充分利用报刊、网络、影视平台的导向作用，倡导尊重女性人权、人格尊严和独立的存在价值，反对将女性客体化和商业化，让平等和谐的性别文化观念潜移默化深入人心，逐渐构筑性别平等的认识环境。

（二）进一步推进城乡统筹

在城镇化进程中，城乡统筹是各类社会保障制度发展的趋势，要针对城乡二元分割的局面，以保障人民群众获得最大利益为根本出发点，从构建社会保障的城乡衔接机制入手，积极探索城乡统筹的社会保障制度。

1. 积极推进社会保险的城乡统筹

2013年，福建省居民社会养老保险制度实现城乡一体化，参保率达96.8%，且有71.91%的县（市、区）建立了高龄补贴制度。虽然只是起步，但已迈出社会保障体系城乡统筹的可喜一步。可以以此为参照探索医疗保险、生育保险、失业保险的城乡一体化制度，建议从推进居民医保与新农合的统筹管理入手，推进医疗保险的城乡统筹，从扩大覆盖面入手，推进生育保险、失业保险等的城乡统筹。

2. 推进最低生活保障的城乡一体化

由于福建省各区域差异较大，不同地区的人对生活的标准认同感不一，《最低生活保障法》容易造成"一刀切"。建议借鉴《劳动法》的劳动基准规定，参照各地平均消费水平设计最低生活保障基准，各地区最低生活保障标准可以按照此基准予以具体确定。

（三）发挥制度保障作用，强化政府工作职能

《福建省女性工作生活幸福感现状》显示，收入与权益保障水平呈现明显的正相关，即收入越高表现出越高的满意度。收入越高，对自己的社会保障状况的满意度也就越高。收入与就业密切相关，因此在女性的就业保障方面应更加关注。

改进失业保险、工伤保险、生育保险缴费机制和奖惩措施，在降低企业负担的同时，增强企业参与的积极性，特别是生育保险方面，全社会都应该承担生育责任，政府更应在生育保险中发挥作用。要根据当前法律法规和有关规定，严格把关，强化企业办理失业保险、工伤保险、生育保险的监督管理，针对一些以完成一定期限任务或者短期营业的行业，建立临时人员缴费制度。可参照国外对"有期限事业"和短期项目的企业，如建筑行业，采用确定缴费绝对额方式让其缴费。同时，在办理施工许可、质量安全监督手续时予以严格把关，未办理工伤保险的，不予核发施工许可证，不予办理质量安全监督手续，不准开工建设等。并要求投保企业必须将投保的有关信息在醒目位置进行公示，告之被保险人，依法保护被保险人、受益人的合法权益。

(四)改进社会保障各类基金的支付方式,提高各类基金的使用效率

规范各类保险的保障项目,进一步提高社会保障水平,在控制好基金结余的情况下,做好医疗保险项目扩展、待遇优化和保障水平提高等工作,扩大参保女性免费妇科体检项目,提高基金使用质量和医疗保障水平;在生育保险方面,从《社会保险法》及国家即将出台的配套政策来看,不仅要降费率(<0.5%),还要增项目(职工未就业配偶的生育医疗费)、扩范围(从生育到计划生育手术)、提待遇(生育津贴+生育医疗费+分娩合并症、并发症等),建议出台相关省级政策条例使生育保险惠及全体女性,逐步提高女性生育费用的报销水平,最终实现参保人员在政策范围内生孩子不花钱的目标;以"保障生活、预防失业和稳定就业"为目标,扩大失业保险支出范围,特别关注因结婚、生育而主动辞职的女性群体及就业困难的女大学毕业生群体。

(五)关注女性养老问题

根据第六次全国人口普查报告,福建省女性的预期寿命为78.64岁,男性的预期寿命为73.27岁,女性的平均寿命较男性长了5.37年,并且以男长女幼、男主外女主内的传统模式结合的家庭占绝对优势。女性一旦失去家庭支撑,特别是那些缺乏独立收入来源的老年女性陷入贫困的风险会大大提高。第三期中国妇女社会地位调查数据报告显示,在65岁以上的老年妇女中有49.5%处于丧偶状态,比同龄男性高出29.1个百分点。换句话说,在每10个丧偶的老年人中,有近7个是老年妇女。因此,建议尝试建立遗属保险制度,即缴纳了一定年限社会保险的人员去世后,符合条件的遗属可以获取一定数额的津贴来保障家庭的基本生活需求，以此为失去家庭支撑的老年妇女提供避免陷入贫困的社会保障。

参考文献

第三期中国妇女社会地位调查课题组：《第三期中国妇女社会地位调查主要数据报告》，《妇女研究论丛》2011年第6期。

福建省妇女联合会：《2013年福建省妇女发展纲要统计监测报告》。

福建省统计局：《福建省统计年鉴》，2010～2013。

福建省妇女联合会：《福建省农村妇女两癌检查项目实施情况汇报》。

福建省人力资源和社会保障厅：《省人社厅2012年实施新两纲工作情况总结及2013年的工作思路》。

福建省人力资源和社会保障厅：《〈关于进一步加强生育保险工作的通知（讨论稿）〉的起草说明》。

福建省妇女儿童工作委员会：《福建省女性工作生活幸福感现状》。

福建省人力资源和社会保障厅：《福建省人力资源和社会保障主要统计数据汇编2010～2013年》。

褚福灵：《中国社会保障发展指数报告（2012）》，经济科学出版社，2013。

B.7
妇女与环境

高树芳*

摘　要：
本文分析了福建省2010～2012年三年来在妇女与环境领域的发展状况，总结了这三年来妇女与环境领域的实践成果和存在的问题，探讨了今后推动妇女与环境实现的策略措施。

关键词：
福建　妇女　环境

2011年福建省颁布了《福建省妇女发展纲要（2011～2020年）》（以下简称纲要），纲要继续把妇女与环境列为优先发展的主要领域之一，明确了妇女与环境领域的总目标为平等参与环境建设的决策和管理，妇女发展的社会环境和生态环境更为优化，切实提高妇女的幸福指数。本文就福建省2010～2012年这三年来妇女与环境领域的发展状况，对照纲要中妇女与环境领域的主要目标进行分析评价，总结这三年来妇女与环境领域的实践成果和存在的问题，探讨今后推动妇女与环境实现的策略措施。

---

* 高树芳，女，硕士，福建农林大学资源与环境学院环境工程系副主任、副教授。长期从事环境监测和土壤环境化学方面的教学和科研工作，并发表该方面的研究论文十余篇。

一 2010~2012年福建省妇女与环境领域的成就

(一)妇女的生存环境不断优化

福建省政府积极为妇女营造良好的生存环境,妇女的生存环境不断优化。三年来,福建省继续保持了水、大气和生态环境质量均为优良的态势,为海西发展提供了有力的生态环境支撑。主要表现在:水系和集中式生活饮用水源地水质状况保持优良,23个城市中有22个环境空气达到二级标准,森林覆盖率继续位居全国首位,生态环境状况指数继续保持在全国前列。

1. 大气环境质量

2010年以来全省城市环境空气质量继续保持优、良的水平,23个城市空气质量均达到或优于国家环境空气质量二级标准。根据全省发布的环境空气质量日报结果统计(见表1),2010年各城市空气污染指数(API)年平均值范围为55~71,设区市优、良天数比例96.9%;2011年各城市空气污染指数(API)年平均值范围为55~71,优、良天数比例为98.2%,较2010年上升了1.3个百分点;2012年各城市空气污染指数(API)年平均值范围为48~62,优、良天数比例为99.6%,较2011年又上升了1.4个百分点。

表1 城市空气污染指数(API)年均值

年份	各城市空气污染指数(API)年均值	设区市优、良天数比例(%)
2010	55~71	96.9
2011	55~71	98.2
2012	48~62	99.6

资料来源:《福建统计年鉴—2013》。

PM2.5指大气中直径小于或等于2.5微米的颗粒物,也称为可入肺颗粒物。空气中较大的颗粒物往往会被纤毛和黏液过滤,无法通过鼻子和咽喉。然而,小于10微米的颗粒物即可吸入颗粒物(PM10),可以穿透这些屏障达到支气管和肺泡,而且小于2.5微米的细颗粒物(PM2.5),更易吸附有毒害的物质如多环芳烃等有机污染物和重金属,使致癌、致畸、致突变的概率明显升高。由于体积更小,PM2.5具有更强的穿透力,可能抵达细支气管壁,并干扰肺内的气体交换,并引发包括哮喘、支气管炎和心血管病等方面的疾病。2012年2月29日,国务院常务会同意发布新修订的《环境空气质量标准》,要求2012年在京津冀、长三角、珠三角等重点区域以及直辖市和省会城市开展细颗粒物与臭氧等项目监测。福州、厦门作为第一阶段实施空气质量新标准的城市,2012年把PM2.5作为空气的常规监测项目。按照《环境空气质量标准》(GB3095-2012)评价,2012年福州市PM2.5年均值为0.040mg/m^3,达标天数比例为92.6%。厦门市PM2.5年均值为0.038mg/m^3,达标天数比例为97.1%。

2. 环境质量

全省水环境质量保持良好。主要河流和集中式生活饮用水源地水质保持优良;城市内河水质量有所改善。

从表2看出,2010年全省12条水域功能达标率为97.1%,较2009年上升了1.2个百分点。2011年水域功能达标率为96.5%,比2010年下降了0.6个百分点。2012年水域功能达标率为97.9%,较2011年上升了1.4个百分点,较2010年上升了0.8个百分点。

三年来,9个设区市的33个集中式生活饮用水源地水质达标率逐年上升,分别为90.9%、99.8%、100%,2011年较2010年上升了8.9个百分点,2012年全部达标。14个县级市的22个集中式生活饮用水源地水质达标率也逐年上升,分别为97.7%、

98.3%、99.2%，较上年分别提高了1.5个、0.6个和0.9个百分点。44个县城的集中式生活饮用水源地水质达标率2010年为98.8%，较上年提高了1.2个百分点；2011年96.5%，较上年下降了2.3个百分点；2012年为98.9%，比上年上升了2.4个百分点。

福建省各级政府有关部门积极采取措施，增加资金投入，加大了对内河的整治工作，内河的整治效果取得了明显的效果，改善了妇女的生存环境，提高了妇女的幸福指数。2010年以来，全省城市内河水质正逐年好转，2010年全省城市内河水域功能达标率为72.4%，比2009年提高了5.7个百分点，2011年和2012年全省城市内河水域功能达标率为71.3%和76.3%，2011年达标率略微有所下降，2012年比2011年上升了5.0个百分点，比2010年上升了3.9个百分点。

表2　主要河流和集中式生活饮用水源地水质达标率

单位：%

年份	12条主要水系水域功能达标率	全省城市内河水域功能达标率	9个设区城市的33个集中式生活饮用水源地水质达标率	14个县级市的22个集中式生活饮用水源地水质达标率	44个县城的64个集中式生活饮用水源地水质达标率
2009	95.9	66.7	95.2	96.2	97.6
2010	97.1	72.4	90.9	97.7	98.8
2011	96.5	71.3	99.8	98.3	96.5
2012	97.9	76.3	100	99.2	98.9

资料来源：《福建统计年鉴—2013》。

3. 城市垃圾和城市污水处理情况

随着城镇化进程的加速和城市人口的不断增加，城市生活垃圾和污水的产生量也呈增长趋势。生活垃圾和污水对环境的影响很大。一是垃圾和污水在常温下其中的有机物分解产生 NH_3、H_2S 及有害的碳氢化合物，具有明显的恶臭，危害人体。二是垃圾和污水中携带着大量的病原菌，有可能导致某些疾病的传播。福建省2010年以来的污水处理厂数从41座增加到51座，城市污水处理率也在逐年上升，从2010年的84.4%上升到2012年的85.6%。城市垃圾无害化处理率也从2010年的92%上升到96.4%。2011年，城市污水处理率为85.3%，比2010年提高0.9个百分点；城市垃圾无害化处理率为94.6%，比2010年提高2.6个百分点（见表3）。

表3　城市垃圾和城市污水处理情况

年份	城市污水处理率(%)	城市垃圾无害化处理率(%)	污水处理厂数(座)
2009	83.31	92.53	37
2010	84.4	92.0	41
2011	85.3	94.6	50
2012	85.6	96.4	51

资料来源：《福建统计年鉴—2013》。

三年来，福建省政府增加投入积极推进农村改水改厕工作，农村自来水和卫生厕所普及率逐年提高，有效地改善了农村妇女的生存环境。实施农村改厕工作是改善农村环境卫生，增强农民卫生意识和健康观念，预防疾病，提高妇女健康水平和生活环境质量的主要措施，农村卫生普及率是妇女儿童发展十年规划重点指标之一，同时也是新农村建设、创建卫生城市和环保模范城市的主要内容。2010年福建省农村卫生厕所普及率79.7%，比2009年提高了9.3个百分点，2011年农村卫生厕所普及率上升到85.5%，比2010年又上升了7.3个百分点。2011年农村自来水普及率87.6%，比2010年提高0.4个百分点；农村安全供水受益人口比例89.9%，比上年提高4.1个百分点；农村自来水普及率的不断提高缓解了农村妇女繁重的取水劳动，卫生厕所普及率的上升减少了她们的健康风险，农村妇女的生存条件得到了有效改善（见表4）。

纲要中的妇女与环境领域的两个可量化指标之一2011~2020年农村卫生厕所普及率85.5%，现在已经完成，另一个量化指标农村安全供水受益人口比例100%正在逐步接近。

表4 农村卫生厕所普及率和农村安全供水受益人口比例

单位：%

年份	农村卫生厕所普及率	农村安全供水受益人口比例
2010	79.7	85.8
2011	85.5	89.9

资料来源：福建省两纲监测统计资料。

4. 生态环境质量

福建省加快推进生态省建设，已将造林绿化列为"十二五"开局之年的重点项目建设战役之一。大力推进城乡绿化一体化"四绿"工程建设（"四绿"指绿色城市、绿色村镇、绿色通道、绿色屏障）。2010年3月福建省全面启动城乡绿化一体化"四绿"工程建设，妇女的生态环境质量进一步提高。

（1）森林覆盖率是衡量民众生态环境的核心指标。当前，全省森林面积766.67万公顷，森林覆盖率63.10%，森林覆盖率继续位居全国首位，生态环境状况指数继续保持全国前列。

（2）三年来，福建省人均住房面积和绿地占有率逐年提高。公园个数大幅度增加，并兴建了许多文体和休闲设施，妇女可利用的公共空间明显增加。与2009年相比，居民人均住房建筑面积都有一定程度的提高。2010年城市居民人均住房建筑面积38.5平方米，比2009年增加了2.7%，2011年城市居民人均住房建筑面积

37.9平方米,比2010年下降了1.6%,2012年城市居民人均住房建筑面积38.2平方米,比2011年增加0.8%。农村居民人均使用住房面积2010年47.54平方米,比2009年增加了1.7%,2011年49.82平方米,比2010年上升4.8%,2012年增加到50.80平方米,比2011年又增加了2.0%。公园的个数每年都在大幅度地增加,2012年达到495个,比2009年增加了41.8%,人均公园绿地面积从2009年的10.51平方米增加到2012年的12.10平方米,增加了15.1%。人均住房面积和绿地占有率的增加,极大地提高了妇女的生存环境、生活质量和幸福指数。

表5 人均住房建筑面积和绿地占有率情况

年份	城市居民人均住房建筑面积(m^2)	农村居民人均使用住房面积(m^2)	城市绿化覆盖面积(公顷)	公园个数(个)	人均公园绿地面积(m^2)
2008	37.5	46.13	62202	313	10.42
2009	37.5	46.76	50590	349	10.51
2010	38.5	47.54	55914	392	10.99
2011	37.9	49.82	57984	451	11.72
2012	38.2	50.80	62054	495	12.10

资料来源:《福建统计年鉴—2013》。

(二)妇女发展的社会环境进一步优化

1. 省政府采取各项措施积极创造有利于性别平等与妇女发展的社会环境,社会对妇女的偏见和歧视在逐步消除

福建省进一步加大了男女平等基本国策的社会宣传力度。主要通过在报纸上发表文章肯定妇女在经济社会各领域的作用和贡献;通过电视、广播等新闻媒体播出展示妇女风采的节目和报道;通过发放资料、张贴标语及张贴宣传画报等宣传途径来倡导性别平等,阐述性别平等对社会发展的意义。

2. 省妇联联合省组织部、省科技厅、省公务员局、省人才资源开发办公室、省科协5部门出台了福建省支持女性人才成长的十项措施

具体是：①将女性申请青年科技项目基金的年龄从35岁放宽到38岁。这项措施让女性科研人员既能安心生育，又不影响产后的科研事业。②为鼓励女性从事自然科学，设立了扶持女博士专项资金。从2012年1月起，对来闽科研或企业单位从事创新创业工作的自然科学女博士，对其在科研或创新创业方面有潜力的优秀人员，给予一定的经费扶助支持。③鼓励社会力量设立女性科技人才创新创业奖励基金，支持和奖励女性科技人才创新创业。④加快建立科技领域女性相关数据的统计指标体系，建立和完善女性科技人才数据库，加强对女性科技人才资源的统计和评估。政府有关部门和妇女组织要积极开展对女性科技人才相关问题的调查研究工作，加强女性科技人才的成长政策研究。⑤切实落实县（处）级女干部和女性高级专家退休年龄的规定。凡身体能坚持正常工作、本人自愿的，可到60周岁退休。⑥鼓励女性科技人才在各类科技管理和决策机构中，参与政府各类科技项目的咨询和评审工作，逐步提高女性专家的数量和比例；各类学术组织、科学技术社会团体要增加女性理事、会员或代表的比例；在国家重大科研项目和重大工程实施、重点创新基地建设中，增加女性科技人员的参与程度。⑦组织实施的各类人才工程、人才项目和科技计划要向女性科技人才倾斜，同等条件下优先支持女性科技人才；科研机构、高等学校等承担的政府科技计划项目要充分吸纳女大学生和研究生参与；各类机构在科研岗位招聘中要依法保障女大学生和研究生的平等参与竞争的权利，同等条件下优先聘用女性应聘者；科研机构、高等学校等机构中的女性科技人才比例要明显增长；政府部门组织的各类继续教育培训中,要保证一定比例的女性科技人才参与。加大对女性科技人才的培养。⑧鼓励女学生的科学兴趣。中小学校和科技场馆及其他各类科普教育基地开展的科学普及活动中要提高中小学女学生的参与度。鼓励和支持女学生积极参与各类中小学生科技竞赛活动。积极组织女性科学家走进校园与女学生交流从事科研工作的人生体会,着力培养女学生的科学兴趣和对科学研究职业选择的愿望。⑨积极为女科技人才排忧解难。各级妇联和有关部门要大力推动家政服务业的发展,积极探索开办托儿所、午餐托管和四点钟学校的试点,努力减轻女科技人才的家庭负担,为女科技工作者解除后顾之忧。⑩大力宣传表彰优秀女科技人才。加强对优秀女科技人才的宣传和激励,共同营造推进女性科技人才队伍建设的良好氛围。

10项政策的出台,为女性知识分子的发展提供了广阔的发展空间,将进一步加强女性科技人才的队伍建设,促进女性人才的成长与发展。

(三)省妇联等有关部门通过多条途径使妇女积极参与环境保护,努力发挥妇女在环境保护中的作用

妇女作为日常家庭生活的主要承担者,对环境的变化有着极为细腻的感应。妇女与环境有着天然密切的联系。我国政府非常重视研究妇女与环境的内在联系。1994年,首届中国妇女与环境会议在北京召开,会议发表了《中国妇女环境宣言》。宣言指出:"保护环境是全人类的共同事业,也是妇女应尽的义务,有必要对妇女运动的发展战略和妇女解放思想进行变革和充实,以期建立符合人类社会现代文明思想和可持续发展的道德观念、价值标准和行为方式,为当代及后代人的生存和发展创造更加有利的条件。"之后,全国就逐渐开展旨在提高妇女环境意识,普及保护环境知识的宣传

教育活动，动员妇女参与环境事业。

另外，妇女承担着繁衍后代的神圣使命，孕育后代的天职使她们更加关心后代的健康与安全。同时作为母亲，承担着抚养、教育子女的重要责任，也是向后代进行环境教育的最佳人选。因此，为了自身，为了家人，更为了整个人类的可持续发展，妇女为环境保护必须作出积极的努力。

福建省2010年总人口3689万人，其中女性1791万人，占福建省人口总数的48.55%。妇女是环境保护的半边天，也是解决环境问题的一支重要力量。近年来，省妇联通过多条途径使妇女积极参与环境保护，努力发挥妇女在环境保护中的作用，在推动社会可持续发展进程中发挥着越来越重要的作用。

1. 重视对妇女干部环保意识的培训

妇女是我国也是全球解决环境问题的一支重要力量，自1995年第四次世界妇女大会在北京召开以来，联合国开发计划署支持中国环境科学学会开展了"中国可持续发展进程中女市长与女乡镇企业管理者能力建设"项目，对女干部进行环保专题培训是其内容之一。由联合国开发计划署（UNDP）和中国环境科学学会主办，福建省委组织部、省环保局、省妇联共同承办的UNDP"妇女与环境"第10期培训班暨福建省"县处级女干部、乡镇企业女管理人员可持续发展知识培训班"，在厦门召开，来自全省各地近60名女干部和女企业家参加了培训。此次培训的主要内容有：可持续发展与当前环境热点问题、环境污染与妇女健康、生态学知识与中国的生态问题、环境法规与环境管理以及妇女参与环境保护的具体行动等。旨在进一步提高妇女的环境意识，使她们不断增加环境知识，提高环境管理能力，增强自身的责任感和紧迫感，在工作岗位上和生活中自觉带动周围的人，推动福建省环保事业的发展。

2. 全省各级妇联积极推进"妇女之家"建设

"妇女之家"作为妇联组织参与社会管理和公共服务的重要平台，在促进和谐、开展活动等方面起着重要的作用。各级妇联积极探索规范"妇女之家"管理，发挥"妇女之家"作用的有效方式，积极将"妇女之家"建设成为广大妇女的宣传教育中心、维权服务中心、学习培训中心和文体活动中心，努力把妇联组织建设成为党开展妇女工作的"坚强阵地"和广大妇女群众信赖和热爱的"温暖之家"。截至2010年12月30日，全省14414个村和2154个社区已全部建立"妇女之家"，全省实现100%全覆盖。

3. 2010年，福建省各级妇联组织积极开展"低碳家庭·时尚生活"主题活动，向广大家庭发出关于"低碳家庭从我做起"的倡议

全省各级妇联采取多种形式，如通过编发宣传折页、张贴标语、悬挂横幅、展示家庭环保点子及节能环保作品、现场知识问答等，使节能减排工作走进社区，深入家庭。厦门市、泉州市妇联通过自办的网站和刊物，向社会征集家庭节能减排金点子、小窍门。尤溪、古田等地把"低碳家庭·时尚生活"主题活动纳入妇女干部培训班内容，要求妇女干部率先做低碳经济的实践者和宣传员。建阳市妇联组织30多名环保志愿者骑自行车到西藏，并举办环保图片展，宣传低碳出行的公益理念。厦门、莆田、南平等地成立家庭生活节能减排专家讲师团、绿色家庭主妇节能减排经验宣讲团和生态文明女子军团，通过举办环保知识讲座、举行"建设生态家园"演讲比赛和征文比赛等形式，来开展宣传咨询活动。福州、厦门和宁德市举办了"低碳行动，从我做起"签名活动、环保小工艺品展示、环保书画现场彩绘、低碳环保手抄报展示、环保购物袋彩绘展示等系列活动，引导青少年增强低碳意识、践行低碳理念。此外，各地还纷纷开展家庭低碳档案试点和"低碳生活创新明星"评选工作，精心选树典型，培训典型，用典型的力量引导和教育广大家庭加入到低碳生活的队伍中。如宁德市选出了变废为宝、收集旧时农耕工具展示地方文化的李屏平家庭、十五年如一日义务保洁的 75 岁退休老干部章允芳，致力植树造林、保护生态的黄垂贵，投入百万元实现污水零排放的黄珠妃，打造"猪-沼-作物"三位一体循环生态体系的畲家养猪"女状元"雷银铃等一批身边的"低碳"节能明星家庭和个人。龙岩市开展了"低碳家庭·时尚生活"主题实践活动启动仪式，举办了低碳生活相关讲座 15 期，张贴宣传标语 56 条，专栏 19 期。发放宣传手册 2000 余本、环保袋 5000 个。南平市光泽县司前乡妇联紧紧围绕新农村建设要求，积极引导妇女发展"巾帼生态庭院经济"，抓好沼气池建设，大力改善了农村家庭生活环境。

面向广大妇女和家庭，开展低碳知识宣传，倡导家庭实行低能量、低消耗的低碳生活方式，树立一批绿色家庭和绿色生活典范，带动更多的妇女和家庭承担起绿色环保责任，推进节能减排家庭社区行动，促进社区、家庭垃圾减量和垃圾分类，营造共同维护整洁、优美、和谐、有序的城市生活的良好局面。

4. 2011 年 3 月省妇联举行"我爱我家——家庭清洁行动"启动仪式

要求全省广大妇女群众要积极行动起来，清理垃圾乱倒、污水乱排、杂物乱堆、畜禽乱放等，做到家庭窗明几净、环境净化美化，使城乡环境卫生面貌得到全面改观。要求全省城乡妇女积极行动起来，以"家"为中心，开展"我爱我家——家庭清洁行动"，不断改善福建省城乡环境卫生面貌，改善家庭环境卫生面貌，提高城乡妇女的幸福指数、健康卫生意识、精神文明水平。广大妇女积

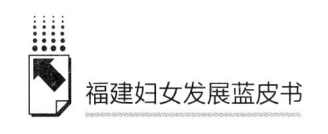

极参与环境综合整治。妇女走上街头，清扫路面垃圾，铲除路边杂物，清除电线杆上的"牛皮癣"，捡拾绿化带里的垃圾。妇联干部向过往行人发放家园倡议书多份，号召广大妇女积极参与，迅速行动起来，用智慧和才能、辛勤和汗水，共同为保护环境出一份力。

5. 2012年，省妇联在全省开展"大造巾帼林，绿美富家园"活动

这次活动的主要内容：一是动员全省广大妇女每人认捐或认植一棵树；二是在长汀等22个水土流失重点县建"巾帼林"示范园；三是对水土流失区域农村妇女植树造林创业项目优先给予妇女创业小额贷款扶持；四是组织"巾帼文明岗"、女企业家、机关妇委会与水土流失区域的行政村建立对接帮扶机制，鼓励引导农村妇女发展生态农业。2012年3月13日，福建省、福州市妇联率先组织各界巾帼志愿者前往长乐市漳港镇，参加义务植树活动，共栽种树苗2000多棵。此次活动旨在带动更多的妇女投入造林绿化活动，同时号召农村妇女把村镇作为义务植树的新战场，投身到新农村的绿化建设中来，增强全省妇女的绿化意识和生态意识，为加快建设优美、和谐、幸福的家园作出贡献。

（四）妇女积极投入到环境保护中，为保护环境尽自己的一份力

1. 在工作中，倡导保护环境、节约资源

随着社会的不断发展和妇女地位的不断提高，越来越多的妇女走入职场，成为职业妇女。妇女把她们节俭的美德带到工作中，在工作中节约用纸，并且尽可能对纸张再利用与回收，在节约资源方面发挥着重要作用。

2. 在生活中，妇女积极倡导低碳生活，做低碳生活的先行者

妇女是日常生活的主要操作者，为保护环境、节约资源，她们逐渐选择一种低消耗、低污染、符合可持续发展的生活方式。为减少"白色污染",很多妇女用布袋购物;为抵制破坏环境的产品,优先购买环保绿色产品,选用无磷洗衣粉和无氟电器;为节约水资源,随手关紧水龙头;为节约用电,尽量使用节能灯;等等。妇女在家庭中积极开展种植花草等系列低碳活动,营造优美生活环境,享受绿色时尚生活,从家庭做起、从点滴做起,为形成节约能源资源和保护生态环境的生活理念、消费模式,为发展绿色经济、低碳经济贡献着自己的力量。

二 存在的问题

(一)妇女的环境意识仍较薄弱

妇女在环境保护中起着非常重要的作用。一方面,女性的环保贡献主要体现在日常生活中。她们是家庭管理、购物、消费的主体,也是决定家庭生活方式的主体。另一方面妇女环境意识和消费行为的优劣不仅影响当代,也影响到下一代在环境保护方面的思想意识和行为方式。如果每一个母亲在生活中养成保护环境的好习惯,那么她们的这种行为可潜移默化地提高子女的环保意识,增强下一代保护环境、热爱自然的自觉性。这关系到人类社会未来的环境状况,决定着人类社会的可持续发展。

虽然经过多年的宣传,妇女的环境意识有所提高,但整体来看,尤其是农村妇女,文化程度普遍较低,"重经济,轻环保"的观念根深蒂固,环境意识还相当薄弱,多数妇女没有养成保护环境的生活习惯。在农村,由于生活垃圾收集处理系统不完善,乱堆乱放、倾倒、焚烧等现象仍然存在,严重破坏了农村妇女的生存环境。目前,很多地方出现了"农业女性化"的现象,妇女独自承

担施肥、喷洒农药等田间管理。但由于环保意识的缺乏，普遍存在化肥和农药的过量使用，从而破坏了生态环境。如果妇女有较强的环保意识，将会有效减少农药、化肥的用量，减少农业生产对环境的负面影响。因此，今后要采取多种措施提高妇女的环保意识。

（二）忽视了农村女性在全球气候变化、生态环境保护上的重要作用，忽视了农村女性在减少农业污染，实现农业可持续发展中的作用

全球气候变化、生态环境保护已是国际社会最关注的热点问题之一，在气候变化和自然灾害面前，需注意妇女在全球气候变化中所受的影响，重视妇女在应对全球气候变化、环境保护中的重要作用。人类活动排放大量温室气体并导致全球变暖已是不争的科学事实。2009年在丹麦哥本哈根召开的联合国气候变化大会上，国际社会达成了将全球气温升幅控制在2℃的共识。一直以来，人们把工业看成是温室气体的主要排放源，对农业温室气体的排放重视不够。其实，农业是温室气体排放的一项重要来源。从全球来看，农业温室气体的排放量大约占全球温室气体排放总量的14%，主要排放的是甲烷和氧化亚氮等温室气体。2010年，全球农业领域的温室气体排放总量为46.9亿吨二氧化碳当量，在1990年的水平上增长了13%。农业活动释放的温室气体主要是一氧化二氮、二氧化碳和甲烷。甲烷通常是在农作物、牲畜饲料或粪便等有机物无氧分解的过程中产生的，占农业总排放量的50%左右。反刍动物（猪、牛、羊等）的肠道发酵是最大的甲烷排放源，也是整体农业排放的最大来源。种植水稻，因土壤长时间被水淹没，形成厌氧条件，也可产生并排放甲烷。二氧化碳则是土壤中的有机物有氧分解时释放出来的。在农业领域，二氧化碳最大的排放源是"有机土壤"的排水和耕作，包括湿地、泥炭地、泥塘或者富含有机物质的沼泽。当出于种植目的而对这些地区进行排水时，土壤中的有机物就会快速分解，释放出二氧化碳。一氧化二氮是土壤和粪肥中的氮被微生物分解所产生的一种副产品。当土壤中的氮含量超过植物生长需求时，一氧化二氮的产量就会特别高，这种情况通常是由于使用富氮复合肥料造成的。一氧化二氮在农业温室气体排放量中所占的比例约为36%。农田过量施用氮肥，造成土壤中的氧化亚氮排放。

在中国，农业污染占全国污染总量的1/3～1/2，农业污染已经严重影响到我国的可持续发展。从2010年2月6日我国环境保护部、国家统计局、农业部联合发布的《第一次全国污染源普查公报》中，可发现农业源排放入水体的总氮和总磷分别占到两种水污染物总量的57%和67%。因此，农业已经成为水体氮磷两大污染物的主要来源。水体氮磷的农业污染源主要来自种植业和畜禽养殖业。种植业污染主要是农业化学品的不合理及过量使用，养殖业主要是禽畜废弃物未经处理直接排放造成的。

很明显，如果妇女在农业生产中科学选择种植、养殖品种，合理使用农药、化肥，实施有机农业，就可以有效减少农业温室气体的排放量，减少农业污染，从而有利于保护生态环境，有助于农业可持续发展的实现。

三 今后努力的方向

我们也应清醒地看到，全省环境形势仍不容乐观，环境保护面临的压力依然很大，经济社会发展与资源环境压力不断加大的矛盾仍比较尖锐，环保工作还面临不少困难和问题。维护生态环境安全、促进人与自然的和谐发展任重而道远。

（一）继续加强宣传，进一步提升妇女的文明素质和环保意识

1. 积极发挥"妇女之家"的作用。随着生活水平的提高，人们对生活环境的要求也在不断提高。"妇女之家"可通过进行环保知识普及讲座，大力宣传环境保护教育方面的培训，提高居民的环境保护意识。"妇女之家"也可以通过举办环保活动带动居民一起行动，在保护环境的同时，也提高了居民自觉保护环境的意识。

2. 在农村，充分利用广播、板报、标语等各种手段，搞好环境保护和生态村建设知识的普及，加大宣传力度，强化村民的环保意识，使环境保护、生态建设在农村得到广泛宣传，深入人心。

3. 改善和加强媒体对妇女参与环境保护工作的宣传力度和方式。加强环境保护的宣传力度，深化宣传内容，加强环境科学的基础教育；在继续发挥政府在环境保护事业中的权威作用的同时，调动非政府的民间力量，发挥其在环境保护中的监督作用。

（二）进一步发挥妇女在环境保护中的重要作用

1. 提高妇女参与环境保护及决策的程度。《中国妇女发展纲要（2011～2020年)》提出要"组织动员妇女积极参与生态建设和环境保护。开展多层次、多形式的生态和环境保护宣传教育活动，增强妇女生态文明意识，提高妇女参与生态建设和环境保护的能力"。因此，我们应提高环境保护机构和组织中的女性比例，增加妇女在环境保护领域中的决策管理人员的比例，这样妇女就有机会参与到环境项目的决策和管理中，从而确实加强妇女在环境保护及决策中的参与和必要领导，充分发挥妇女在环境保护中的作用。

2. 引导妇女在生产领域中发挥环境保护的作用。妇女在生产中应兼顾环境保护的要求，自觉地抵制和改变对环境有害的生产方式，尤其是防治农业化学污染，发展生态农业、绿色农业，不以破坏生态环境为代价换取经济效益的提高。对环境保护与经济效益的关系应有更清醒的认识，不再局限于眼前的局部的利益，树立全面的、发展的、科学的生产观。

3. 注重妇女在生活消费领域的环境保护作用。低碳生活可以让我们的身体更健康，环境更优美，开销更少，不仅减轻自身的压力，也减轻了地球的压力。妇女在生活过程中应积极践行文明、科学、健康的低碳生活方式。全省妇女从我做起，从每个家庭做起，让环境保护意识体现在日常生活的小事中。生活中节约能源，实行垃圾分类，抵制有污染的洗涤用品，不往河流扔垃圾和污物，用布袋代替塑料袋。全省妇女继续抵制白色污染，重拎布袋子，人人行动起来，营建绿色家庭，以实际行动减少日常生活的碳排放，推动建立以绿色出行、绿色健身、绿色消费等为主要内容的健康文明生活新方式。

（三）在应对气候变化方面，通过宣传或培训，使妇女在农业生产中科学选择种植、养殖品种，合理使用农药、化肥，实施有机农业，减少化肥和农药的使用量，减少温室气体的排放

减少农业温室气体排放的措施：一是合理施肥，提高氮肥等肥料的利用率，从而减少温室气体氧化亚氮的排放。有资料表明，化肥使用后，只有大概1/3被植物吸收，1/3残留于土壤，1/3通过硝化和反硝化等过程变为氧化亚氮挥发到大气中。因此，氮肥利用率的提高，可以减少农业温室气体氧化亚氮向大气中的排放。二是禽畜废弃物不能直接排放。禽畜废弃物可向大气中释放甲烷，甲烷是比较强的温室气体，它的温室效应是二氧化碳的21倍。应鼓励

农民把废弃物资源化，农用沼气是较好的一项农业工程，它能把废弃物转化为甲烷，甲烷作为能源可供农户使用，不仅帮农户节约了煤和电，更重要的是减少了温室气体甲烷的排放。三是提高饲养牲畜（尤其是反刍牲畜）的饲料效率。牛、羊、骆驼等反刍牲畜在反刍的生理过程中会产生甲烷，如果提高这些动物的饲料效率，就能一定程度地减少甲烷的排放。因此，我们要积极采取各种有效措施，使农村妇女掌握科学的种植、养殖及施肥技术，这对减少温室气体的排放有重要的作用。

参考文献

福建省妇女儿童工作委员会：《福建省妇女发展纲要监测统计报告》，2011~2012。

福建省统计局：《福建统计年鉴—2013》。

福建省妇女儿童工作委员会：《福建省妇女发展纲要（2011~2020年）》。

《环境空气质量标准》（GB3095-2012），http://www.zhb.gov.cn/。

《福建十项措施支持女性人才成长》，中华女性网，http://www.china-woman.com/。

《福建省村和社区妇女之家建设实现全覆盖》，福建妇联新闻，http://www.fjsen.com/women。

《福建省举行"低碳家庭·时尚生活"主题活动启动仪式暨海峡姐妹营建"海峡姐妹林"义务植树活动》，福建妇联新闻，http://www.fjsen.com/women。

贾莉：《妇女——环境保护的生力军》，《环境科学与管理》2008年第2期。

蒋爱群、冯英利：《农村妇女在农业生物多样性中的作用、困境与出路》，《中国农业大学学报（社会科学版）》2011年第4期。

《全省妇联组织妇女开展"大造巾帼林,绿美富家园"活动》,福建妇联新闻,http://www.fjsen.com/women。

《省妇联启动我爱我家——家庭清洁行动》,http://www.fujian.gov.cn/。

喻雪红:《妇女与环境保护》,《新疆环境保护》2002年第3期。

B.8 妇女与法律

蒋 月[*]

摘　要： 2011~2013年，福建省在妇女与立法、妇女与政治权利、妇女与人身自由保护、妇女与财产法、妇女与劳动法、妇女与社会保障法、妇女与婚姻家庭法七个方面发展，显示了妇女的地位变化和权利保护方面取得的进步。修订实施了《福建省人口与计划生育条例》等地方立法，妇女政治参与的比例有所提高，城乡妇女购买动产的能力提升，拥有动产数量和类型增多，城镇单位女性从业人数逐年提高，妇女享有结婚自由、离婚自由；建立了婚姻家庭纠纷人民调解工作机制等。但依然存在不鼓励女性参与政治和社会公共事务管理的传统意识较强、暴力侵害妇女人身权益的犯罪数量不小、家庭暴力现象较严重、女性就业时常遭遇隐性歧视等主要问题。本文提出了采取各种措施鼓励促进女性更多地参政议政、消除就业中的性别歧视、努力提高妇女的权利意识和维权能力等对策建议。

关键词： 福建　妇女　法定权利　实现状况　存在问题　对策建议

---

[*] 蒋月，厦门大学法学院教授，博士生导师，主要学术兴趣领域：婚姻家庭法、劳动法与社会保障法、妇女/性别研究。

在我国，妇女享有与男性平等的法律地位，"妇女在政治的、经济的、文化的、社会的和家庭生活等各方面享有同男子平等的权利"；"国家保护妇女的权利和利益"。我国已形成以《中华人民共和国宪法》有关规定为依据，以《中华人民共和国妇女权益保障法》为基础，包括《中华人民共和国婚姻法》、《中华人民共和国继承法》、《中华人民共和国刑法》、《中华人民共和国母婴保健法》[①] 等多部单行国家法和以有关法案规定为依托，涉及中央政府部门规章、地方法规等相关规定的保护妇女权益和促进男女平等的法律体系。《中国妇女发展纲要（2011～2020年）》提出了妇女与法律领域的7个方面主要目标和16项策略措施。《福建省妇女发展纲要（2011～2020年）》提出了妇女与法律领域的7个主要目标，即促进男女平等和妇女发展的法规体系进一步完善；妇女依法维护自身权益的意识和能力不断增强；严厉打击强奸、拐卖妇女等严重侵害妇女人身权利的犯罪行为；预防和制止针对妇女的家庭暴力；保障妇女在婚姻家庭关系中的财产权益；保障妇女依法获得法律援助和司法救助；保障农村妇女在村民自治中的合法权益。福建纲要针对妇女权益保障中的突出问题，提出了15项策略措施，如不断完善保障妇女权益的地方性法规体系；保障妇女有序参与立法；支持和配合各级人大开展对维护妇女权益相关法律法规的执法检查；广泛深入宣传保障妇女权益的法律法规；加强社会性别理论培训；提高妇女在司法和执法中的影响力；严厉打击组织、强迫、引诱、容留、介绍妇女卖淫等犯罪活动；加大预防和打击拐卖妇女的工作力度；预防和制止针对妇女的家庭暴力、性骚扰；维护婚姻家庭关系中的妇女财产权益；维护妇女在司法活动中的合法权益；依法为妇女提供司法救济、法律援助；维护农村妇女在村民自治中的合法

---

① 本部分后续援引现行国家法案时，均省略法案名称中的国名，使用简称。

权益等。本文从妇女与立法、妇女与政治权利、妇女与人身自由保护、妇女与财产法、妇女与劳动法、妇女与社会保障法、妇女与婚姻家庭法七个方面阐述福建省妇女与法律的情况，既阐明2011～2013年三年间取得的进步，又探讨存在的主要不足或问题，提出了改进的对策建议。

一 妇女与立法

立法为权利的保障提供基本依据。2011～2013年，国家和有关机构颁布实施了若干与妇女权益保护密切相关的法案。福建省根据宪法和有关法律规定，结合本省实际情况，颁布实施了若干保障妇女合法权益的地方法规。

（一）有关妇女之立法

1. 新颁布实施的有关妇女的全国性法律法规和规范文件

这三年间，国家及有关部委或机构新颁布实施的涉及妇女的法律法规和规范性文件较多。

（1）《社会保险法》。第十一届全国人民代表大会常务委员会第十七次会议于2010年10月28日通过《中华人民共和国社会保险法》。该法于同日公布，并自2011年7月1日起施行。根据该法，我国强制实行社会保险制度，包括基本养老保险、基本医疗保险、工伤保险、失业保险、生育保险五种类型的社会保险，建立起覆盖城乡居民的社会保障体系。强制用人单位、劳动者、居民参加社会保险，通过享有社会保险待遇提高抵御社会风险的能力。

（2）刑法第八修正案。2011年2月25日第十一届全国人民代表大会常务委员会第十九次会议通过《中华人民共和国刑法修正案（八）》，该修正案自2011年5月1日起施行。此次修正中，明文涉及性别的条款主要有四条：一是修订《刑法》第50条，规定对被判处死刑缓期执行的累犯以及因故意杀人、强奸等犯罪被判处死刑缓期执行的犯罪分子，人民法院根据犯罪情节等情况可以同时决定限制对其减刑。二是修订第72条，对于被判处拘役、三年以下有期徒刑的犯罪分子，同时符合法定条件的，可以宣告缓刑，对其中不满十八周岁的人、怀孕的妇女和已满七十五周岁的人，应当宣告缓刑；这体现了人性关怀。三是对《刑法》第81条的修订，对累犯和因故意杀人、强奸等犯罪被判处十年以上有期徒刑、无期徒刑的犯罪分子，不得假释。四是修正第358条第3款，加重惩处为组织卖淫的人招募、运送人员或者有其他协助组织他人卖淫行为的人。

（3）职业病防治法修正案。2011年12月31日，第十一届全国人民代表大会常务委员会第24次会议审议通过了《关于修改〈中华人民共和国职业病防治法〉的决定》，同日第52号国家主席令公布实施。该修正决定就职业病的定义、管理机制，包括工会在内的有关主体的职责等作了新规定。

为便于贯彻实施职业病防治法修正案，2013年12月23日，国家卫生计生委、国家安全监管总局、人力资源社会保障部、全国总工会联合印发《职业病分类和目录》，并于发布之日起实施。原国家卫生部和原劳动保障部于2002年4月18日联合印发的《职业病目录》于同日废止。

（4）《女职工劳动保护特别规定》。2012年4月18日国务院第200次常务会议通过《女职工劳动保护特别规定》。同年4月28日，第619号国务院令公布该规定，并自公布之日起实施。同时废止了1988年7月21日国务院发布的《女职工劳动保护规定》。该特殊规定是为了减少和解决女职工在劳动中因生理特点造成的特殊

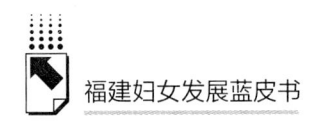

困难，保护女职工的健康而制定的。新规定还将《女职工禁忌从事的劳动范围》作为其附录，收入其中。该规定出台后，意味着对女性劳动者的特殊照顾制度更加规范化。

（5）老年人权益保障法修正案。根据我国人口老龄化、"未富先老"的国情和家庭结构变化与功能弱化的情况，2012年12月28日第十一届全国人民代表大会常务委员会第三十次会议修订了《老年人权益保障法》。该修正案于2013年7月1日起施行。修改案主要有五方面新内容：一是贯穿"积极老龄化"理念；二是建立养老服务体系，涉及社会服务、社会优待、家庭赡养与扶养；三是设专章规定老年宜居环境建设；四是设立老年人监护制度；五是弘扬敬老、养老、助老的美德。既大力发展养老保障、养老服务，充分保障老年人享有各项合法权益，又重视老年人的社会参与，使老有所为，促进老有所乐。

（6）消费者权益保护法第二修正案。2013年10月25日，第十二届全国人民代表大会常务委员会第五次会议通过《关于修改〈中华人民共和国消费者权益保护法〉的决定》，第二次修正《消费者权益保护法》。根据国人消费方式、消费结构和消费观念的变化，就规范和保护网购消费、确保消费者信息安全、保障消费者的退货权、化解维权时"举证难"等消费者普遍关心的问题作了新规定。

（7）最高人民法院《关于适用〈中华人民共和国婚姻法〉若干问题的解释（三）》。2011年，最高人民法院印发《适用〈中华人民共和国婚姻法〉若干问题的解释（三）》（以下简称《适用婚姻法解释三》）。针对婚姻关系存续期间财产分割、离婚时房产归属与分割等近些年来婚姻家庭领域争议较大的若干问题，该司法解释作出了明确、具体的规定。这些裁判规则特别是其中有关夫妻财产关系处理的新规定，既承认妇女独立、平等，体现了男女平等的精神，有利于促进女性的独立，又因其仅仅强调有形财产上的

"对等"、"对价"而未涉及无形财产或家庭人力资源贡献之价值，在一定程度上忽略了农村妇女群体、低收入妇女群体的生存发展之特殊性，从而引起了较广泛的争议，被认为有夫妻共同财产分配不公之嫌，[①]也易导致农村妇女离婚后住房权难以获得保障之弊。

此外，第十一届全国人民代表大会常务委员会于2012年把反家庭暴力法列入其立法预备项目。2013年，第十二届全国人大将制定反家庭暴力法纳入了立法规划。

2. 福建省有关妇女权益的地方立法

（1）《福建省实施〈中华人民共和国残疾人保障法〉办法》。为更好地促进《中华人民共和国残疾人保障法》在福建省的全面实施，福建省人大将制定《福建省实施〈中华人民共和国残疾人保障法〉办法》纳入立法范围，广泛调研、精心论证、多方协调。2011年12月2日，福建省第十一届人民代表大会常务委员会第二十七次会议通过并公布了《福建省实施〈中华人民共和国残疾人保障法〉办法》，自2012年2月1日起施行。该办法从预防与康复、教育、劳动就业、文化生活、社会保障、无障碍环境、法律责任等方面，细化了《残疾人保障法》的规定，保障包括女性残疾人在内的残疾人群体的合法权益。

（2）人口与计划生育条例修正案。2012年，福建省人民代表大会常务委员会通过了修订后的《福建省人口与计划生育条例》，修改了福建省多项计划生育政策。新条例对妇女权利有重大影响。该条例取消了生育第二胎应当间隔四年的规定，使妇女对生育时间的选择更自由。针对未婚生子的情况，规定除多生育外，对生育时达到法定婚龄的，被告知征收社会抚养费3个月内补办结婚登记

---

① 闫君：《婚姻法司法解释三对妇女权利的利弊分析》，《法治博览》2013年第2期，第241页。

的，免予征收。它鼓励已经未婚生育子女的当事人双方在限定时间内履行结婚登记，既有利于未婚生育的女性进入婚姻，使其权利得到《婚姻法》保护，更有利于未成年子女的抚养教育。

（3）关于女性参与基层民主管理的立法。2012年，新修订《福建省实施〈村民委员会组织法〉办法》和《福建省村民委员会选举办法》，明确规定，村民委员会由主任、副主任和委员共3～7人组成，成员中至少有1名妇女成员等。女性名额的规定使得保障女性参与基层民主管理法律更具刚性。

（4）《福建省实施〈农村五保供养工作条例〉办法》。2012年12月4日省人民政府第102次常务会议通过《福建省实施〈农村五保供养工作条例〉办法》，自2013年2月1日起施行。该办法规范了农村五保供养工作，明确了供养对象、供养内容、标准形式、供养服务机构、经费保障和监督管理、罚则等内容，保障农村五保供养对象的正常生活，完善农村社会保障制度。凡年满60周岁的老年村民、残疾村民或者未满16周岁的村民，无劳动能力、无生活来源又无法定赡养、抚养、扶养义务人，或者其法定赡养、抚养、扶养义务人无赡养、抚养、扶养能力的，享受农村五保供养待遇。供养标准由设区的市或者县级政府按照不低于当地农村居民家庭上年度人均生活消费支出的70%确定。属于农村五保对象的妇女将从中受益。

（5）《福建省促进革命老区发展条例》。2012年10月，福建省第十一届人大常委会第32次会议审议通过《福建省促进革命老区发展条例》，并于12月1日起正式实施。福建省84个县（市、区）中有67个老区县，遍及835个老区乡镇、8432个建制村，人口1535万余人，分别占全省的乡镇、建制村和总人口的76%、51%、45%。[①] 该条例是

---

① 《〈福建省促进革命老区发展条例〉通过》，福建省发展和改革委员会网，http://www.fjdpc.gov.cn/show.aspx? Id =65725，访问日期：2013-12-29。

福建省促进革命老区发展的第一个专门性法规。政府主导促进革命老区发展，重点帮扶原中央苏区和欠发达革命老区，优先安排基础设施和社会事业建设项目，提高革命"五老"人员医疗补助标准等。包括妇女在内的老区人口将从中获益。

3. 福建省级机构或有关部门颁布涉及妇女权益的规范性文件

自2011年以来，福建省政府及其有关部门、省级有关机构或团体高度重视妇女权益保障工作，下发了一系列规范性文件。

（1）《关于建立涉及妇女儿童合法权益矛盾纠纷解决机制的若干意见》。2011年，福建省高级人民法院、福建省总工会、福建省妇女联合会联合印发《关于建立涉及妇女儿童合法权益矛盾纠纷解决机制的若干意见》，推进完善大调解工作体系，促成涉妇女儿童的纠纷能够及时、便捷、有效地解决。这是在2008年全省各级人民法院建立"维护妇女儿童合法权益合议庭"[①] 基础上，为满足妇女儿童对司法维权的需求和期待，实施的新举措。截止到2012年3月，全省各级法院均按照省法院的工作模式在民事审判庭中成立了维护妇女儿童合法权益合议庭，合议庭数量增至93个。[②]

（2）《关于建立婚姻家庭纠纷人民调解工作机制的意见》。2012年，福建省妇联、省司法厅联合印发《关于建立婚姻家庭纠纷人民调解工作机制的意见》，旨在加强婚姻家庭领域矛盾纠纷的排查化解，促进家庭和睦，增进社会和谐。

（3）《关于婚姻家庭案件调解指导性意见》。2012年，福建省

[①] 该维权合议庭设在法院的民一庭，主要负责审理涉及妇女儿童合法权益的民事案件，如涉及家庭暴力引起的婚姻家庭案件、涉及妇女儿童人身损害赔偿案件、涉及妇女劳动权益案件、涉及妇女承包经营权案件、涉及老年妇女赡养权案件等。

[②] 严峻：《福建法院：依法维护妇女儿童合法权益》，福建法院网，http://fjfy.chinacourt.org/public/detail.php?id=12312，访问日期：2013-12-29。

高级人民法院制定了《福建省高级人民法院关于婚姻家庭案件调解指导性意见》，围绕离婚、家暴、离婚后财产、抚养、婚约财产等不同类型婚姻家庭纠纷案件，提出具体的调解方法。

（4）《关于支持女性人才成长的十项措施的通知》。2012年，福建省委组织部、省科技厅、省人力资源开发办公室、省妇联、省科协联合印发《关于支持女性人才成长的十项措施的通知》。规定：放宽女性申请科技基金项目年龄，设立扶持女博士专项资金，落实县（处）级女干部和高级女专家退休年龄的规定等。这些措施有利于女性成长、成才。

（5）《关于进一步规范完善村规民约、维护农村妇女土地权益的意见》。2012年，福建省妇女联合会牵头，协调省农业厅、省民政厅、省国土资源厅联合印发了《关于进一步规范完善村规民约、维护农村妇女土地权益的意见》，要求保护农村妇女的土地承包权利，保障农村妇女的土地权益免受侵害。

（6）《进一步加强和规范公安机关处置家庭暴力工作的通知》。2013年省公安厅发布《福建省公安厅关于进一步加强和规范公安机关处置家庭暴力工作的通知》，要求"各地公安机关要充分认识家庭暴力行为的严重危害性，切实增强处置工作敏感性和主动性"，"加强针对性培训"，确保及时、规范处置家庭暴力。该通知具体规定现场处置、案件办理、强化协作配合。这是福建省公安厅首次以专门文件就家庭暴力处置作出明确的可操作性规定。该文件对于提高基层警察干预家庭暴力的针对性和实效性，预防和制止家庭暴力，保护和救助受害人，必将产生积极效果。

上述保障女性与男性享有同等权利之规范文件，充分注意到妇女群体的特殊性，体现了社会性别主流化，针对性强，有利于增进男女同权的实现。这些规范文件加大了解决矛盾纠纷时调解的力度，可操作性强。

（二）妇女参与立法的情况

妇女参与立法，是从源头上保障她们的合法权益。妇女应当积极地参与立法，使得立法过程中具有应有的性别敏感度，克服或消除法律制定时的性别歧视现象①。妇女对立法过程不参与或参与不充分，不利于妇女权益的保障。最近三年中，福建省实行一系列制度，保障妇女参与立法。

制定与妇女有关的政策、规定须征求妇联的意见。福建省委在《关于在新的发展阶段加强和改进党对工会、共青团、妇联工作领导的意见》中规定，制定涉及有关妇女权益的政策、规定，必须先行征求妇联组织的意见。这从程序上保障了妇联参与立法和其他公共政策的制定。福建省妇联参与了《福建省村民委员会选举办法》的制定，反映了妇女的利益诉求。该选举办法已于2012年3月29日福建省第十一届人民代表大会常务委员会第29次会议通过。

建立妇联定期向党委汇报和通过"两会"反映妇女利益诉求制度。福建省各级妇联定期向党委汇报工作，并且在每年"两会"上提出有关妇女权利保护的议案、建议和提案，反映广大妇女的需求，推动妇女发展过程中问题的解决。2011年在妇联的推动下，"扶持妇女、残疾人、计生家庭创业就业"、"开展农村孕妇、城市低保孕妇免费产前筛查诊断"等项目被列入省委工作的重点。2011～2013年，省人大收到有关妇女儿童发展的建议98条、议案8件，省政协、妇联提交提案31件。这些建议、议案、提案都推动了相关部门出台法律法规。

福建省妇联积极参与国家立法活动。2011年以来，福建省妇

---

① 郭慧敏、李姣：《试论妇女立法参与》，《学习与探索》2011年第2期，第115页。

联提请与省人大内司工委联合开展预防和制止家庭暴力调研工作，为国家防治家庭暴力立法提供有益参考，积极推动反家庭暴力立法列入全国人大常委会预备项目，配合全国人大法工委来闽实行"反家庭暴力法"立法论证调研。省人大、省妇联等部门为国家相关立法提供了有益的论证。2012年，省妇联组织开展调研，配合我国《女职工劳动保护规定》修订工作。2013年，继续推动反家暴国家立法，主动参与全国人大立法论证和最高法院司法改革实践调研，推动省公安厅出台加强和规范公安机关处置家庭暴力工作的通知。

必须承认，目前在我国，女性仍然与男性处于事实上不平等的状态和弱势地位。这就要求立法强化男女平等意识，将平等价值取向放在首位，消除立法中的"男性思维"，所有法案均应坚持和体现保证女性和男性享有同等权利。同时，应处理好男女平等与对女性倾斜保护之关系。"照顾"和"保护"妇女的立法或法条，要切实尊重妇女群体的主体地位，反映妇女的诉求。应当注意到，女性群体的立法参与意识仍然较淡薄。

二　妇女与政治权利

根据我国《宪法》规定，我国公民享有的政治权利主要包括选举权和被选举权；言论、出版、集会、结社、游行、示威自由；包括批评、建议、检举等的监督权；担任国家机关职务的权利；担任国有公司、企业、事业单位和人民团体领导职务的权利。而完整的参政权应该包括享有参政的资格、进入政治运行过程的权利、知情权，对政治活动的表达权、监督权、参与决定权、参与实施权。《中国妇女发展纲要（2011~2020年）》确定的妇女参与决策和管理的主要目标，包括县级以上地方政府领导班子中有1名以上女干部,并逐步增加;积极推动有关方面逐步提高女性在全国和地方各级人大代表、政协委员以及人大、政协常委中的比例;国家机关部委和省(区、市)、市(地、州、盟)政府工作部门领导班子中女干部数量在现有基础上逐步增加;县(处)级以上各级地方政府和工作部门领导班子中担任正职的女干部占同级正职干部的比例逐步提高;企业董事会、监事会成员及管理层中的女性比例逐步提高;职工代表大会、教职工代表大会中女代表比例逐步提高;村委会成员中女性比例达到30%以上。村委会主任中女性比例达到10%以上;居委会成员中女性比例保持在50%左右。我国妇女政治权益的实现程度有待提高。《福建省妇女发展纲要(2011~2020年)》确定的妇女参与决策和管理的主要目标有8项,积极推动有关方面逐步提高女性在地方各级人大代表、政协委员以及人大、政协常委中的比例;县级以上地方政府领导班子中有1名以上女干部,并逐步增加;省和设区市级政府工作部门领导班子中女干部数量在现有基础上逐步增加;县(处级)以上各级地方政府和工作部门领导班子中担任正职的女干部占同级正职干部的比例逐步提高;企业董事会和监事会成员及管理层中的女性比例逐步提高;职工代表大会、教职工代表大会中女代表比例逐步提高;村委会成员中女性比例达到30%以上,村委会主任中女性比例达到10%以上;居委会成员中女性比例保持在50%以上。福建省积极采取措施保障妇女政治权利的实现,2011~2013年取得了一些成绩。

(一)妇女享有和行使选举权和被选举权的情况

1. 福建省人大女代表数量和中共十八大女代表数量提高

福建省妇女享有的选举权和被选举权之实现有保障。在福建省第十一届人大代表中,女代表占23.51%;省政协第十届委员中,女委员占20%,在全国均处于中等水平。2012年,在省十二届人

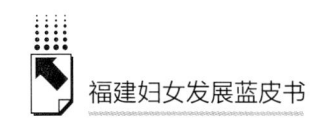

大代表中，女代表139名，占24.91%，比上届提高1.4%；省政协委员670人中，有女委员138人，占20.6%；人大常委和政协常委中的女性分别为10.0%和20.8%。在中共十八大代表中，女代表数量和占比较大。在2012年召开的中共第十八次代表大会中，福建省代表中有14名女代表，占35%。

2. 出台相关文件保障女性的选举权和被选举权

福建省妇联于2011年下半年印发《关于在全省市县乡三级人大换届选举中协助做好妇女参选和提高女代表比例工作的意见》，明确规定自2011年底至2012年初举行的市、县、乡人大换届，妇女代表比例不低于20%，并且应高于换届前，还规定了女性候选人的比例。这种比例要求是妇联促进女性参政的有效措施，一定程度上有利于保障妇女的选举权和被选举权。

3. 妇女积极参加竞选，行使被选举权

福建部分妇女已清楚地认识到自身享有的政治权利，并有强烈的政治参考意识和能力。她们突破传统意识的束缚，主动积极参与基层民主政治活动，而不是"被安排"到基层公共管理岗位上。例如，2012年，福建省石狮市凤里街道社区居委会换届时，有33名妇女报名参加竞职，其中32人被列入正式候选人，她们平均年龄33周岁，13人拥有大专及以上学历；呈现女性候选人人数较大幅度提升、年轻化、受教育水平提高的现象。

（二）妇女享有担任国家机关职务、国有公司、企业、事业单位和人民团体领导职务、基层自治组织领导职务的权利

1. 女性领导数量增多

截至2012年4月，省级女性领导干部5名，占同级干部数的11.9%；正厅级女干部26名，占同级干部总数的10.4%；副厅级女干部130名，占同级干部总数的15%。截至2013年底，福建省

厅级女干部占全省厅级干部总数的14.25%，其中正厅级别女干部占同等级别干部的12.54%；县（处）级女干部占全省处级干部总数的16.1%。2012年，福建省委、省人大、省政府、省政协均配有1名女干部，设区市党政正职中也有3名女干部，市级政府领导班子中女干部配备率达100%，县级政府领导班子中女干部配备率达96.4%。福建省厅级女干部所占比例高于海南等省份的同比。①

2. 基层组织领导中女性人数增多

福建省人大常委会内司委2013年10月的《关于贯彻落实〈中华人民共和国妇女权益保障法〉及福建省实施办法情况的调研报告》，表明福建省"在村级组织换届中全面开展村委会女成员专职专选，全省首次实现了女性进村委会，妇代会主任进村'两委'均达100%；村党支部中女性成员占14.22%，比上届提高4.5个百分点；村委会中女性成员占29.5%，比上届提高8.1个百分点；女支书、女村主任比上届增加184人"。不过，也应当注意到职务安排上的性别偏向，女性较多担任计划生育委员等岗位。2012年，在居委会成员中，女性占比达到64.8%，非常可喜；但是，在村委会主任中，女性仅占3.0%，比例极低。福建省妇女担任村委、村支部主要职务的比例，几乎与西部的四川相似。② 这些数据表明，福建省妇女参政议政的意识较弱，参政议政的能力有待提高。因此，应当采取更有效的措施，使更多妇女参与基层民主政治和社会管理。

---

① 根据《海南省妇女发展规划（2011~2020年）》，到2020年，海南省厅级女干部占同级干部总数的比例将达到15%以上，处级女干部占同级干部总数的比例将达到20%左右。《海南：2020年厅级女干部占比将达15%以上》，中国共产党新闻网，http://renshi.people.com.cn/GB/17441310.html，访问日期：2013-11-30。

② 有调研成果显示，在四川的47个村中，女性在当地担任村委会主任的仅有7人，约占总数的15%；担任村党支部书记的有5人，约占10%。参见李平、张玲、蓝英《四川省农村妇女参政议政调研分析》，《社科纵横》（新理论版）2013年第1期。

3. 重视培养女性政治、行政管理人才

为了帮助女大学生村官树立性别平等意识，提高她们的工作能力，2013年，福建省妇女联合会举办了全省首期女大学生村官培训班，77名女大学生村官参加了此次培训学习。这类专门培训应有助于增加基层工作者的性别意识，客观地认识她们成长、成才过程中可能遇到的性别问题，促进福建省妇女事业发展。

4. 公务员考录全程坚持男女平等

福建省保障女性和男性享有同等的担任公职的权利。2011年春季，福建省各级中国共产党机构、人大机构、行政机关、政协机关、审判机构、检察机构、民主党派和工商联机关，以及参照公务员法管理的群团单位和事业单位担任主任科员以下非领导职务的公务员和工作人员，全省共计划录用2624名；[1] 同年秋季，全省共计划录用公务员2624名，均采取网上报名方式。[2] 福建省仅2012年春秋两季录用6824人为公务员，其中女性2567名，占37.6%。当然，该年份被录用的女性公务员人数低于男性24.8个百分点。至2012年，全省公务员中，女性占20.1%，该性别比例明显是不高的。因此，应当采取措施，鼓励更多女性进入公共管理服务领域。

（三）问题和对策建议

法律赋予妇女平等的政治权利，仅仅是保障妇女享有平等参政议政的资格，不等于妇女政治权利的全面实现。总体看，多数人还持有"男主外，女主内"的传统性别分工意识和价值取向，民众

---

[1]《福建省2011年度春季考试录用公务员公告》，福建省公务员考试录用网，http://www.fjkl.gov.cn/news/20110210，访问日期：2013-12-10。

[2]《福建省2011年度秋季考试录用公务员公告》，福建省公务员考试录用网，http://www.fjkl.gov.cn/news/201108zkgg，访问日期：2013-12-10。

对女性角色担当更倾向于以"贤妻良母"为主,不鼓励女性参与政治、社会公共事务管理。福建省妇女在人大代表、政协委员中的人数增多,参与基层民主自治管理中的人数较多,但是,参与基层民主政治和社会管理的妇女,其总人数和所占比例均偏少,妇女直接参与公共管理及其影响力还较少、小。部分妇女行使政治权利的过程带有一定形式性,不排除少数妇女参政是因具备了某些特设条件而被"推上"相关岗位[1]。在福建农村地区,妇女普遍缺乏参与政治的热情,不看时政新闻;参与选举活动的意愿较低,有相当部分妇女甚至认为选举是"男人们的事"。

为此,要加大男女平等宣导,采取各种措施鼓励、促进女性参政议政。其一,要重视对女性的教育,培养女性的独立自主意识和参政议政意识。要充分认识到妇女政治权利的实现仅仅靠女代表、女村委、女领导人数增多是不够的,而应当依靠整个妇女群体的自觉自主。女性应冲破不合乎时代要求的传统观念束缚,树立从政服务社会的目标和抱负。其二,完善保障女性平等参政议政的法律法规,增强可操作性,保证女性政治权利的实现。其三,加大宣传引导力度,在各行各业各个领域发现和树立更多的成功女性典范。其四,提高妇女参政议政的能力和水平。定期培训女干部,培养和提高女干部的决策能力和管理水平,提高其政治素质;通过基层锻炼、轮岗锻炼等方式提高女干部的工作能力。妇女要在工作中勤奋努力,提高思想政治素质,提升工作能力,全面提高自己的参政议政水平。其五,加大政策扶持高层次女性成长成才的力度。完善女科技人才培养的政策环境,落实和完善性别保护政策,扶持优秀妇女成才,着力提高在高层次人才中的女性比例。

---

[1] 雷杨:《我国妇女政治权利虚化问题探析》,《江西社会科学》2012年第3期,第200页。

三 妇女与人身权利

国家保障妇女享有与男子平等的人身权利。《妇女权益保护法》设"人身权利"专章，在第36条至第42条规定，妇女享有人身自由权、生命健康权、性权利、名誉权、荣誉权、隐私权、肖像权和姓名权等权利，妇女的人身自由不受侵犯，禁止用侮辱、诽谤等方式损害妇女的人格尊严，禁止对妇女实施性骚扰，禁止通过大众传播媒介或者其他方式贬低损害妇女人格。

（一）保障妇女的人身权利

妇女依法享有人身权利，受法律保障。任何人不得侵犯。人身权利是指个体依法享有的、在其人格关系和身份关系上体现的、以与其人身不可分离的利益为内容的权利。人身权利没有直接财产内容。妇女的人身权利，是妇女专属享有的前述各项权利。福建妇女的人身权利普遍有保障。

（二）侵害妇女人身权利的现象尚未完全消除

现实生活中，侵害妇女人身权利的违法犯罪时有发生。这些侵害妇女的违法犯罪行为，主要有下列几类：一是性侵害妇女，包括强奸、猥亵、性侮辱。近年来，既有以暴力、胁迫手段，性侵妇女的犯罪，又有在受害妇女不知抗拒、抗拒不能的情形下强行发生性关系的强奸犯罪发生，且数量有所增加。例如，以醉酒或药物麻痹手段强奸，利用妇女熟睡之机强奸，冒充受害妇女的丈夫或情侣实施强奸，利用妇女患病治病之机实施强奸，利用封建迷信实施强奸等。二是性骚扰妇女。性骚扰，是指以性满足为目的，针对被骚扰对象，实施以带性暗示的言语或动作等非礼的行为，引起对方的不悦感、抗拒等反应之不法行为。性骚扰的大部分受害者为女性。三是拐卖妇女。拐卖妇女，是指以营利为目的，以拐骗、绑架、引诱、接送、中转等方式限制妇女人身自由的犯罪行为。四是针对妇女的家庭暴力。福建全省妇联系统受理妇女关于人身权益的信访，2012年为242件，涉及强奸猥亵、侵犯人格权、性骚扰等类型。

（三）积极预防和制止家庭暴力

防治家庭暴力是实现妇女有尊严生存、安全发展必须解决的问题。家庭暴力是婚姻家庭领域中的重点问题，其中大多数家庭暴力的受害者是妇女。家庭暴力呈现如下主要特点：一是受害者以女性居多；二是暴力形式多样，暴力行为隐蔽性强；三是家庭矛盾积累叠加，暴力程度升级。[①]

福建省公安、法院等法律机构、妇联组织等积极预防、治理家庭暴力，取得成效。福建设立了"家庭暴力报警点"、"家庭暴力庇护中心"、"妇女法律援助中心"、"社区（村）妇女维权岗"等，为妇女提供法律政策服务，及时帮扶受暴妇女。全省设立的家庭暴力受害人救助（庇护）机构，2010年373个，2011年419个，2012年419个。2010～2012年各年受救助（庇护）人次分别为1001人次、1768人次、440人次。2010～2012年，福建省妇联系统共接待家庭暴力类信访4750件，数量呈下降趋势，[②] 反家庭暴力机制发挥了积极作用。

发挥司法强力，保护妇女的人身安全和自由。人民法院设立

[①] 福建省妇女联合会：《福建省反对家庭暴力及妇女维权工作汇报》，2013年10月。
[②] 吴军华：《反家暴机制中妇联有位有为》，《中国妇女报》2013年7月12日。转引自福建妇女网，http://www.fjwomen.org.cn/html/20130712/370268.html，访问日期：2013-12-22。

"反家庭暴力合议庭",加强婚姻家庭纠纷调解机制的作用。福建省的永安、南靖、城厢、荔城4个人民法院被最高人民法院确定为审理涉及家庭暴力的婚姻家庭案件试点法院。① 通过试点"人身安全保护裁定",为家庭暴力受害妇女提供及时有效的救助,保障其人身安全、自由和健康。各级妇联干部充分利用人民陪审员、人民调解员身份,参与涉及家庭暴力案件的审理、调解,发挥了积极作用。

随着各地公安机关执行福建省公安厅《进一步加强和规范公安机关处置家庭暴力工作的通知》精神,预防和制止家庭暴力的实际效果将有进一步改善。

(四)依法惩处侵害妇女人身权的犯罪行为

福建全省检察机关依法批准逮捕、公诉侵害妇女犯罪之人,2011年,批准逮捕侵犯妇女儿童权益的犯罪案件共1603件2129人,案件数同比上升16.7%;起诉1569件2173人,同比上升13.5%。2012年,批捕侵犯妇女儿童权益的违法犯罪案件共1309件1755人,起诉1692件2293人。

福建省各级法院依法审理暴力侵害妇女儿童权益的各类刑事案件,惩处犯罪行为。2010年以来,全省法院依法严惩强奸、拐卖妇女儿童、组织强迫妇女卖淫等严重侵害妇女儿童的刑事案件7412件,判处罪犯11260人。② 其中,全省各地法院审结强奸、奸淫幼女,拐卖、拐骗妇女儿童,组织、强迫妇女卖淫等案件,2011年为3983件5796人;2012年共3895件5712人。

---

① 严峻:《福建法院:依法维护妇女儿童合法权益》,福建法院网,http://fjfy.chinacourt.org/public/detail.php?id=12312,访问日期:2013-12-15。
② 严峻:《福建法院:依法维护妇女儿童合法权益》,福建法院网,http://fjfy.chinacourt.org/public/detail.php?id=12312,访问日期:2013-12-15。

四 妇女与财产法

《妇女权益保障法》明文规定,"国家保障妇女享有与男子平等的财产权利",并在第五章"财产权益"专章规定。妇女享有平等的财产权利,包括在农村土地承包经营权、集体经济组织中平等的承包经营权、收益分配权、土地征收或征用补偿费分配权、宅基地使用权,在婚姻家庭财产关系中享有平等的所有权、管理权、使用权、受益权和处分权、遗产继承权等。但是,在实际生活中,妇女享有的平等财产权实现还有较大差距,特别是在土地、离婚财产分割等方面,妇女行使平等财产权遇到较大困难,该权利实现不充分。

(一)妇女与不动产

1. 城镇妇女与房产

城乡居民的住房面积均有所上升,居住条件改善。住房是最大宗的生活必需品。近十年来,福建城乡居民人均住房使用面积均有所上升,设施和环境均有所改善,住房需求基本获得满足,同时,住房作为大宗投资对象,被国人普遍视为保值商品,各种类型的房地产投资和销售兴盛。

农村家庭普遍拥有自己的房屋,但这不意味着农村妇女名下都有房屋。农民人均拥有房屋面积,2010年为47.54平方米,2011年末为49.82平方米。包括妇女在内的农村家庭人均拥有房屋面积大于城镇妇女,但是,房屋价值明显低于城镇,如表1所示。

由于城乡房价的巨大差别,城市居民人均住房建筑面积的增长略慢于农村居民人均使用住房面积,十年间,前者增加了10平方

表1　农民家庭住房情况

项　目	2000年	2003年	2005年	2010年	2011年
每平方米新建房屋价值（元）	213.65	438.82	353.02	712.64	1581.40
房屋拥有情况					
每人年末房屋拥有面积（平方米）	32.14	35.96	40.15	47.54	49.82
砖木结构	10.34	7.19	11.42	11.95	10.32
钢筋混凝土结构	13.25	24.44	21.38	30.24	36.42

资料来源：《福建统计年鉴—2012》，福建统计局网站，http://www.stats-fj.gov.cn/tongjinianjian/dz2012/index-cn.htm，访问日期：2013-12-22。

米左右，后者增幅达15平方米左右。

最近三年间，对个人财产观念和行为影响最大的，当属最高人民法院《适用婚姻法解释三》中有关房产归属的裁判规则。该解释首次明确规定：夫妻一方个人财产婚后产生的孳息、自然增值不属于共同财产（第5条）；婚后一方父母出资为子女购买不动产且产权登记在自己子女名下的，应认定为夫妻一方的个人财产（第7条）；在离婚时一方婚前贷款购买的不动产应归产权登记方所有（第10条）；准备结婚的当事人或夫妻之间赠予房产，在产权变更登记完成之前可以撤销；夫妻一方擅自出卖共有房屋的，保护善意买受人的利益，配偶另一方的权益可待离婚时寻求损害赔偿。这些规则更注重保护个人合法财产所有权，强调一般财产法规则的适用，缩小了夫妻共同财产范围。它们为人民法院裁判处理涉婚姻的房产和相关利益分割争议提供了具体依据。

《适用婚姻法解释三》影响了部分人的购房计划、择偶观念、婚姻投入等。按照中国传统婚姻习俗，结婚时男家送彩礼，女家陪嫁妆。例如，近年来在城镇经济条件好的家庭，部分男方父母出资购买一套公寓供新婚夫妻共同生活，女家则购买一辆汽车作为女儿的嫁妆。在工商业化社会，土地资源有限，随着时间的推移，房产通常会增值，① 而普通汽车只会贬值。该解释的实施，广泛地影响了准婚姻当事人、婚姻当事人、家庭对婚姻财产的意愿和决定。据《海峡导报》和福建省决策资源市场研究有限公司联合在厦门调查民众对《适用婚姻法解释三》的反应之结果，在受访者中，超过80%的人表示将调整自己的购房计划，六成受访女性表示打算减少"为家付出"；② 有66.74%的人认为，该解释不够公平，甚至损害了弱者利益；57.18%的人认为，该司法解释影响了自身的择偶观念。

表 2　购房计划

单位：%

超过80%的受访者表示自己的购房计划将会受到影响	
新司法解释出台后,会尽量避免只由婚姻中的一方出资买房	55.13
会尽量在婚前买房	29.16
自己的购房计划没有受到影响	15.72

表 3　择偶观念

单位：%

57.18%的受访者认为,新司法解释出台后,对自身的择偶观念产生了影响	
在择偶时会对对方的人品和责任心等有更高的要求	65.74
认同"找个有钱的不如找个有潜力的"	52.59
会将夫妻之间的经济、买房、消费等彻底 AA 制	34.66

---

① 国家统计局于2013年12月发布当年11月份70个大中城市房价，新建商品住宅价格环比平均涨幅为0.6%，有66个城市环比上涨，仅1个城市下降，3个城市持平。例如，厦门市从2012年6月至2013年11月，连续18个月环比上涨。《11月厦门房价同涨17.1%　全国第五仅次北广深沪》，厦门房地产网，http://news.xmhouse.com/bd/201312/t20131218_506801.htm，访问日期：2013-12-19。

② 陈捷、陈洋钦：《新婚姻法实施厦门超六成　女性打算减少"为家付出"》，福州新闻网，http://news.fznews.com.cn/dsxw/2011-8-22/2011822gbXmaZgs7710431.shtml，访问日期：2013年11月29日。

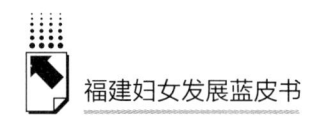

表4　婚姻投入

单位：%

六成受访女性表示打算减少为家付出	
对家庭的投入会受到影响,会尽量减少个人在家庭中的投入,多花时间在事业经营上	39.64
减少个人对家庭的投入	60.63
减少婚后自己对公婆或岳父母的情感投入和照料	56.72

前述裁判规则，对处于经济弱势地位的妇女群体利益影响更大些。一方面，女性处于弱势，此规定将导致女人在婚姻中的安全感进一步弱化；另一方面，妇女在婚姻家庭中投入的时间、精力等多于男性，购房的经济账可以计算清楚，但做家务、照料儿童和老人、生育子女等家庭生活中的人力资源投入账不太可能算得一清二楚。

2. 农村妇女与土地

农民依赖土地为生，土地承包经营权是农民赖以生存与发展的基本条件，是农民最重要的财产权利。

农村妇女土地权益受到侵害问题依然严峻。国家法律和政策的疏漏，乡土环境下村规民约屡现不平等条款，国家和社会未能够对妇女土地权益保护形成有效的合力，导致妇女土地权益被侵害的现象时有发生。妇女婚前、婚后、离婚或丧偶、再婚、外出谋生等情形下享有的土地使用权，妇女对农村土地征用款享有的分配权等，其保护状况均不容乐观。侵害妇女土地权益的，主要有下列情形：部分地区的集体经济组织分配土地时对男女实行不平等的土地政策，甚至依据对其婚嫁时间的预测决定对其分配土地利益与否（例如，向年满15岁女童分配其应得的土地的一半，达到法定结婚年龄20岁的女性就不予分配土地）；有些地方"村规民约"规定,出嫁女一律不能享受平等村民待遇,出嫁女不得享有征地补偿款;妇女离婚或丧偶的,承包地被收回;违反《婚姻法》关于男女均可以成为对方家庭成员的规定,凡夫到妻家落户的,不赋予全家享受平等的土地承包权;等等。①

福建全省妇联系统接待妇女土地问题的信访占妇女财产信访量的近一半。2011年299件,2012年295件,2013年250件,占妇女财产类信访比例分别为49.2%、50.2%、44.4%。最近三年有关福建省妇女土地权益状况的调查显示,农村妇女土地权益受侵害问题存在几大难题:第一,相关法律政策不完善,对侵犯妇女土地权益现象缺乏处理措施,信访难以解决;第二,以村民大会决议、村委会决定或村规民约等形式侵犯妇女土地权益的,侵权责任人认定难;第三,征地补偿款纠纷争议金额大都在10万元以上,标的金额大;第四,被告仅是村民小组,不是法人组织,执行难;② 第五,当前对此类问题的处理主要是事后补救,处于被动状态。③ 妇女土地权益被侵害与土地价值有密切关系,现阶段农村妇女土地权益侵害主要发生在城市建设覆盖的近郊地区、工业园区及道路交通等公共建设沿线地区,偏远地区相对较少。④

严格遵守男女平等原则,必须着力防治侵害农村妇女土地权益问题。全省各级法院依法审结涉及妇女儿童的土地权益之民事案件,2011年3603件,2012年3730件,纠正了侵害妇女土地权益

---

① 隋悦:《农村妇女土地权益法律保障问题探究》,《行政与法》2008年第9期,第66页。
② 南平市妇联:《当前闽北农村妇女儿童集体财产合法权益存在的重难点问题及解决方法和建议》,http://www.fjwomen.org.cn/html/20131024/135669.html,访问时间:2013年11月30日。
③ 马忆南:《妇女土地维权的困境与出路》,《中华女子学院学报》2008年第4期,第28页。
④ 南平市妇联、邵武市妇联:《邵武市维护农村妇女土地权益工作初探》,http://www.fjwomen.org.cn/html/20130911/340175.html,访问日期:2013-11-30。

的行为。

应当遵守和完善相关法规政策，确保农村妇女享有与男子平等的土地、山林、滩涂等承包经营权和集体收益分配权，确保被征地时在册农业户口女性享有平等的失地保障权益。应当考虑设立适当途径废止违背男女平等原则和侵害妇女权益的村规民约条款；各相关机构应当各司其职，进一步完善土地承包制度，使得土地承包能够落实到个人，避免个人权益淹没在家庭之中。

（二）妇女与动产

财产性收入、拥有家庭耐用消费品的情形是衡量妇女财产能力的重要指标，从一个方面说明妇女财产实现与否和其实现程度。

1. 城乡居民家庭人均收入

城乡居民家庭人均收入水平，反映了妇女拥有财产性收入的水平状况。2002～2012年，城乡居民的人均收入呈现稳步增长态势（见表5）。其中，城镇居民人均年可支配收入从2000年的9189元增长到2012年的28055元，十年间增长了两倍余；农民人均年收入从2000年的3539元增长到2012年的9967元，增长了近两倍。经济收入增加，使居民有能力改善居住条件，提高生活品质。

恩格尔系数的变化，反映了居民生活水平的提高。居民有条件、有能力以多种形式利用动产，丰富精神文化生活。不过，城乡居民的恩格尔系数变化情况略有差异。2002～2012年，城市居民的恩格尔系数呈现缓慢下降趋势，十年间下降了4个百分点，其中最小值在2011年（39.2%），最大值在2002年（43.4%）。遗憾的是，十年间农村居民的恩格尔系数始终徘徊在46%左右，无下降。此外，相对于农村居民，城镇居民享受公共基础设施和服务资源要便利容易得多。

表5 城乡居民家庭人均收入（2002~2012年）

年份	城镇居民人均可支配收入			农民人均纯收入			城市居民人均住房建筑面积（平方米）	农村居民人均使用住房面积（平方米）	恩格尔系数(%)	
	数值（元）	比上年增长（%）		数值（元）	比上年增长（%）				城镇居民	农村居民
		名义	实际		名义	实际				
2002	9189	10.5	11.4	3539	4.7	4.9	28.4	35.68	43.4	45.9
2004	11175	11.8	7.7	4089	9.5	5.0	31.1	38.18	41.6	46.7
2006	13753	11.6	10.4	4835	8.6	8.3	32.1	42.35	39.3	45.2
2008	17961	15.8	10.8	6196	13.3	8.3	37.5	46.13	40.6	46.4
2010	21781	11.3	8.0	7427	11.2	7.5	38.5	47.54	39.3	46.1
2011	24907	14.4	8.7	8779	18.2	12.3	37.9	49.82	39.2	46.4
2012	28055	12.6	10.0	9967	13.5	10.8	38.2	50.80	39.4	46.0

资料来源：《福建统计年鉴—2013》，http://www.stats-fj.gov.cn/tongjinianjian/dz2013/index-cn.htm，访问日期：2013-12-28。

2. 城乡居民每百户耐用消费品拥有量

城乡居民家庭拥有各种类型动产的情况，从一个方面说明妇女拥有动产的状况。2011~2013年，城乡居民人均收入增加，拥有了添置数量更多、类型多样的动产的经济条件，妇女也如此。如表6所示，功能性动产的消费能力急剧提高，洗衣机、电冰箱、彩色电视机、家用电脑、空调机、淋浴热水器、移动电话的每百户家庭拥有量均超过一个单位；十年间通信工具的每百户拥有量迅猛提升，居民有更便利、更多元、更高效的途径接受、分享信息，家用电脑从2000年的11.47台/百户提高到2012年的109.09台/百户，移动电话从2000年的50.40部/百户提高到2012年的243.79部/百户，普通固定电话拥有量十年间下降了25%。摩托车、组合音响、照相机、消毒碗柜的拥有量有所增加，但增幅不明显。摄像机、钢琴、其他高档乐器、健身器材等奢侈型动产拥有量无明显增长,2012年不足10个单位/百户,与十年前相比,几乎无提高。洗碗机拥有量,十年前后增长不到1个单位/百户。

表6 城镇居民家庭每百户耐用消费品拥有量(年底数)

项目\年份	2000	2005	2010	2011	2012
摩托车(辆)	36.60	49.39	51.30	44.41	44.82
洗衣机(台)	93.20	99.72	101.46	100.58	101.83
电冰箱(台)	87.80	98.43	105.49	105.31	107.08
彩色电视(台)	128.07	164.49	180.19	171.26	174.25
家用电脑(台)	11.47	54.89	94.81	103.00	109.09
组合音响(套)	24.87	29.28	33.13	28.68	29.08
摄像机(架)	1.47	3.96	8.92	8.14	9.02
照相机(架)	33.20	47.42	46.45	50.65	52.48
钢琴(架)	1.60	2.85	3.97	3.44	4.01
其他中高档乐器(件)	5.20	5.86	5.43	4.32	5.15
微波炉(台)	27.53	70.27	79.65	79.62	80.24
空调机(台)	43.53	134.86	184.55	193.31	199.76
淋浴热水器(台)	82.60	101.02	110.48	110.50	112.27
消毒碗柜(台)	—	36.62	46.91	48.70	50.20
洗碗机(台)	—	0.63	0.83	0.93	0.99
健身器材(套)	4.60	6.33	6.04	5.79	6.05
普通电话(部)	—	106.02	93.46	81.00	79.72
移动电话(部)	50.40	166.34	223.74	236.19	243.79

资料来源:《福建统计年鉴—2013》,http://www.stats-fj.gov.cn/tongjinianjian/dz2013/index-cn.htm,访问日期:2013-12-28。

在拥有动产的数量、类型上,城乡居民之间有较大差距,农村居民拥有各种类型动产的数量明显少于城市居民。表7反映了平均每百户农民家庭拥有主要耐用消费品的数量。农村妇女拥有动产的数量少于城市妇女。与十几年前的2000年相比,农村妇女享有动产的能力有所改善,但仍低于城市妇女。城市居民有七大宗功能性动产的每户拥有量十年间均超过1个单位，农村居民仅有彩色电视和移动电话达到此标准，前者从2000年的73.02台/百户提高到2012年的137.59台/百户，后者从2000年的20.16部/百户提高到2012年的241.15部/百户。同期，抽油烟机、空调机、热水器、微波炉、家用计算机拥有量有较明显提升。对于农村居民而言，照相机、摄像机、中高档乐器在目前尚属于奢侈型动产，家庭拥有量极少。近十年间农村的交通工具发展历经了较明显的变迁，自行车逐渐被动力较强的其他代步工具取代，拥有量从2000年的101.15辆/百户下降到2012年的52.53辆/百户；摩托车作为比较理想的农村交通代步工具，增长到2012年的87.61辆/百户；少数农村家庭拥有汽车，2012年的数据为6.26辆/百户。

表7 平均每百户农民家庭主要耐用消费品拥有量

项目 年份	2000	2005	2010	2011	2012
自行车（辆）	101.15	68.13	55.66	48.72	52.53
摩托车（辆）	49.67	75.22	92.58	88.19	87.61
黑白电视（台）	42.09	13.85	2.25	0.38	0.40
彩色电视（台）	73.02	109.67	128.85	136.61	137.59
照相机（架）	6.15	5.49	5.99	6.94	8.43
抽油烟机（台）	3.96	9.62	20.38	32.81	34.42
空调机（台）	1.65	10.99	33.02	47.67	52.74
热水器（台）	19.29	41.37	65.55	73.68	78.12
微波炉（台）	2.69	14.07	26.54	30.74	31.68
电话机（台）	41.85	94.18	78.41	66.03	65.20
移动电话（部）	20.16	103.41	195.88	234.50	241.15
摄像机（台）	0.33	1.04	1.37	1.25	1.74
中高档乐器（件）	1.32	0.49	0.88	0.38	0.46
家用计算机（台）	—	4.89	23.57	30.95	36.16
家用汽车（辆）	—	0.82	3.24	5.54	6.26

资料来源：《福建统计年鉴—2013》，http://www.stats-fj.gov.cn/tongjinianjian/dz2013/index-cn.htm，访问日期：2013-12-28。

城乡妇女购买动产的能力提升，动产数量增多、类型丰富。其一，对于传统型动产的购买能力强，每百户家庭的覆盖范围较大，能够满足人基本的物质生活需求。传统的动产主要包括彩电、热水器等，能为人们生活提供最基本的物质便利资源，满足人基本的衣食住等条件。其二，通信行业发展迅速，使得居民有比较多元的渠道（比如电话、电脑）接触到最近的信息资讯，提升自身各方面的理性认知并且加深对社会的了解。其三，交通工具也经历了时代变迁，更省人力、动力更强大的交通工具普及，居民出行便捷了。城乡二元格局在近十年间没有根本改变。

城乡经济社会发展不均衡，城乡妇女的生活水平差距较大。农村妇女，无论人均年收入还是消费能力均远远落后于城市妇女。福建农村公共设施和服务建设不足，农民能享有的公共生活设施少。城乡居民把较多收入用来满足基础的衣食住行，其他文化类投资不够多，拥有较奢侈物品的人数特别有限。

（三）问题和对策建议

有必要进一步完善夫妻财产法规则，合理平衡夫妻之间的利益。在婚姻关系中，夫妻双方既是两个各自独立的利益主体，又是彼此紧密结合在一起的共同生活伴侣；既可以清楚地区分双方各自的财产利益，又可以说双方各自利益的边界有一定的模糊性，甚至是重叠或交叉的。制定财产利益分配规则时，既要考虑婚姻存续期短的当事人的利益，同样要考虑到共同生活数十年甚至白头到老夫妻的婚姻生活状态；既要关心男性的利益，同样应公平承认和保护妇女的利益；既要考虑婚姻当事人的利益，还要考虑到未成年子女及家中老人的权益。[①]

[①] 蒋月：《论夫妻一方婚前借款购置不动产的利益归属——对〈婚姻法〉司法解释（三）征求意见稿第11条的商榷》，《西南政法大学学报》2011年第2期，第105页。

历届政府都很重视促进城乡均衡发展。李克强总理在2014年的政府工作报告中强调，要推进以人为核心的新型城镇化，破除城乡二元结构，要从城乡区域不平衡向均衡协调迈进。期待城乡妇女发展差距能更快地缩小。

五　妇女与劳动法

劳动权利是公民享有的重要经济权利。妇女享有与男子平等的劳动权利，包括平等就业权、同工同酬权、休息休假权，获得安全和卫生保障权、特殊劳动保护权，享受社会保险权等。根据法律规定，任何单位在录用职工时不得以性别为理由拒绝录用妇女或者提高对妇女的录用标准；不得以结婚、怀孕、产假、哺乳等为由，辞退女职工或单方面解除劳动合同；在晋升、晋级、评定专业技术职务以及分配住房和享受福利待遇等方面，不得歧视妇女；不得安排不适合妇女从事的工作和劳动；妇女在经期、孕期、产期和哺乳期享受特殊保护。为保障妇女平等享有劳动权利、消除就业领域的性别歧视等问题，福建省各级政府按照国家法律要求，加大干预力度，适时调整政府措施，注重加强与社会各方面合作，保障《福建省妇女发展纲要（2011~2020年）》中妇女与经济部分主要目标的落实。

（一）妇女依法享有和行使劳动就业权利

福建努力改善妇女劳动就业的社会环境，维护妇女的合法劳动权益，促进男女就业平等进程，妇女充分享有就业、劳动保护、休息休假等方面的权利。2011年是《福建省妇女发展纲要（2011~2020年）》实施的首年。《福建省实施〈残疾人就业条例〉办法》于2010年9月16日实施以来，促进了残疾人就业，包括女性残疾人在内的残疾人有更多机会获得有酬劳动岗位，自力谋生，并参与

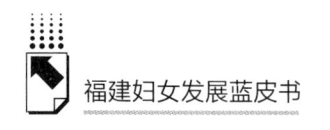

社会生活。福建省各级政府、工会和妇联组织积极贯彻《女职工特别劳动保护规定》,采取多种措施保障该规定落实,检查监督企业履行其义务,维护女职工的权益。

近三年来,福建妇女享有和行使与男子平等的就业权利,取得可喜进步。城镇单位女性从业人数逐年提高。2011年、2012年女性占从业人员的比例分别为45.58%、45.65%,超过了《福建省妇女发展纲要(2011~2020年)》中提出的女性从业人员比例40%的目标,这符合《福建省妇女发展纲要(2011~2020年)》中设定的城镇单位女性从业人数逐步增长的目标。其中,2011年、2012年城镇单位女性从业人数分别为2340753人、2468095人,占城镇单位在岗职工总人数的比例分别为43.48%、43.97%;2011年、2012年乡村女性从业人员占乡村从业人员的比例均为46.38%。从产业结构分析,2011年、2012年城镇单位女性从事第一产业的人数减少,从事第二、三产业的人数增加,如表8所示。这与福建省不同产业发展变化和城镇化进程相适应。

表8　按产业区分城镇单位女性从业人员数

单位:人

年份\产业	第一产业	第二产业	第三产业	合计
2011	19342	1519424	801987	2340753
2012	12425	1592668	863002	2468095

资料来源:《福建统计年鉴—2013》,http://www.stats-fj.gov.cn/tongjinianjian/dz2013/index-cn.htm,访问日期:2013-12-28。

在劳动力市场,区分性别观察,男性劳动力供给高于女性。以2013年第一至第三季度为例,男、女求职人数分别占总量的56%

余和43%余，女性求职人数比上年同期增加53%左右。如表9、表10、表11所示。

表9　2013年第一季度劳动力供求人数比较

	需求人数	所占比重(%)	求职人数	所占比重(%)	求人倍率
男	346842	33.97	458574	56.15	1.13
女	366986	35.95	358162	43.85	1.40
无需求	307092	30.08			
合计	1020920	100.00	816736	100.00	1.25

注：所占比重=（需求人数/合计）×100%；所占比重=（求职人数/合计）×100%。
资料来源：《福建统计年鉴—2013》，http://www.stats-fj.gov.cn/tongjinianjian/dz2013/index-cn.htm，访问日期：2013-12-23。

表10　2013年第二季度劳动力供求人数比较

	需求人数	所占比重(%)	求职人数	所占比重(%)	求人倍率
男	351902	33.51	510416	56.38	1.07
女	356881	33.98	394975	43.62	1.28
无需求	341471	33.98			
合计	1050254	100.00	905391	100.00	1.16

注：所占比重=（需求人数/合计）×100%；所占比重=（求职人数/合计）×100%。
资料来源：《福建统计年鉴—2013》，http://www.stats-fj.gov.cn/tongjinianjian/dz2013/index-cn.htm，访问日期：2013-12-23。

表11　2013年第三季度劳动力供求人数比较

	需求人数	所占比重(%)	求职人数	所占比重(%)	求人倍率
男	408018	34.52	578774	56.32	1.06
女	410838	34.76	448947	43.68	1.27
无需求	363023	30.72			
合计	1181879	100.00	1027721	100.00	1.15

注：所占比重=（需求人数/合计）×100%；所占比重=（求职人数/合计）×100%。
资料来源：《福建统计年鉴—2013》，http://www.stats-fj.gov.cn/tongjinianjian/dz2013/index-cn.htm，访问日期：2013-12-23。

在劳动力供求的性别比例上，福建劳动力市场对女性的需求大于男性。在2013年第一季度，用人单位对女工的需求约略高出男工2个百分点，女工的求人倍率为1.40，高于男工的1.13。男、女求职人数各占总量的56.15%和43.85%，男性劳动力供给高于女性，女性求职人数比上年同期增加26.7%。2013年第二季度，用人单位对女工的需求比男工略高0.47个百分点，女工的求人倍率为1.28，仍高于男工的1.07。从性别上看，男、女求职人数各占总量的56.38%和43.62%，男性劳动力供给高于女性，女性求职人数比2012年同期增加53.2%。在2013年第三季度，用人单位对女工的需求比男工略高0.24个百分点，女工的求人倍率为1.27，仍高于男工的1.06。区分性别看，男、女求职人数各占总量的56.32%和43.68%，男性劳动力供给高于女性，女性求职人数比上年同期增加53.2%。

福建省农村地区，2012年妇女从业人员有659.30万人。

（二）落实劳动合同制度

进一步规范市场经济秩序和企业用工行为。全省用工已备案用人单位8.3万户，职工298万人；集体合同覆盖9.77万户企业、549.21万名职工。各类企业劳动合同签订率达94.1%，其中农民工劳动合同签订率达88.6%。

发挥专项集体合同作用。通过《福建省集体合同报送审查办法》规范集体合同审查，加强集体合同管理。推动企业签订女职工专项集体合同、职业病防治专项集体合同。2011年，福建省总工会牵头，会同省人力资源社会保障厅、卫生厅、安全监管局等7部门联合下发了《关于在全省部分职业危害严重的行业推广职业病防治专项集体合同工作的通知》和《福建省职业病防治专项集体合同（参考文本）》。在职业危害严重的行业推广职业病防治专项集体合同，提高职业病防治专项集体合同的质量水平，更好地利用集体合同维护广大劳动者的合法权益。① 企业工会积极与用人单位协商谈判，签署女职工专项集体合同，明确规定女工不得从事相应的禁忌劳动，工会每年检查监督集体合同的履行情况，适时修改女职工专项集体合同的内容。

（三）保障劳动者的劳动报酬权

加强企业工资分配的宏观指导和调控，调整最低工资标准，平均增幅11.5%。福建省相关部门联合开展解决企业拖欠工资、整顿规范人力资源市场秩序、用人单位遵守劳动用工和社会保险法律法规执行情况专项检查，共检查用人单位1.40万户，涉及劳动者96.99万人，督促补签劳动合同22.33万份，为7.79万名劳动者追回工资3.79亿元。

加强工资集体协商，保障劳动者的劳动报酬权。福建各地积极推动协调劳动关系三方开展工资集体协商。政府调整完善企业工资保证金制度，从源头上预防企业欠薪，保障职工权益。工会着力做好调查摸底，建立常态化工资集体协商要约机制，实现工资集体协商常态化。

（四）保障女职工劳动安全，降低职业病发病率

福建省政府贯彻落实《职业病防治法》，加强职业病防治的监督管理，建设职业病防治队伍，开展职业病危害隐患专项整治活动，有效应对职业病危害事件。公安、劳动监察、法院等部门或机构联合开展欠薪案件专项执法行动。各级工会和妇联组织重视职业病防治，向用人单位提出防治职业病的建议。

---

① 袁辉：《职业病防治专项集体合同——福建范例》，《现代职业安全》2011年总第121期，第46页。

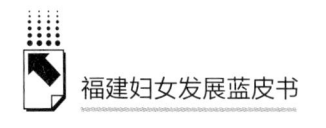

（五）创新机制保障职工合法权益

成立维权合议庭，大力推广适用小额诉讼程序，选派工会代表担当人民陪审员审理维护职工权益案件合议。设立工会劳动争议委托调解处，建立劳动争议调解室、农民工维权调解中心等平台，对接行业调解，为涉诉困难职工发放救助金。妇联组织完善妇联干部、人民陪审员、妇女法律援助、妇女儿童工作联席会议和信访接待四项制度，积极维护妇女劳动权益。

市、县（市）、区妇联积极协调金融、财政等部门，为促进农村妇女创业就业提供小额担保贷款。

福建省工会建立女职工周末学习网、女职工周末学校等，提升女职工素质，帮助女职工提高就业质量。妇联组织为农村妇女举办各类培训班，帮助妇女掌握一门以上实用技术，鼓励妇女走科技致富之路。

（六）加强劳动争议处理，保护妇女劳动权益

规范调解工作制度。继续开展企业劳动争议预防调解示范工作，推动乡镇街道调解组织建设，努力提高仲裁质量和效率，基本做到50%以上的小额、简单争议通过调解化解在企业及乡镇、街道。

发挥劳动案件审判作用。福建全省各级法院依法审理涉及妇女的劳动权益案件。审结涉及妇女的劳动权益案件2011年为8566件，2012年为8621件。有效地保护了妇女享有的劳动权益。

（七）问题与对策建议

福建劳动领域妇女权益保护也存在若干问题。首先，女性就业遭遇隐性歧视仍较常见。虽然用人单位招聘广告中明文歧视女性的情形减少了，不过，用人单位偏好男性求职者，很多岗位招聘中，即使进入最后面试的女性数量多于男性，女性求职者获得工作机会的概率仍

低于男性求职者。其次,现有与妇女劳动就业有关的统计指标和分性别统计指标,较少纳入常规统计或统计调查,特别是关于农村地区妇女就业的统计数据极少,这也使得全面把握妇女劳动就业状况并作出客观分析变得困难重重。再次,对劳动法律法规的认知和重视不够。政府有些部门的负责人及工作人员,对劳动法律法规的执法主体、相关条款及法律责任,认识上存在一定盲区,监督不充分。最后,企业女职工劳动权益受侵害现象依然存在。主要表现在签订劳动合同中,依法参加养老、工伤、医疗、失业、女职工生育五项保险等方面没有严格按照国家规定办理。超负荷加班加点,无故拖欠或克扣工资,生产场所欠缺劳动防护措施,女职工定期体检和孕期、产期、哺乳期保护落实不到位,女职工孕期被调整岗位而致收入大幅下降时有发生。

为保障妇女实现平等的劳动权利,应当采取针对性措施,克服前述不足。其一,应切实遵守法律规定,消除就业中的性别歧视。地方政府应当切实履行监督保障职责,确保妇女平等地获得经济资源和有效服务。其二,改善妇女的就业结构,扩大妇女的就业渠道。大力推进第三产业发展,创造更多新的就业岗位,完善创业扶持政策,采取技能培训、税费减免、贷款贴息、跟踪指导等措施,支持和帮助妇女就业创业。加强对高校毕业生的就业指导、培训和服务,引导女大学生树立正确的就业择业观,完善女大学生自主创业培训和扶持政策,为女大学生就业创业营造良好的社会环境,促进女大学生充分就业,为就业困难妇女创造有利的就业条件。政府公益岗位应向大龄、残疾等就业困难妇女倾斜。提供有针对性的技能培训、就业服务和就业援助。支持已生育妇女重返工作岗位。加快城乡就业一体化进程,减少制约女性劳动力非农转移的制度障碍。加大农村妇女的转移培训力度。提高妇女非农就业率。创造适宜农村妇女就业的岗位;开展便于农村妇女参与的实用技术培训,促进金融机构面向农村妇女开展金融服务,帮助农村留守妇女和返乡妇女实现多种形式的创业。加强对妇女的职业技能培训,促进妇女向技术含量高的就业领域和岗位流动。提高初、中、高级技能劳动者中的女性比例。其三,做到劳动合同全覆盖,实现已建工会的企业中女职工特殊保护专项集体合同全覆盖,提高履约率。其四,全面落实男女同工同酬。建立健全科学、合理的工资收入分配制度,坚持按劳分配、同工同酬原则。其五,保障女职工职业卫生安全。广泛开展职业病防治宣传教育,提高女职工特别是灵活就业女职工的自我保护意识。加强职业病危害的管理与监督,严格执行《女职工禁忌劳动范围》,规范企业用工行为,减少妇女职业病的发生,保障女职工的特殊劳动权益。依法处理侵犯女职工权益案件。要提高农村妇女的经济收入。其六,加大扶持贫困妇女,制定更优惠政策措施帮助、支持贫困妇女脱贫。推进小额(担保)贷款等项目资金向城乡妇女倾斜。① 其七,要加强妇女劳动就业的统计调查,建立并完善省和设区市妇女发展监测数据库,规范各级数据信息的收集、发布和展示,实现数据信息的交流、反馈和利用,逐步实现数据的资源共享。

六 妇女与社会保障法

《中国妇女发展纲要(2011~2020年)》提出了妇女社会保障有六项主要目标。福建省据此提出了更具体的目标。《福建省妇女发展纲要(2011~2020年)》在妇女与社会保障方面提出6项主要目标,城乡生育保障制度进一步完善,生育保险覆盖所有用人单位,生育保险参保率达到95%以上;基本医疗保险制度覆盖城乡妇女,医疗保障水平稳步提高,城镇女职工医疗保险参保率达到95%以上;妇女养老保障覆盖面逐步扩大,继续扩大城镇个体工商

---

① 《福建省妇女发展纲要(2011~2020年)》,第9页。

户和灵活就业妇女的养老保险覆盖面，大幅提高新型农村社会养老保险妇女参保率；提高女职工参加失业保险的参保率，失业保险待遇水平逐步提高；有劳动关系的女性劳动者全部参加工伤保险；提高妇女养老服务水平，以城乡社区为单位养老服务的覆盖率达到90%以上。对照这些目标要求，最近三年妇女的社会保障水平，在某些领域有明显进步，但在有些领域，则还有差距。

（一）妇女依法享有社会保障的现状

1. 女性参加社会保险并享受待遇情况

2012年，福建省城镇女职工参加工伤保险人数为231.58万人，比2011年增加35.47万人，增幅为18.1%；城镇女职工和女性居民参加基本医疗保险人数合计为558.67万人；城镇基本养老保险参保人数中女性人数为350.25万人，比2011年增加25.75万人，增幅为7.9%；新型农村社会养老保险参保人数为1393.36万人，比上年增加183.36万人，增幅为15.2%；城镇女职工生育保险参保人数214.00万人，比2011年增加14.7万人，增幅为7.4%，覆盖率为90%。

2013年，全省城镇职工和居民基本医疗保险、生育保险中女性参保人数稳步增长。城镇基本医疗保险基本实现全覆盖，妇女基本实现应保尽保。

2. 女性享有社会救助情况

福建提高了全省城乡低保标准。2012年，福建农村低保标准从家庭年人均收入1200元提高到1800元。① 不过，该标准远低于

---

① 黄序和：《改善民生创新管理致力打造人民满意的现代服务型民政——在2013年全省民政工作会议上的讲话》（2013年1月24日），福建省民政厅网，http://www.fjsmzt.gov.cn/xxgk/ztzl/mzgzhy2013/ldjh/201301/t20130128_564224.htm，访问日期：2013-12-24。

同年全国农村低保年平均标准2067.8元/人。① 2012年，福建的城、乡低保，农村五保人均月补助金分别为227元、123元、269元，比2011年分别增长13.5%、31.73%、19.79%；② 但该补助标准还明显低于同年全国城市低保每月平均标准330.1元/人、全国城市低保月人均补助水平239.1元。③ 2012年城、乡低保，农村五保对象中女性人数31.22万人，比2011年增加3.58万人；城市最低生活保障平均增加到每月324元/人，比2011年每月增加50元/人。

社会救助水平提高。2012年，到全省各救助管理站求助者共71907人次，经甄别后实际救助71803人次，受助率99%；其中省外籍54118人次，占75.4%，未成年人2797人次，占3.9%，60岁以上老年人8927人次，占12.4%；病残智障人员9412人次，占13.1%。④ 2013年1~6月，全省城市低保人数为16.07万人，人均月补助金257元，共发放城市低保金约2.73亿元；农村低保人数为73.67万人，人均月补助136元，共发放农村低保金约6.6亿元；农村五保供养人数为8.97万人，人均月补助317元，共发放农村五保供养金约1.77亿元。

---

① 《民政部发布2012年社会服务发展统计公报》，福建省民政厅网，http://www.fjsmzt.gov.cn/xxgk/tjxx/tjfx/201306/t20130620_598446.htm，访问日期：2013-12-29。

② 黄序和：《改善民生创新管理致力打造人民满意的现代服务型民政——在2013年全省民政工作会议上的讲话》（2013年1月24日），福建省民政厅网，http://www.fjsmzt.gov.cn/xxgk/ztzl/mzgzhy2013/ldjh/201301/t20130128_564224.htm，访问日期：2013-12-24。

③ 《民政部发布2012年社会服务发展统计公报》，福建省民政厅网，http://www.fjsmzt.gov.cn/xxgk/tjxx/tjfx/201306/t20130620_598446.htm，访问日期：2013-12-29。

④ 《福建省2012年度受助人员情况统计》，福建省民政厅网，http://www.fjsmzt.gov.cn/xxgk/tjxx/tjfx/201309/t20130924_658265.htm，访问日期：2013-12-31。

表 12　最低生活保障人数（2011～2013）

单位：人

	2011 年	2012 年	2013 年第一季度	2013 年第二季度
城市居民最低生活保障人数（女性）	60011	58416	54922	54762
农村最低生活保障人数（女性）	200709	229415	225018	226511
农村五保户集中供养人数（女性）	—	—	1780	1296
农村五保户分散供养人数（女性）	—	—	15444	12905

注：根据福建省统计局和国家统计局网站相关数据制作。

福建省城乡居民的最低生活保障存在一些差异。福建省城市居民最低生活保障制度实施早于农村最低生活保障制度，前者比较完善，加之城市居民收入和生活水平的提高，接受城市居民最低生活保障的女性人数逐渐减少，这从另一个侧面也反映了女性分享了城市经济社会发展成果。福建省农村最低生活保障制度推行时间短，不完善，还处在"补课"阶段。随着福建省农村最低生活保障制度的完善，最低生活保障标准提高、覆盖面增加，与此同时，农村社会经济的发展使更多农村女性受益，从而出现接受农村最低生活保障制度的女性人数呈现先增加后减少的趋势。

全省法律援助网络体系初步形成，法律服务范围基本覆盖全省。2012 年获得法律援助的妇女 1 万人，比上年增加 0.47 万人。

全省工会、妇女组织开展多种形式帮扶活动。工会建立困难女职工档案和困难单亲女职工"连心卡"制度，关爱困难女职工。2012 年，全省各级工会女职工组织共建立困难女职工档案 2.59 万个，筹措帮扶资金 150 多万元，帮助困难女职工 2.19 万人次，妇女的贫困程度明显降低。全省各级女职工组织以"真情帮扶，爱心同行"为主题，以健康援助、困难帮扶为重点，开展健康知识讲座、妇科"两癌"检查、文化体育活动等活动；重点集中走访慰问和生活救助各级困难职工帮扶中心建档中的困难女职工及家

庭。履行了《女职工劳动保护特别规定》的企业比重达94.8%，比2011年提高8个百分点。

（二）促进妇女社会保障权行使和实现的措施

福建努力营造男女平等和谐发展的良好社会环境，提高妇女保障享有率和受保障水平。增加妇女保障项目的内容；推动城乡妇女保障一体化进程，推动妇女保障社会化，尤其是生育保险社会化，使更多妇女实际享受生育保障。提高育龄妇女家庭的补助标准。《妇女权益保障法》知晓率有较大增长，不利于妇女的传统习俗有所削弱。坚持从源头维权、社会化维权，促进两性和谐、社会安定。

全省各地市通过广泛宣传、做好企业职工信息申报、提高医疗补助标准、建立帮扶慰问制度、实行市级统筹机制、建立激励约束机制、落实职工医疗补助等，完善职工医疗互助，使包括女职工在内的职工群体受益。加大老少边贫地区农村人口扶持力度，开发适合农村特点的创业就业渠道，提高贫困人口尤其是贫困妇女脱贫致富能力。开展多种形式的"关爱妇女"主题活动。例如，2011年5月，福建省妇联、省红十字会联合设立福建省"母亲健康天使基金"，专项救助本省在城乡低保妇女"两癌"检查和国家农村妇女"两癌"检查项目中查出患有乳腺癌、子宫颈癌等重大妇女病的贫困家庭妇女患者。2011年5月8日，福建省妇联、福建省妇儿工委办联合多家机构启动"母亲健康快车行"。

（三）问题和对策建议

福建省妇女享有的各类社会保险均未实现全覆盖。

首先，部分妇女未能享有法定的社会保险待遇。非正规就业女性的社会保障覆盖率低，享有待遇水平低。

其次，农村社会保障水平较低、待遇低。农村妇幼卫生服务机构少、服务水平偏低。农村妇女享有生育保险的覆盖率远远低于城镇妇女。

应当全面贯彻《社会保险法》，使妇女普遍享有医疗保险、养老保险、失业保险、工伤保险和生育保险，提高妇女社会保障待遇。其一，应完善城镇居民基本医疗保险制度，为城镇灵活就业妇女和无业妇女提供生育保障。完善新型农村合作医疗保险制度，提高农村妇女的生育保障水平。健全完善覆盖城乡居民的医疗保障制度。继续扩大城镇职工医疗保险、城镇居民基本医疗保险和新型农村合作医疗保险覆盖范围。加大财政支付比例，逐步缩小城乡之间基本医疗保险待遇的差距。完善覆盖城乡养老保险制度。其二，完善城镇职工养老保险制度、城镇居民基本养老保险制度，大力推进新型农村养老保险进程，提高妇女养老保险享有率。其三，扩大失业保险覆盖范围，提高保障水平，保障女性失业者的合法权益。其四，使有劳动关系的女性劳动者全部纳入工伤保险，保障女性劳动者工伤保险权益。其五，完善城镇职工生育保险制度，扩大生育保险覆盖范围，提高参保率，形成覆盖城乡妇女的生育保障体系。其六，完善城乡社会救助制度，促进救助标准与经济增长和物价水平相适应，规范救助范围和程序，将符合救助条件的妇女全部纳入救助范围，提高救助水平。倡导社会力量参与救助，支持和规范社会组织和公民的救助活动，发展社会救助事业，鼓励社会各类慈善基金组织建立专项救助基金，为陷入困境的妇女提供救助。其七，加大老龄事业投入，建立健全养老社会服务体系，发展公益性社区养老机构，加强养老服务队伍的专业化建设，提高社区的养老照护能力和服务水平，保障老年妇女享有基本的养老服务。多渠道保障残疾贫困妇女的基本生活，加强残疾人福利机构和康复服务机构建设，市、县普遍建立残疾人综合服务设施，推进残疾妇女社区康复，为残疾妇女提供社会保障。[1]

---

[1] 《福建省妇女发展纲要（2011～2020年）》，第15页。

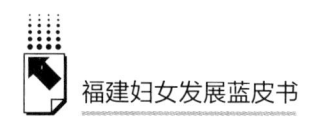

七 妇女与婚姻家庭法

《婚姻法》规定,我国实行婚姻自由,公民享有结婚自由、离婚自由。男女双方有权依法自主自愿缔结婚姻或离婚。

(一)婚姻家庭基本情况

1. 家庭结构和婚姻状况

核心家庭是福建省居民家庭的主要形式,其中2~4人户型占全部家庭类型的63%左右。2010年,家庭户型构成如下:1人户,12.1%;2人户,17.2%;3人户,24.3%;4人户,占21.7%;5人户,占13.7%;6人及以上户占11%。如表13所示。

表13 家庭户类型构成

单位:%

项目\年份	1990	2000	2010
1人户	5.8	9.1	12.1
2人户	8.6	15.5	17.2
3人户	16.8	25.4	24.3
4人户	23.6	24.7	21.7
5人户	21.4	15.8	13.7
6人户	11.8	59	6.4
7人户	5.9	2.2	2.6
8人户	2.9	0.8	1.1
9人户	1.4	0.3	0.5
10人及以上户	1.8	0.3	0.4

资料来源:《福建统计年鉴—2013》,http://www.stats-fj.gov.cn/tongjinianjian/dz2013/index-cn.htm,访问日期:2014-12-1。

福建省15岁以上人口的婚姻情况，根据2010年全国第六次人口普查结果，未婚、有配偶、离婚、丧偶四类人口占15岁及以上人口比重，分别是22.9%、70.6%、1.1%、5.4%。[①] 而区分性别看，未婚人口中，男占26.1%，女占19.8%；有配偶人口中，男占70.0%，女占71.2%；离婚人口中，男为1.2%、女为0.9%，是女低男高；丧偶人口中，男为2.7%，女为8.1%，女明显高于男。如表14所示。

表14　15岁以上人口婚姻状况构成

单位：%

项目\年份	1990	2000	2010
未婚	25.1	24.1	22.9
男	29.7	27.7	26.1
女	20.4	20.4	19.8
有配偶	67.8	69.6	70.6
男	66.1	68.4	70.0
女	69.5	70.7	71.2
离婚	0.6	0.7	1.1
男	0.9	1.0	1.2
女	0.2	0.5	0.9
丧偶	6.5	5.6	5.4
男	3.3	2.9	2.7
女	9.9	8.4	8.1

资料来源：《福建统计年鉴—2013》，http://www.stats-fj.gov.cn/tongjinianjian/dz2013/index-cn.htm，访问日期：2013-12-12。

---

① 《3~9六次全国人口普查人口基本情况》，《福建统计年鉴—2013》，http://www.stats-fj.gov.cn/tongjinianjian/dz2011/index-cn.htm，访问日期：2013-12-23。

福建省结婚登记人数，2011 年 382772 对，其中内地居民 372761 对，涉外及华侨、港澳台居民登记结婚 10011 对；2012 年 381887 对，其中内地居民 371041 对，涉外及华侨、港澳台居民登记结婚 10846 对。[①] 与 2000 年全省登记结婚人数 261314 对相比较，2012 年结婚人口大幅上升了 46.14%。与 2002 年登记结婚 256323 对相比，十年间年登记结婚人数增加了 50%。全省登记离婚人数（未包括法院判决数），2011 年是 48413 对，其中内地居民登记离婚 47132 对，涉及华侨、港澳台居民登记离婚 1281 对；2012 年是 56815 对，其中内地居民 55467 对，涉及华侨、港澳台居民登记离婚 1348 对。[②] 2012 年比 2011 年增加 8402 对，离婚人数快速增多。与 2002 年全省登记离婚 15321 对比较，十年间年登记离婚人数增长了 271%。同比北京市离婚登记对数，在 2011 年为 32999 对，2012 年为 38243 对，同比增长 15.9%。上海市离婚登记人数，2011 年 9.57 万对、2012 年 10.57 万对，一年中增加 1 万对夫妻离婚。全国的结婚率，2011 年为 9.67‰，2012 年为 9.80‰；同年份全国离婚率则分别是 2.12‰、2.29‰。离婚率逐年攀升，婚姻呈现脆弱化现象。

2. 生育状况

此处的生育状况包括妇女生殖健康、生育意愿以及计划生育实施三方面。生殖健康方面，2012 年，福建省级卫生部门对全省 7 个设区市的 24 家民营医疗机构进行助产技术检查，占全省开展助产技术服务的民营医疗机构的 50%。2012 年，全省孕产妇死亡率下降到 16.96/10 万，其中城市为 12.6/10 万、农村为 18.3/10 万。

[①] 《福建统计年鉴—2013》，http://www.stats-fj.gov.cn/tongjinianjian/dz2013/index-cn.htm，访问日期：2014-01-05。

[②] 《福建统计年鉴—2013》，http://www.stats-fj.gov.cn/tongjinianjian/dz2013/index-cn.htm，访问日期：2014-01-05。

从图 1 可以看出，全省孕产妇死亡率呈总体下降的趋势，已接近 2020 年 16/10 万的终期目标。

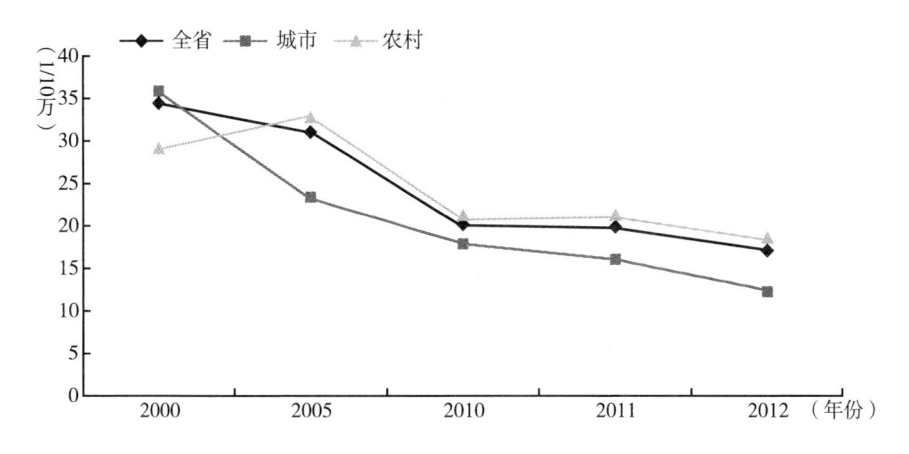

图 1　主要年份孕产妇死亡率情况（2000~2012）

长期提倡和实施一对夫妻只生一个孩子的人口政策，降低了人们的生育意愿。根据 1981~2012 年的出生孩次调查结果，福建省的一孩比例大幅度上升，从 1981 年的 40.9% 提高到 2012 年的 69.0%；二孩比例变化幅度不大；三孩及以上比例大幅度下降，从 1981 年的 29.3% 到 2012 年的 1.1%。这显然是源于计划生育政策的实施（见表 15）。2012 年，福建省已婚妇女避孕率为 87.0%，比

表 15　出生孩次构成

单位：%

项目＼年份	1981	1989	1995	2000	2010	2011	2012
一孩	40.9	46.2	64.6	74.5	68.2	69.5	69.0
二孩	29.8	32.2	28.6	23.3	28.7	28.6	29.9
三孩及以上	29.3	21.6	6.8	2.2	3.1	1.9	1.1

注：1981 年、1989 年、2000 年、2010 年为人口普查数；1995 年、2011 年、2012 年为人口抽样调查数。

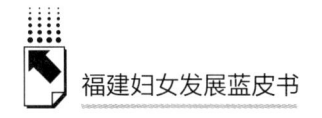

2011年下降0.6个百分点；人工流产率0.32%，比2011年下降0.03个百分点。不过，大部分家庭仍期待拥有两个孩子。

2013年末国家调整人口生育政策，决定实施"单独二孩"政策，允许一方为独生子女的夫妻生育第二个孩子。这极大地满足了人们生育"二胎"的意愿，也将有利于婚姻家庭稳定。

3. 夫妻财产协议

夫妻经平等协商自愿订立财产协议，是我国《婚姻法》赋予的权利。从权威统计数据看，极少数夫妻订立了财产协议并办理了公证。夫妻财产协议公证件数：2000年373件；2005年314件；2010年698件；2011年511件；2012年358件。[①] 公证不是夫妻财产协议生效的必经程序，但是，夫妻处理财产关系办理公证的做法，从一个侧面说明了妇女在夫妻关系上的平等要求和平等能力。

4. 婚姻家庭继承确权、争议和诉讼

越来越多的妇女有能力利用法律主张或维护自己的权利。根据权威统计，福建全省继承权公证文件，2010年14117件；2011年13855件，2012年13997件。而2000年，同类公证文件仅有4319件。亲属关系公证文件：2010年2302件；2011年1940件；2012年2030件。遗嘱公证文件：2010年1684件；2011年1870件；2012年1357件。[②] 尽管这些数字未按性别进行分别统计，但无疑必涉及一定数量妇女。

2012年，福建全省妇联系统受理有关婚姻家庭权益的信访达4791件，涉及干涉婚姻自由、家庭纠纷、离婚、配偶有外遇、家庭暴力等约20类问题。其中，居首位的是涉及家庭暴力投诉的，

---

① 《福建统计年鉴—2013》，http://www.stats-fj.gov.cn/tongjinianjian/dz2013/index-cn.htm，访问日期：2013-12-29。

② 《福建统计年鉴—2013》，http://www.stats-fj.gov.cn/tongjinianjian/dz2013/index-cn.htm，访问日期：2013-12-31。

有1482件，占妇联信访总数的31%；其次是有关离婚投诉，有1183件，占25%；其三是家庭纠纷投诉，有1065件，占22%；信访配偶有外遇的，有390件，占8.1%。

福建全省各级法院依法审理婚姻家庭、继承纠纷案件。2011年审结40703件婚姻家庭、继承纠纷案件，[①]其中婚姻家庭关系案件39433件。2012年审结婚姻家庭、继承纠纷案件191432件，[②]其中婚姻家庭关系案件39460件。司法强化对妇女儿童老人等弱势群体权益的保护。

（二）保障妇女婚姻家庭权益的措施

1. 创新维权工作机制，提高维权实效

近年来，为切实维护妇女儿童合法权益，福建省创新维权方式和手段，健全妇女维权网络，提升维权实效。福建省全面推行妇女议事制、妇女信访代理/协理制、妇女帮扶互助制；力争全省社区（村）妇女维权"三制"工作覆盖率达80%。全省成立妇女议事会1.1万个，参加人数12.5万人，解决1.15万件。全省通过妇女信访代理/协理，解决妇女信访、咨询1.2万件，涉及婚姻家庭、宅基地纠纷等。各级妇联成立妇女互助组1.7万个，参加人数18.5万人，受益人数达106.3万多人[③]。

优先审理涉及妇女权益的案件。根据福建省高级人民法院于2010年11月发布的《福建省人民法院维护妇女儿童合法权

[①] 马新岚：《福建省高级人民法院工作报告》（2012年1月14日）；福建省人大常委会网站，http://www.fjrd.gov.cn/fjrdww/Desktop.aspx?path=/Homepage/FjrdInfoView&gid=8974816c-8f7d-458b-822e-d21a3b3ad2e8，访问日期：2013-10-11。

[②] 马新岚：《福建省高级人民法院工作报告》（2013年1月29日），福建省高级人民法院司法文件，http://www.fjcourt.gov.cn/Page/Court/News/ArticleTradition.aspx?nrid=5be5f761-2ee0-4616-9238-2c92d9dd7005，访问日期：2013-12-20。

[③] 数据由福建省妇女联合会提供。

益工作机制若干规定（试行）》，规范组织机构、工作职责、审判流程、工作制度等，完善优先保护、司法救助、诉讼调解、审判回访等。在全省各级法院全部设立了维护妇女儿童合法权益合议庭。全省法院在审理涉妇女儿童司法维权案件中，普遍采取优先立案、优先审判和优先执行的"三优先"措施。[①] 为更好地适应婚姻家庭案件的特点、优化审理效果，福建省福鼎市法院成立了有独立编制的家事法庭，专职审理婚姻家庭案件。

2. 确保优生优育

宣传男女平等、计划生育两大基本国策。开展文明生育活动和"百乡千村万户新型生育文化示范基地"创建活动，普及避孕节育、生殖健康、优生优育的新型婚育观念与生育文化。落实《福建省孕产妇系统保健管理规范》，加强妇幼保健机构达标建设，扩大产科医疗服务资源，推进产科床位扩增项目落实。提升完善孕产妇死亡和新生儿死亡评审制度，启动危重症孕产妇评审，加大助产技术执法检查力度，努力提高全省产科服务能力和质量，保障孕产妇安全分娩，确保母婴安全。

3. 建立多元化的妇女诉求表达通道

从2011年起，福建全省妇联系统联动开展"妇联主席下基层大接访"活动。实现县以上12338妇女维权公益服务热线全覆盖；开通"闽姐姐微博维权行动"、"闽姐姐观察"等专栏，并开展"微接访"、"微访谈"，倾听妇女群众诉求，及时为网民提供法律咨询、心理疏导服务，对侵害妇女儿童权益的典型案件，及时发声，表明态度。"闽姐姐"听众已超过300万。目前，全省实现了五级妇联信访网络、五级妇女调解网络、县级

---

① 严峻：《福建法院：依法维护妇女儿童合法权益》，福建法院网，http://fjfy.chinacourt.org/public/detail.php? id=12312，访问日期：2013-12-15。

以上妇女法律援助中心（站）、12338妇女公益服务热线、社区（村）妇女维权站"五个"全覆盖；建立了人民陪审员、人民调解员、维权志愿者等队伍。省妇联充分发挥五级信访网络作用，2012年共接待信访6543件，办结率99.8%。

4. 注重婚姻家庭纠纷调解

家庭婚姻纠纷具有成因复杂、纠纷发展快、易激化等特点。家庭关系通常具有"终身性"，绝大多数亲属关系一旦建立便不能够人为改变，当事人须相处终身。发生争议或者矛盾后，如果不能及时有效化解冲突，当事人双方都痛苦。通过调解化解积怨，疏通感情，有利于双方长期和睦相处。而离婚案件，依据《婚姻法》有关规定，必须先行调解，尽可能消除离婚当事人之敌意、化解纠纷、解决争议。在克服"裁判容易，了事难"上，调解具有判决不可比拟的弹性和灵活度。注重调解，充分运用亲情引导、判例教育、心理疏导等方法，从责任、亲情、是非、道德等方面析法明理，耐心开导当事人，引导当事人理性处理家庭纠纷，就可能找到矛盾根源，消除冲动或误会，避免夫妻或其他亲属双方矛盾激化，及时挽救有和好希望的家庭，修复亲属关系，取得了良好的法律效果和社会效果。

建立婚姻家庭纠纷人民调解工作机制，完善矛盾调处。近年来，福建省大力发展调解，积极构建"大调解"格局。2012年，全省有人民调解委员会19392个，调解员12万人，专职司法助理员2218人。[①] 根据福建省妇联、省司法厅《关于建立婚姻家庭纠纷人民调解工作机制的意见》，一是设立婚姻家庭纠纷人民调解组织；二是建立婚姻家庭纠纷人民调解员队伍；三是要加强婚姻家庭

---

① 《福建统计年鉴—2013》，http://www.stats-fj.gov.cn/tongjinianjian/dz2013/index-cn.htm，访问日期：2013-12-25。

纠纷调解的衔接配合，开展联合调解、协助调解和受托调解。建立婚姻家庭纠纷人民调解机制，提高妇联组织依法调解婚姻家庭纠纷水平，改善调解工作成效。在省综治办的指导下，联合有关部门深化平安家庭创建活动，全省创建率达90%以上。增进家庭和睦幸福，促进社会和谐。2011年举办"人民调解、法律援助宣传月"活动，宣传人民调解法、法律援助知识及家庭美德，为居民答疑解惑。福建省高级法院制定印发了《关于婚姻家庭案件调解指导性意见》，强化调解在婚姻家庭案件中的作用。调解纠纷，2011年为16万件；2012年为13万件，[①] 其中婚姻家庭纠纷占较大数量。

诚然，现行调解存在着调解程序规范不充分、强制调解范围过窄、主要依赖法院推动、调解效力难保障、调解员专业水平不高等问题，也存在行政机关对人民调解工作不够重视，基层调委会成员名义上由政法等多部门多机构组成，但在实际工作中，仍以司法所为主而致"大调解"格局未充分发挥作用。

为此，应拓展大调解组织建设。积极推进行业性、专业性调处机制建设，做到机构专设、人员专职、工作专业化。其一，提倡"调解优先"，提高调解人员的素质。选拔具有公正心、文化素质高、沟通协调能力强、调解水平高的人员，提高调解组织的工作能力。其二，提高调解的专业化程度。加快推进法院与人民调解、行政调解衔接机制。通过定期或不定期开展以会代训、以案说法、旁听庭审等方式，加强对人民调解、行政调解业务指导。各级各部门及行业调解组织要按照"属地管理，分级负责"和"谁主管，谁负责"原则，坚持首接责任制。其三，实现效力衔接。对督促仍不履行人民调解协议的，基层人民政府可运用行政手段协助执行。

---

① 《福建统计年鉴—2013》，http://www.stats-fj.gov.cn/tongjinianjian/dz2013/index-cn.htm，访问日期：2013-12-25。

其四，充分利用各级人民调解组织的网络，发挥多方协作的优势，及时排查和掌控纠纷的信息，了解纠纷的背景，并进行先期的调解，将矛盾控制或解决在萌芽状态，构建调解资源共享的网络格局。在居民区设立调解室，集中调解矛盾纠纷，扩大大调解体系的社会覆盖面。积极培育和扶持民间调解组织。社会在不断变迁中，传统的单位组织形式渐渐解体，新型的社会共同体正在形成，政府部门应大力建设适应不同需要、不同行业的调解组织。其五，强化考核和激励机制。其六，切实解决制约大调解工作的瓶颈问题。将大调解的工作经费和人员培训、宣传、补贴、表彰、硬件建设等经费专项列入政府财政预算，加大政府在"防"和"调"方面的经费投入，切实落实和保障调解人员工资、误工补贴、培训费，调委会办公经费、调查取证经费等各项经费的正常开支，充分调动他们的积极性和主动性，使大调解工作机制真正发挥作用。[①]

（三）问题与对策建议

妇女在经济、社会方面处于弱势地位，女性依法享有的婚姻家庭权利得不到保障的情形时有发生。婚外情现象频繁发生，"小三"成为社会热点名词，一夫一妻制婚姻、家庭和睦稳定受到威胁。家庭暴力现象较严重，尚未实现所有遭受家庭暴力的妇女均及时获得救助。离婚率逐年上升，离婚人口增多，因当事人未能妥善理性处理好夫妻冲突，导致未成年子女抚养照管不力等问题。

为此，必须大力宣传《妇女权益保障法》，使人人知晓妇女享有的法定权益。加强学习，努力提高妇女的权利意识和维权能力。建设反家暴的社会文化，加大对受暴者及其家庭的社会支持力度，

[①] 兰溪市人民法院课题组：《关于构建大调解格局中存在问题的调研》，http://www.lxcourt.gov.cn/show_passage.php?id=618，访问日期：2013-11-28。

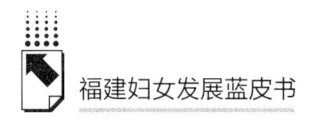

促进国家尽快颁行防治家庭暴力的专门法。整合各方资源，建立健全维权机制。加强婚姻家庭道德宣导，减少"婚外情"现象。提高帮扶、服务老年妇女、流动妇女、留守妇女、失足妇女等特殊群体的服务水平。

总之，2011～2013年，福建妇女在依法享有各项权利基础上，实现其法定权利的状况有所改善，妇女实际地位有所提升，然而，有关法律规定未得到切实贯彻实施，妇女享有的法定权利依然未获得全面实现；对侵害妇女合法权益的违法行为，未能逐一及时纠正、追究。城乡妇女群体之间的差距明显，有关农村地区妇女的统计数据少。未来，应当促进社会各个领域的性别统计分析，为保障妇女享有平等权提供验证。应当在社会宣传、公共政策制定、法律法规实施等所有方面，在经济社会所有领域，切实贯彻实施男女平等基本国策，全面促进妇女平等权益的实现。

B.9 闽台妇女交流合作的成效与展望

林 星[*]

摘 要: 近年来,闽台妇女交流日益频繁,取得了显著成效。交流的规模、形式和层次等都产生了许多新的变化,呈现率先性、频繁性、品牌化、学术性、多元化、情感性、机制化等特点,但同时也存在一些问题。因此,要建立一套创新多元机制,形成全方位、宽领域的发展格局;创新品牌,扩大交流活动的影响力;提升对在闽女台商、台商眷属和两岸通婚的管理与服务水平;加强海峡两岸妇女/性别的研究、教学,行稳致远,促进闽台妇女交流合作。

关键词: 闽台妇女 交流合作 成效

福建与台湾隔海相望,闽台有着深厚悠久的历史渊源。近年来,随着两岸关系走向缓和,闽台妇女的交流更为密切,各种不同类型的交流活动在闽台两地相继展开,异彩纷呈,加强了彼此之间的联系。作为海峡两岸民间交流的重要组成部分,闽台妇女交流逐渐成为两岸民间往来的一大亮点,增进了两岸

---

[*] 林星,福建省委党校、福建行政学院闽台关系研究中心、社会与文化学教研部,教授、博士。

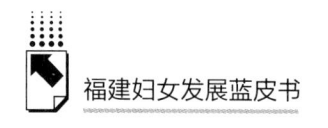

基层民众交流的实效性,对促进两岸关系的和平发展有着积极意义。

一 闽台妇女交流的基础和意义

2008年两岸关系实现了历史性转折。经过6年发展,两岸关系和平发展进入了巩固深化的新阶段,两岸同胞往来频繁、经济联系密切、文化交流活跃、共同利益广泛,呈现前所未有的良好态势。十八大报告明确指出:"我们要持续推进两岸交流合作。"新形势下,发挥"五缘"优势,更有效深入地开展闽台妇女民间交流活动,有利于融洽两岸妇女感情,促进两地社会经济发展和两岸民众的文化认同、民族认同。

(一)"五缘"优势是闽台妇女交流合作的基础与条件

福建与台湾有着"地缘相近、血缘相亲、文缘相承、商缘相连、法缘相循"的密切关系,大多数台湾民众祖籍是在福建。两岸妇女同为炎黄子孙,有着割不断的血脉联系和文化渊源,相同的历史和文化背景。独特的五缘优势是发展闽台关系的最重要基础,也是推进闽台妇女交流合作的天然纽带和原动力。两岸妇女多领域、多层次地开展交流与合作,为推动两岸关系和平发展作出了积极的贡献。

(二)政策为闽台妇女交流合作提供良好的支持

2010年至今,国务院相继批复《关于支持福建省加快建设海峡西岸经济区的若干意见》、《海峡西岸经济区发展规划》、《平潭综合实验区总体发展规划》等。《福建省国民经济和社会发展第十二个五年规划纲要》提出，建设两岸交流合作先行先试区域，大力推进两岸经贸合作、文化交流和人员往来，努力构建吸引力更强、功能更完备的两岸交流合作前沿平台。① 这些政策为进一步推进闽台交流合作注入了强劲动力，福建在对台交流合作中的地位更加凸显，也为闽台妇女合作提供了政策支持。

（三）闽台妇女是促进两岸关系和平发展的重要力量

当前，两岸关系和平发展越来越得到两岸同胞的认同和支持，日益成为两岸民意的主流。两岸同胞的经常沟通交流是进一步增进感情、共同发展的基础。在两岸共同发展的过程中，如何发挥妇女的力量，使两岸都能更加繁荣和进步，是两岸关注和致力的焦点。妇女是促进两岸民间交流的一支重要力量，是中华文化的传承者，是亲情、乡情、友情的传递者，是和平、和睦、和谐的传播者。两岸妇女交流与合作潜力巨大。妇女事务是两岸交流与合作的一个重要领域，广泛开展两岸妇女交流交往，有利于夯实、促进两岸关系和平发展的民意基础，进一步推动两岸妇女携手发展、共同进步。② 闽台妇女珍惜和平发展机遇，相互学习，相互帮助，相互交流，成为巩固两岸和平发展的促进者、实现中华民族伟大复兴"中国梦"的践行者、深化两岸妇女交流和促进"两岸一家亲"的推动者。

（四）闽台妇女交流合作促进两地社会经济的发展

两岸已经成功签署《海峡两岸经济合作框架协议》（EFCA），为进一步加强交流合作搭建了更为广阔的机制性平台，这是两岸妇

---

① 《福建省国民经济和社会发展第十二个五年规划纲要》，《福建日报》2011 年 1 月 25 日。
② 《第三届海峡论坛——海峡妇女论坛开幕》，中国妇女网，http：//www.fjwomen.org.cn/html/20110614/510987.html。

女加快发展事业的难得机遇。福建和台湾在产业发展水平、资源条件、生产成本等方面都存在较大差异,在产业上具有优势互补和兼容性,为推进妇女合作提供了广阔的空间与良好的发展前景。以农业为例,闽台地缘相近,两地气候、土壤等农业生产条件相似。改革开放以来,一批批台湾农业界人士跨越海峡到福建投资兴业,开辟新的家园。目前,海峡两岸农业合作试验区已扩大至福建全省,台湾农业投资区从福建沿海向山区不断拓展,闽台农业合作正在向多层次、全方位发展。闽台两地妇女从事的主要行业多为农林渔牧业、批发零售餐饮业、社会服务及个人服务业,这些产业在生产要素如资金、技术、土地、劳动力、管理经验、营销渠道等方面具有较强的互补性,形成巨大的合作优势与潜力。加强两地妇女的合作,可以有效地促进两地生产要素的优化配置,进而促进两地社会经济的发展,实现双赢。①

(五)闽台妇女交流合作推动家庭建设和女性发展

海峡两岸同胞根生同源,血脉相连,中华民族五千年的灿烂文化更是联结两岸人民的纽带。两岸妇女有很多共同的话题,也面临相同的挑战。随着两岸教育程度的提升和经济自主意识的提高,加速了女性投入劳动市场,越来越多的女性投入职场中,对经济的发展发挥了重要作用。闽台妇女的政治地位与社会地位不断提高,但与男性相比,女性仍处于劣势,需要相互联系,共同合作。习近平总书记在同全国妇联新一届领导班子集体谈话时提出:"注重发挥妇女在社会生活和家庭生活中的独特作用,发挥妇女在弘扬中华民族家庭美德、树立良好家风方面的独特作用。"2014 年,全国妇联

---

① 郑逸芳、苏时鹏、黄静晗、刘淑兰:《闽台妇女合作平台建设问题研究》,《台湾农业探索》2007 年第 3 期。

在深化五好文明家庭创建活动的基础上，组织开展寻找"最美家庭"活动。妇女在推动社会发展、构建和谐家庭中发挥着特殊的不可替代的作用，交流有利于增进两地妇女的友谊，促进妇女进步发展。两岸妇女加强经贸交流合作，结合台湾与福建的资金、技术、投资管理经验以及劳动力、市场、原料等要素，可以产生较高的收益，提高妇女的地位。如福建的台湾农民创业园和台商农业合作社培训当地妇女提高种植技术，促进她们的家庭增收致富。妇女是两岸民间交流的参与者、推动者，按照双向互动、合作交流、循序渐进的精神，积极推动并加强双方各项交流交往，常来常往，相互学习，加强交流，深化合作，共谋两岸社会经济进步和妇女的发展。

二 闽台妇女交流合作的现状

闽台妇女交流活动走在全国前列，近年来，两地交流层次日益加深，交流领域得到了不同程度的拓宽，从零散的联谊互访逐步发展到多样化的经济和社会合作，交流的频度也越来越高，取得了显著成效。两岸妇女交流的规模、形式和层次等都产生了许多新的变化，呈现率先性、频繁性、品牌化、学术性、多元化、情感性、机制化等特点。

（一）率先性——先行先试，开拓闽台妇女交流新局面

福建省先行先试，率先入岛举办"海峡妇女论坛"；率先邀请台湾代表团参加妇女健身大赛；率先开展两岸妇女组织和两岸家庭结对活动；率先依托厦门大学成立海峡两岸性别研究与教学中心；率先建立两岸妇女合作生产（发展）基地，实现了妇女交流合作创新突破，在全国都具有典型意义。各级妇联发挥了重要的作用，省妇联积极组织和推动全省各级妇联开展海峡妇女交流工作。各设

区市妇联从当地的实际出发,挖掘资源,搭建两岸妇女交流平台,积极参与海峡论坛·海峡妇女论坛,打造各地的子论坛活动,推动了两岸妇女特别是基层民众的交流,产生了良好效应。① 福建妇女界赴台举办论坛,开展研讨、洽谈、拜会、联谊等,联系台湾社会各界人士,给台湾姐妹和各界人士留下了美好印象,显现了妇女在闽台交流中特殊的作用和明显的优势。

(二)频繁性——常来常往,促进闽台妇女交流常态化

闽台妇女组织互访交流可以追溯到1998年。1998年福建省妇联首度组团赴台访问,打开了闽台妇女团体互访的大门。1999年应福建省妇联邀请,台湾妇女菁英友好访问团一行8人来闽进行为期7天的参观访问,这是台湾妇女首次组团访问福建省。

闽台妇女组织联系日益紧密,互访日趋频繁,两岸妇女民间交流更加活跃。2007年8月,由福建省妇联、台湾妇女会总会等联合在台湾举办第三届"海峡妇女论坛",实现了大陆妇女组织入岛交流的新突破。② 2010年6月23日,福建省领导在福州会见了来闽出席海峡妇女论坛的辜严倬云女士一行。③ 2011年6月,福建省妇女儿童交流访问团访问金门。2011年8月,金门县妇女会理事长许华玉率团一行12人来访,向省妇联介绍了金门县妇女会与厦门市妇联长期合作开展"厦金夏令营"等闽台妇女交流活动。④ 2011年12月,福建省妇联访问团一行8人赴台湾交流访问。⑤

---

① 福建省妇联联络部:《凝聚海峡妇女力量,拓展两岸交流合作——省妇联2007~2012海峡妇女工作总结》(内部资料),2012年8月。
② 《闽台妇女交流:实现规模、领域、层次上的突破》,《海峡瞭望》2011年第12期。
③ 《福建省领导会见辜严倬云女士一行》,《福建日报》2010年6月26日。
④ 福建省妇联联络部:《省妇联领导接待金门县妇女会访问团》,http://www.fjwomen.org.cn/html/20110804/075572.html。
⑤ 福建省妇联联络部:《两岸同根姐妹同心——福建省妇联访问团赴台交流》,http://www.fjsen.com/women/2011-12/29/content_7501501.htm。

2012年2月，福建省妇联召开座谈会，欢迎台湾中华生产党访问团一行25人。福建省妇联介绍了福建省妇女就业、教育、参政、参与社会管理等的基本情况和省妇联的工作情况。福建省巾帼志愿者协会与台湾中华生产党妇女部签订了友好合作框架协议，并就妇女就业培训、志工工作、涉台婚姻等话题进行了交流讨论。① 2012年7月19日，台湾真善美会长联谊会妇女交流访问团一行27人来福建省妇联访问。访问团团长李钟桂介绍了真善美基金会以及台湾各县市真善美联谊会，坚持以倡导美化家庭活动、促进家庭幸福生活，结合妇女才智热忱、扩大参与社会服务，加强妇女生涯教育、增进身心健康发展，培养妇女领导才能、建立真善美社会为工作目标，本着妇女服务社会的使命，鼓励妇女成就自己，积极投入服务社会工作的经验和做法。② 2013年6月16日，全国人大常委会副委员长、全国妇联主席沈跃跃在厦门会见了出席海峡妇女论坛的台港澳妇女界嘉宾代表，台湾中华妇女会总会理事长李仁人等出席会见活动。③ 截至2012年，福建省已有7个设区市妇女组织与台湾9个县市妇女组织、闽台10对乡镇妇女组织、3对妇女行业组织、5对幼儿教育机构签订了交流合作协议，在全国走在前列。④ 2013年9月8日，中华海峡两岸妇女经贸文化交流协会厦门办事处正式落户厦门市海沧区，这是台湾妇女社团在大陆设立的首个办事处。办事处将在两岸妇女交流中发挥独特的平台、纽带、窗口的三位一体作用。厦门市妇联、厦门市海沧区、中华海峡两岸妇女经贸文化交

---

① 福建省妇联联络部：《省妇联接待台湾中华生产党访问团》，http://www.fjwomen.org.cn/html/20120221/076376.html。
② 福建省妇联联络部：《省妇联领导接待台湾真善美会长联谊会妇女交流访问团》，http://www.fjwomen.org.cn/html/20120720/776566.html。
③ 《全国人大常委会副委员长、全国妇联主席沈跃跃会见出席海峡妇女论坛的台港澳妇女界嘉宾代表》，http://www.fjwomen.org.cn/html/20130618/564881.html。
④ 福建省妇联联络部：《凝聚海峡妇女力量，拓展两岸交流合作——省妇联2007~2012海峡妇女工作总结》（内部资料），2012年8月。

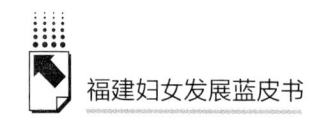

流协会三方代表共同签订了合作交流协议。①

两岸基层妇女组织及妇女行业协会形成对口合作、常态往来的双向互动机制和格局。福州、厦门、漳州、泉州、莆田、南平等市妇联发挥地域优势,拓展与台湾妇女界的交往。厦门市成立了台商投资企业协会妇女委员会。2006年,厦门市妇女联合会与台中市妇女会在厦门共同签署了两市妇女组织友好交流合作协议书。2007年,泉州市妇联与台南县妇女会签订交流合作协议。② 2008年5月,泉州市妇联与泉州市海外联谊会组织泉州市各界妇女近60人,赴澎湖、金门参访交流。2008年9月,漳州市各界妇女代表赴台参访,和嘉义县妇女会缔结了姐妹会,并就加强两地妇女交流合作签署了备忘录。11月,赴台参访团成员又和嘉义县妇女会及其十八乡镇妇女会成员相聚漳州。③ 2009年,福州市妇联与高雄市和高雄县妇女会签署了交流合作意向书,将按照双向互动、合作交流、循序渐进的原则,积极推动并加强双方各项交流交往,增进友谊,促进妇女事业的发展。2009年11月,三明市妇联与花莲县妇女会在三明签署了交流合作协议。2009年12月,在武夷山举行"共谋进步发展"的海峡两岸姐妹座谈会,来自南平市女企业家联谊会和台湾妇女菁英联盟的34名代表进行交流,推动"组织开展人员互访活动"和"举办密切两地妇女合作交流的活动"等交流合作项目,签订了两岸姐妹合作意向书。同时,台湾华亚旅游学会和武夷山市旅游协会还签订旅游合作意向书,加强合作。④ 2011年4月23日~30日,龙岩市妇联组织各县(市、区)妇联主席等8人赴

---

① 《中华海峡两岸妇女经贸文化交流协会设立厦门办事处》,http://www.fjwomen.org.cn/html/20130910/901624.html。
② 福建省妇联联络部:《第三届海峡巾帼健身大赛情况报告》(内部资料),2009年5月27日。
③ 《台湾嘉义县妇女会来漳参访》,http://www.fjwomen.org.cn/html/20081117/659574.html。
④ 《海峡两岸姐妹座谈会举行》,《福建日报》2009年12月8日。

台开展海峡客家妇女文化交流活动。考察团一行拜访了中华世界客家妇女协会、新北市板桥区文德国民小学等，交流妇女教育、妇女权益保护、妇女创业就业和家庭教育等方面的经验。①

互访交流使福建省妇联结识了几十个台湾妇女团体，与台湾中华妇联总会、台湾中华妇女会总会、台湾中华妇女会、中华海峡两岸妇女经贸文化交流协会、中华工商妇女企业管理协会、台湾真善美基金会、台湾女企业家协会、台湾妇女菁英联盟、中华新世代艺术文化交流协会、中华文耀文教经贸交流协会、台湾现代妇女基金会、中华生产党、中华妇女党等重要妇女团体，以及25个县市妇女会、妇联等组织建立了密切联系，与辜严倬云、蔡铃兰、李仁人、林澄枝、洪秀柱、李钟桂等妇女领袖建立了长期的联系。福建省妇女组织持续开展闽台民间妇女互访交往，1998~2008年，福建省妇联先后组织14批218人次各界妇女赴台访问，邀请台湾妇女团体55批1100余人次来闽访问，与岛内13个有影响的妇女组织建立了联系。② 2006~2012年，全省各级妇联先后组织福建省各界优秀妇女38批725人次赴台交流，先后邀请接待了台湾各界妇女123批4849人次来闽交流，两岸妇女活跃在基层妇女组织、科技、金融、教育、工商、文体、新闻传媒、旅游等各个领域，形成了你来我往的活络交流局面。③

（三）品牌化——打造品牌，提升闽台妇女交流层次

目前，闽台妇女交流已经打造了"海峡妇女论坛"、"海峡巾

---

① 《龙岩市妇联组团赴台开展海峡客家妇女文化交流活动》，http：//www.fjwomen.org.cn/html/20110509/980479.html。
② 《八万余福建女嫁台湾　闽台妇女交流趋热络》，http：//news.sina.com.cn/o/2008-01-18/154813285541s.shtml。
③ 福建省妇联联络部：《凝聚海峡妇女力量，拓展两岸交流合作——省妇联2007-2012海峡妇女工作总结》（内部资料），2012年8月。

帼健身大赛"、"海峡妇女艺术节"、"两岸家庭联谊"、"海峡亲子论坛"、"海峡家教论坛"、"厦金亲子夏令营"、"闽台乡情之旅"等一系列品牌活动,在形成闽台妇女民间交流的规模效应和整体声势的基础上,逐步提升交流平台的品牌内涵。

1. 海峡妇女论坛效应日益凸显

作为一个以妇女为主体的两岸民间交流活动,海峡妇女论坛是一年一度海峡论坛的重要组成部分,以其独特的魅力成为两岸交流合作中的一项特色品牌。海峡妇女论坛创办于2001年。2010年起被列为海峡论坛重要交流项目。论坛自创办以来,始终紧扣两岸和谐发展主题,突出民间特色和妇女视角,注重建立长效的合作交流机制。如2010年6月的第二届海峡论坛·海峡妇女论坛包括开幕式、论坛大会、两岸女书法家作品展和六个设区市妇联结对大交流活动等。论坛以"推动两岸合作、促进和谐发展"为主题,邀请台港澳的400多名妇女,围绕两岸妇女就业与创业概况、妇女创业与经济发展新趋势、推动厦台旅游合作打造海峡旅游品牌、和谐社会妈祖文化、共建平潭综合实验区等议题进行研讨。[①] 这次论坛更加突出民间交流的主题,台湾嘉宾除了辜严倬云这样的知名妇女社团领袖,更多的是来自各界基层的妇女,其中不少人是台湾中南部的乡里长。结束在厦门的活动后,她们还赴福州、三明、泉州等地,与当地的妇女就乡镇发展模式、经贸合作、两岸婚姻、家庭教育等领域进行广泛交流探讨。[②] 2011年海峡妇女论坛升格为由全国妇联主办。第三届海峡论坛·海峡妇女论坛以"两岸姐妹携手、共促和谐发展"为主题,围绕《海峡两岸经济合作框架协议》

---

① 《海峡两岸妇女交流活动暨海峡妇女论坛开幕》,http://www.fjwomen.org.cn/html/20100622/308877.html。
② 《海峡妇女论坛:期待"美丽的力量"》,http://www.fjwomen.org.cn/html/20100623/317785.html。

(ECFA)顺利实施的形势要求,突出了两岸同胞的深情厚谊,彰显了妇女群体的鲜明特色。① 本次论坛坚持突出深耕基层、经济合作等新元素,深入探讨了闽台文化、家庭亲情、经济合作、数字通信等两岸妇女共同关心的议题。2012年6月,第四届海峡论坛·海峡妇女论坛暨海峡巾帼健身大赛,以"海峡女性与健身交流"为主题。② 2013年,第五届海峡妇女论坛由全国妇联主办,福建省妇联、台湾中华妇女会总会承办,厦门市、漳州市、莆田市妇联及平潭综合实验区妇工委共同协办。论坛以"家庭和谐艺术绽放"为主题,在福建共举办了14场交流活动,包括海峡和谐家庭文化论坛、和谐家庭文化艺术展、两岸女艺术家共绘海峡美景书画笔会、组织台港澳嘉宾参观考察厦门海沧青礁慈济宫等,并组织台湾嘉宾分赴漳州、莆田和平潭综合实验区交流考察等一系列活动。③ 台湾艺术家们参观漳州诏安书画城、沈耀初美术馆,并在诏安与当地艺术家进行书画笔会。台南市、嘉义市、台东县和澎湖县妇女会的嘉宾们参观了湄洲妈祖祖庙、仙游工艺博览城,考察了台湾农民创业园。④ 来自两岸的女企业家、专家学者、妇女工作者、基层妇女群众代表600余人参加论坛及开幕式。⑤ 170位台湾各界妇女嘉宾来自台湾中华妇女会总会和县(市)、乡妇女会,台湾中华生产党、台湾中华文耀文教经贸交流协会、台湾中华新世代艺术文化交流协会等15个妇女社团。论坛开展了20多场两岸妇女共同关注的妇女议题研讨会和20多场联谊交流活动,促进了两岸女性凝

---

① 《第三届海峡论坛·海峡妇女论坛举行》,《人民日报》2011年6月13日。
② 《第三届海峡妇女论坛厦门登场,突出三大亮点》,http://www.fjwomen.org.cn/html/20110614/717593.html。
③ 福建省妇联联络部:《第五届海峡妇女论坛暨海峡和谐家庭文化艺术展情况报告》(内部资料),2013年6月25日。
④ 福建省妇联联络部:《2013年省妇联对台交流工作总结》(内部资料)。
⑤ 《第五届海峡论坛·海峡妇女论坛开幕》,http://www.fjwomen.org.cn/html/20130619/837656.html。

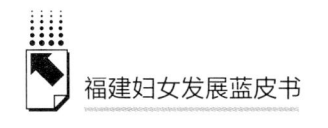

聚共识。

海峡妇女论坛作为海峡论坛民间交流活动的重要组成部分，是海峡妇女交流的重要平台和特色品牌，它始终紧紧围绕两岸和平发展的主题，紧跟两岸关系发展进程，以传承中华文化为主线，以促进两岸妇女交流合作为主旨，以亲情、友情、姐妹情为纽带，在促进两岸妇女往来、密切经济联系、增强文化认同等方面发挥了独特而重要的作用，取得了一系列积极成果。[①]

2. 海峡巾帼健身大赛彰显特色

海峡巾帼健身大赛活动是开展闽台妇女交流活动的重要品牌，台港澳均组团前来参赛，在福建省乃至全国都是首创，开辟了海峡两岸妇女交流新渠道。2002年首届"八闽巾帼健身大赛"在福州市举办。2006年4月，第二届大赛在厦门举办，首次邀请台港澳、金门妇女参加大赛，并更名为"海峡巾帼健身大赛"。2009年5月，由福建省妇联和福建省体育局联合主办，泉州市妇联、市体育局承办的"海峡论坛·第三届海峡巾帼健身大赛"在泉州举行。海峡巾帼健身大赛被列入首届"海峡论坛"之"两岸民间交流嘉年华"系列活动，进一步提升了大赛的层次和规格。大赛以"海峡巾帼展英姿　交流合作促发展"为主题，来自福建全省9个设区市、省直机关、省个私协及台港澳代表团共14个代表团的1000多名海峡女性云集泉州，同台竞技。台湾代表团成员由台湾中华妇女会、台湾妇女菁英联盟、高雄市妇女会、台南县妇女会、高雄县妇女会等妇女社团共99人组成，她们中90%左右是新面孔，其中台湾南部的代表占台湾代表团比例近50%。[②] 2012

[①] 《第五届海峡论坛·海峡妇女论坛开幕》，http：//www.fjwomen.org.cn/html/20130619/837656.html。

[②] 袁素玲、邱胜斌：《海峡姐妹交流合作的盛世华章——海峡论坛·第三届海峡巾帼健身大赛侧记》，《海峡姐妹》2009年第6期。

年,第四届海峡巾帼健身大赛在龙岩举办。大赛以"激扬福建精神 跃动巾帼风采"为主题,来自台湾、香港、澳门和福建省15个代表团的51支参赛队近1500人参赛,带来具有当地传统特色且有科学性、健身性、推广性的项目,本届大赛是"海峡姐妹与健身同行 巾帼健身创幸福生活"的欢乐嘉年华。①

3. 海峡妇女艺术节展现魅力

2008年11月,首届海峡妇女艺术节由全国妇联支持,福建省妇联、福建省文联、台湾中华妇女会总会联合主办,以"情牵两岸姐妹 艺展海西风采"为主题,在福建省民间艺术馆隆重举行。艺术节举办了开幕式、海峡妇女艺术精品展、闽台文化艺术论坛、"海峡风·姐妹情"联欢晚会和"海西行"考察活动五大系列活动。它为两岸四地妇女团体首次在文化艺术领域的交流提供了重要的平台,进一步深化海峡两岸妇女在经济、科技、文化等各个领域的交流与合作,努力把海峡西岸经济区建设成为两岸人民交流合作的先行区。② 全省各级妇联、文联广泛发动妇女艺术家参加首届海峡妇女艺术精品展,闽台两地女艺术家共有300多件入围参展。③ 2012年第四届海峡论坛·海峡妇女论坛以"妇女发展与中华文化"为主题,以传承中华文化为主线,以促进两岸妇女合作共赢为主旨,围绕区域文化、企业文化、家庭文化等议题展开研讨,凝聚共识。④ 2013年6月,海峡和谐家庭艺术展在厦门举行。

---

① 福建省妇联联络部:《凝聚海峡妇女力量,拓展两岸交流合作——省妇联2007~2012海峡妇女工作总结》(内部资料),2012年8月。
② 《两岸家庭广场舞展示在厦门举行》,http://www.fjwomen.org.cn/html/20140615/112664.html。
③ 福建省妇联联络部:《泉州市妇联等12个单位被授予首届海峡妇女艺术精品展组织奖》,http://www.fjwomen.org.cn/html/20081207/498811.html。
④ 福建省妇联联络部:《凝聚海峡妇女力量,拓展两岸交流合作——省妇联2007~2012海峡妇女工作总结》(内部资料),2012年8月。

4. 两岸家庭交流别具一格

一是拓宽家庭交流平台。家庭是社会的细胞，家庭和谐是社会和谐的基础，妇女在家庭生活和社会发展中具有特殊而重要的作用。两岸和谐家庭交流活动在家庭领域推动了海峡两岸的和谐、合作与共赢。2008年，首届海峡儿童欢乐节、"海峡两岸家庭趣味运动会"、"七彩书画·快乐童年——首届海峡儿童书画展"、"手牵手·心连心——少儿戏曲晚会"等一系列精彩纷呈的活动，为海峡两岸的少年儿童构筑了亲情的家园和交流的平台。2011年6月，开展了两岸百对家庭联谊活动，300多户家庭欢聚一堂，结对联谊，进一步发挥了两岸妇女组织贴近家庭的优势，分享两岸家庭教育的成功经验。与会嘉宾、结对家庭300人还前往厦门园博苑闽台园开展"两岸妇女、家庭共植亲情树活动"，并为"心手相连、友谊长青"纪念碑揭牌。①台湾家庭分赴福建各地，与结对的福建家庭互动联谊，结下了深厚的友谊。8月，为进一步巩固两岸百对家庭联谊活动成果，应台湾结对家庭的邀请，福建省妇联组织了福建省家庭赴台回访交流团一行55人，赴台湾进行了为期7天的回访交流活动。家庭结对交流互动，将两岸家庭紧紧靠拢在一起，推动两岸家庭交往常态化。②

二是广泛交流研讨两岸家庭教育和亲子和谐。福建省妇联召开"海峡家教论坛"，打造"海峡亲子联谊"品牌，增进台湾妇女儿童对中华文化的认同。2007年，赴台湾举办"第三届海峡妇女论坛"，其中"家庭教育与儿童发展"是重点话题之一。2011年6月，福建省妇联再次赴台举办以"良好教育和谐家庭"为主题的

---

① 《第三届海峡妇女论坛开幕 两岸百对家庭大联欢》，http：//www.fjwomen.org.cn/html/20110614/142648.html。
② 《福建家庭赴台交流侧记：两岸家庭心近情深意浓》，http：//www.fjwomen.org.cn/html/20110902/008452.html。

两岸家庭教育研讨会,两岸家庭教育专家、学者、妇女工作者等共500多人参加了活动。围绕儿童发展与社会环境、社区指导、学校教育、家庭教育、心理干预、权利保障等议题进行了深入探讨。同期组织了福建省幼儿和家长200多人赴台举办两岸亲子阅读活动,以"悦读·阅读"为主题,两岸幼儿进行了"我的头脑长翅膀——童言童语"创意互动,进一步提升两岸幼儿的想象力,交流取得了良好成效,受到两岸家长和幼儿工作者的赞赏。两岸10家儿童教育机构就家庭教育等议题签订了合作交流协议,推动两岸家庭亲子活动健康发展。厦门市妇联连续5年与金门县妇女会携手开展"厦金亲子夏令营",举办"两地妈妈家教感言"活动等。[①]2013年第五届海峡妇女论坛举行了两岸家庭和谐文化论坛,围绕家庭和谐文化的演变和建设进行研讨。[②] 这些形式多样、扎实有效的两岸家庭交流活动,推动了两岸共同发展。

(四)多元化——合作共赢,搭建闽台妇女交流的新平台

共谋合作发展是两岸同胞的共同追求。通过举办两岸妇女经贸论坛等活动,在闽台妇女共同关注的农业、经贸合作、就业与创业、书画艺术、职业培训等领域推动两岸妇女合作与发展。

1. 实现闽台妇女合作项目对接

漳平永福台湾农民创业园和仙游台湾农民创业园是国家级的台湾农民创业园,并将建设成为两岸交流合作平台、高山茶和花卉基地、新农村建设示范基地及乡村旅游观光休闲基地。永福台湾农民创业园已成为大陆最大的台湾软枝乌龙茶基地,被称为

[①] 福建省妇联联络部:《凝聚海峡妇女力量,拓展两岸交流合作——省妇联2007~2012海峡妇女工作总结》(内部资料),2012年8月。

[②] 《第五届海峡论坛·海峡妇女论坛开幕》,http://www.fjwomen.org.cn/html/20130619/837656.html。

"大陆阿里山"，创业园区内90%左右的妇女积极参与花卉、茶叶、蔬菜等特色产业的生产，参与"一村一品"、村庄绿化美化等新农村建设。创业园还吸纳妇女常年在园区就业，增加收入，创业园已成为漳平市妇女创业、就业的重要基地。① 2009年，仙游县妇联在仙游台湾农民创业园山益农场甜柿栽培基地举办农村妇女台湾甜柿栽培与管理技术培训班。漳州市妇联、市农业局、漳浦县妇联在漳浦县长桥镇政府举办"漳州市农村妇女台湾名优水果（芭乐）栽培技术培训班"。② 2013年9月，一场主题为"如何提升养殖利润，零排放养殖技术"的交流会在漳浦县赤湖镇举行，来自台湾的养殖专家通过交流互动，为赤湖养殖户带来了环保养殖技术，赤湖镇各村妇代会组织养殖户参加学习。③ 2013年9月，永定县成立了"闽台妇女合作生产基地"，以此为平台引进推广台湾的新品种、新技术，促进两岸妇女交流合作，推进两岸妇女共同致富，目前已开始收成"越光米"和"绢光米"台湾优质水稻。④ 2013年10月，漳州市台商云霄县宏国电子有限公司和诏安县大铺山闽台现代农业专业合作社被授予"闽台妇女合作生产基地"牌匾。⑤ 通过培训和生产合作基地的建设及示范辐射作用，进一步扩大两岸妇女交流领域，探索闽台妇女经贸合作新渠道，大量引进台湾发达的农业技术与福建优越的生态

---

① 《漳平市永福台湾农民创业园成为妇女创业就业的重要基地》，http://www.fjwomen.org.cn/html/20080722/068820.html。
② 《仙游县妇联举办农村妇女台湾甜柿栽培与管理技术培训》，http://www.fjwomen.org.cn/html/20090924/210256.html。
③ 《台湾养殖专家为赤湖养殖户"支招"》，http://www.fjwomen.org.cn/html/20130924/058925.html。
④ 《稻香飘闽台 合作结硕果——"闽台妇女合作生产基地"揭牌》，http://www.fjwomen.org.cn/html/20130922/694647.html。
⑤ 《省妇联为漳州闽台妇女合作生产基地授牌》，http://www.fjwomen.org.cn/html/20131028/499113.html。

资源有机结合，为两岸妇女学习现代农业生产新技术、新经验提供一个良好平台。

2. 拓展两岸妇女经贸合作

福建省妇联、省海外妇女联谊会联合举办的"海峡妇女创业论坛"，吸引女性企业家共创商机，女性日益成为海峡两岸创业的生力军。福建省妇联以海西重大经贸活动为契机，邀请台湾妇女社团组织女科技人员和女企业家参加福建"6·18"项目成果交易会，提供科研成果，对接技术需求。2007年，邀请台湾女企业家协会组团参加"6·18"项目成果交易会，对接了11个闽台农业、环境保护等领域的经济项目，总投资2.9亿元。① 2010年6月18日，借助"第八届中国·海峡两岸项目成果交易会"的平台，在福建省海峡国际会展中心举办海峡两岸妇女交流活动暨妇女创业创新成果博览会。博览会以"巾帼创新业、和谐促发展"为主题，将妇女创业创新成果与科研发明、低碳经济及绿色环保相结合，展示了蕴涵新工艺、新创意、新材料、新生活的妇女创业创新项目成果，体现了精致秀美的手工编织创意文化以及传承非物质文化遗产的艺术作品，使参观者充分领略到科技含量与时尚创新元素相结合的魅力。博览会达成科技对接项目49项，涉及现代农业开发、生物医药、环保技术、资源综合利用等10多个领域。博览会进一步彰显两岸妇女姐妹自强不息、奋发进取、勇创新业的时代风采，进一步促进两岸妇女姐妹共享资源、优势互补、共同发展，为展示妇女创业创新成果提供了更加广阔的舞台。②

---

① 《八万余福建女嫁台湾　闽台妇女交流趋热络》，http://news.sina.com.cn/o/2008-01-18/154813285541s.shtml。
② 《海峡两岸妇女交流活动暨妇女创业创新成果博览会开幕　陈至立出席宋秀岩致辞》，《中国妇女报》2010年6月23日。

3. 拓展专业技术领域的两岸妇女民间交流

2011年海峡妇女论坛上，就经济合作、数字通信等两岸妇女共同关心的经济科技发展和民生议题设置了"两岸女企业家发展和两岸妇女与信息技术"分论坛。两岸女企业家、IT业女代表分别围绕"合作共赢，同创未来"和"信息海峡，共赢未来"等主题进行了深入探讨。① 两岸女企业家发展分论坛由中国女企业家协会、台湾女企业家协会、福建省女企业家联谊会、兴业银行共同承办，来自两岸四地的女企业家展示了她们的智慧成就和个人魅力，也交流了先进的管理理念和创新思路。② 两岸妇女与信息技术论坛由福建省妇联、台湾中华妇女会总会、中国电信股份有限公司福建分公司、中华电信股份有限公司承办，为两岸信息化领域搭建信息海峡桥梁，提升两岸妇女信息化认知，把台湾电子信息产业的先进生产技术和管理理念带到福建来，在各个领域发挥积极作用。③ 2009年7月，台湾女企业家协会主办了第二届两岸四地女企业家经贸论坛，邀请大陆、台湾、香港、澳门的200多位女性参加，盛况空前。福建省妇联组团赴台出席论坛并交流。

4. 两岸女企业家共同分享创业经验

台湾女企业家多次到福建交流考察，并在漳州等地投资设厂。台湾的妇女社团组织如台湾妇女菁英联盟到大陆举办妇女创业研讨会，开设妇女创业辅导讲习班，向大陆妇女介绍台湾妇女的创业经验。2009年省妇联和台湾中华妇女会在三明举办闽台妇女经贸合作论坛。2011年海峡妇女论坛上，32位台湾女企业家菁英互动交

---

① 《姐妹同心 共谋发展：第三届海峡论坛·海峡妇女论坛综述》，http://www.fjwomen.org.cn/html/20110614/985627.html。
② 海峡妇女论坛：《两岸女企业家发展分论坛厦门举行》，东南网，http://www.fjwomen.org.cn/html/20110614/912631.html。
③ 《两岸妇女与信息技术分论坛搭建信息海峡桥梁》，中国台湾网，http://www.fjwomen.org.cn/html/20110614/022904.html。

流，讨论交换经验心得，寻求合作机会，两岸妇女联络网、妇女经济圈已逐渐形成。① 两岸论坛等专业交流，有利于女企业家们互相学习，密切联络姐妹情谊，积极推动两岸女企业家的交流与合作，建立两岸经贸沟通的管道，增加两岸合作双赢，和谐发展。漳州、龙岩等地妇联在诏安、云霄、平和、宁化、永定、长汀等地建立稻米、果蔬生产和电子、服装生产等闽台妇女合作生产（发展）基地，推动妇女经贸交流合作。第五届海峡论坛·妇女论坛期间，台湾中华妇女总会，新竹县、南投县和金门县妇女会的嘉宾赴平潭，举办两地女企业家发展合作座谈会，并组织参加共同家园论坛，考察了实验区项目建设，推介平潭开发，促进妇女经贸合作。②

5. 书画艺术等文化领域的交流

2010年6月，海峡两岸女书法家作品展在厦门开幕，近200名来自海峡两岸的女书法家和台港澳嘉宾会聚一起。两岸女书法家创作了70多幅作品参与展览，其中来自台湾的参展作品20幅。③ 2010年9月25日，海外妇女联谊会常务理事、台湾画家吴清菊绘画艺术展在福建省美术馆举行，此次艺术展共展出国画、书法作品近百幅，其中大部分是她在福建创作的。④ 2013年6月，两岸和谐家庭书画摄影展在厦门美术馆举行，来自两岸四地各界妇女400多人参加。书画摄影展由中华全国妇女联合会主办，福建省妇女联合会、台湾中华妇女会总会、福建省文学艺术界联合会承办，厦门市妇女联合会、台湾中华新世代艺术文化交流协会、台湾中华文耀文

---

① 《台湾女企业家协会马爱珍：两岸妇女联络网已逐渐形成》，http://www.fjwomen.org.cn/html/20110614/644933.html。
② 福建省妇联联络部：《2013年省妇联对台交流工作总结》（内部资料）。
③ 《海峡两岸女书法家作品展在厦门开幕》，http://www.fjwomen.org.cn/html/20100622/084228.html。
④ 《台湾著名画家吴清菊绘画艺术展9月25日在福建省美术馆举行》，http://www.fjwomen.org.cn/html/20100926/673325.html。

教经贸交流协会、福建省书法家协会、福建省美术家协会、福建省摄影家协会共同协办，共展出绘画作品102件、书法作品92件、摄影作品123件。这些作品植根中华文化背景，有的表现敬老爱幼的主题、推动社会家庭和乐的形成，有的倡导人与自然的和谐、表达保护生态环境的诉求，从不同角度反映了两岸中华儿女对和谐家庭、天下大家的文化认同。[①] 陈秀卿等大陆女书画家，以及台湾中华新世代艺术文化交流协会理事长吴清菊、台湾中华文耀文教经贸交流协会理事长吕玉环、新北市青溪新文艺学会理事长林士森等台湾女书画家共60余人在厦门美术馆一楼大厅举行共绘海峡美景书画笔会，用艺术的形式弘扬中华文化精神，描绘两岸和谐发展的美好愿景。笔会现场，两岸女书画家还即兴创作书画作品，捐赠福建省妇女儿童发展基金会，参加义拍活动。[②]

（五）学术性——加强研究，增进闽台妇女/性别研究的交流

福建省依托高校，成立了一批女性研究机构，针对妇女发展问题进行学术研究，积极开展海峡两岸妇女/性别研究交流活动。1989年成立了福建省妇女理论研究中心，2002年成立厦门大学福建女性发展研究中心，2004年成立集美大学女性发展研究中心，2005年成立福建医科大学女性研究中心，现有8所高校和福建省委党校建立了妇女研究机构。福建省现在已初步形成高校、党校、社科、妇联"四位一体"的研究网络，妇女/性别研究逐步纳入社科研究主流，性别教育和女性学学科建设蓬勃兴起，研究成果不仅

[①] 福建省妇联宣传部：《两岸和谐家庭书画摄影展在厦门美术馆举办》，http://www.fjwomen.org.cn/html/20130618/689466.html。
[②] 福建省妇联宣传部：《两岸女书画家共绘海峡美景书画笔会》，http://www.fjwomen.org.cn/html/20130618/737854.html。

有理论探讨，还直接服务于政府的决策，开启了海峡两岸性别研究交流合作的大门。2006年6月，厦门大学妇女/性别研究与培训基地成立，成为全国首批"妇女/性别研究与培训基地"。2008年9月，以基地为中心，建立了海峡两岸性别研究与教学合作中心，搭建了两岸妇女/性别研究交流合作平台，同时召开海峡两岸高校女性学教学与研究推进研讨会。

各个理论中心承担了与闽台妇女有关的研究项目，并涌现一批成果。如厦门大学有国家社科基金项目"台湾女性文学史"、福建省社科基金项目"在两岸人民交流合作先行区建设中发挥妇女作用问题的研究"，出版《厦门大学妇女/性别研究学术文选》、《厦门大学妇女理论研讨会论文选集（1997～2010）》。集美大学女性发展研究中心有教育部课题"新时期海峡两岸女性小说创作比较研究"，发表文章《两岸通婚的发展瓶颈及其幸福诉求》。福建省委党校有国家社科基金项目"两岸通婚的现状、趋势及其影响研究"等。福建农林大学性别与发展研究中心发表论文《海西建设中闽台农村女性人力资源合作开发研究》、《闽台妇女 NGO 合作探析》等。[1]

研究中心积极开展海峡两岸妇女/性别研究交流活动。2007年1月，由"中国妇女/性别学学科发展网络"主办，福建师范大学女性研究所承办，福建省妇女理论研究会协办的"中国妇女/性别学学科发展网络第一期培训"在福建师大举办。邀请了林维红、黄长玲、刘开玲、于汉仪、叶德兰等五位来自台湾高校的专家来闽讲学。来自全国各高校、科研机构从事妇女/性别学学科研究的60多名专家学者参加培训。[2] 依托厦门大学海峡两岸性别研究与教学

---

[1] 福建省妇女理论研究会编《回眸：福建妇女理论研究（1989～2013）》（内部资料），2013，第37～39页。
[2] 福建省妇女理论研究会编《回眸：福建妇女理论研究（1989～2013）》（内部资料），2013，第62页。

中心，组织两岸学者参加在福建和台湾分别举办的第二、三、四届海峡妇女论坛和"两岸家庭教育研讨会"，就女性就业创业、女性与信息技术、女性教育、婚姻家庭、家庭文化、海峡旅游等问题进行交流探讨。与浙江省社科院妇女与家庭研究中心联合召开了海峡两岸学者"治理性交易的法律与公共政策研讨会"。邀请台湾学者来闽举办性别预算讲座。厦门大学妇女/性别研究与培训基地组团前往台湾，与台湾大学、台湾清华大学、台湾交通大学、台湾联合大学等高校的妇女/性别研究机构进行了广泛交流，探讨在学术研究、学科建设、课题设置、学生交换等领域进一步合作、交流的可能。[①] 2010年6月，第二届海峡论坛·海峡妇女论坛围绕妇女创业、两岸妇女创业与经济发展新趋势、推动厦台旅游合作打造海峡旅游品牌、和谐社会妈祖文化、共建平潭综合实验区等议题深入研讨。福州、厦门、漳州、泉州、莆田和三明举办了6场分论坛。

（六）情感性——献出爱心，沟通闽台妇女情感纽带

两岸妇女在大陆和台湾发生地震等灾害时，相互伸出援助之手，捐出善款救助灾区，表现出血浓于水的亲情。2009年8月8日，台湾中南部地区遭受"莫拉克"台风灾害。8月15日，福建省妇联向台湾中华妇女会总会发去了慰问信，并通过总会向台湾有关县市妇女会和受灾妇女表示慰问。台湾中华妇女会总会专门回信表示谢意。[②] 8月21日，高雄县妇女会发来感谢函，写道："贵会多次来电关心，让我们感受到对岸同胞满满的爱，面对残破的家园，

[①] 马义英：《贯彻落实党的十八大精神 与时俱进开创妇女理论研究工作新局面——在福建省妇女理论研究会第五届会员代表大会上的工作报告》（内部资料），2013年12月。
[②] 福建省妇联联络部：《"莫拉克"台风重创南台湾 福建省妇联表示关切和慰问》，http：//www.fjwomen.org.cn/html/20090819/217487.html。

也更有信心能很快地重整家园。"① 福建省海外妇女联谊会发出倡议，呼吁闽港澳台侨全体成员积极行动起来，踊跃捐款，为台湾妇女同胞奉献爱心，帮助台湾姐妹尽早渡过难关，回归安宁生活。爱心接力自海外妇女联谊会倡议后一直在传递，联谊会姐妹们纷纷通过捐款、电话、信件、邮件等方式表达对台湾受灾姐妹的关切慰问之情，向台湾受灾姐妹尽自己的绵薄之力。② 台湾省妇联、省海外妇女联谊会及部分市妇联募集15万元善款，支持台湾妇女重建美好家园。

福建的灾情也一样牵动台湾姐妹们。2010年6月，连日的持续强降雨侵袭三明市、漳州市，来三明参加第二届海峡论坛·第四届妇女论坛·海峡两岸乡镇对口交流会的台湾妇女代表团向三明受灾同胞捐款4万台币。③ 台湾花莲县妇女代表团和彰化县妇女代表团向沙县妇联捐款8000新台币。④ 正在漳州参加第四届海峡妇女论坛的台湾妇女代表，中华海峡两岸妇女经贸文化交流协会、中华妇女会理事长蔡铃兰女士率先捐款2万元人民币，代表团成员捐款人民币5万元和台币16万元。⑤ 台湾中华妇联总会捐款5万美元，帮助武夷山修建小学，表达同胞血浓于水的深情厚谊，希望为同胞渡过难关、战胜灾难、重建家园尽绵薄之力。⑥ 此外，两岸妇女还积极参与扶危济困等公益事业。

海峡两岸结对帮扶困难儿童，资助贫困孩子入学。2009年，

---

① 福建省妇联联络部：《台湾高雄县妇女会来函向我会致谢》，http://www.fjwomen.org.cn/html/20090821/131637.html。
② 福建省妇联联络部：《省海外妇女联谊会姐妹响应倡议纷纷捐款》，http://www.fjwomen.org.cn/html/20090825/083378.html。
③ 《来明参加明台女乡镇长、女村长交流座谈会的台湾妇女代表团向受灾三明妇女同胞捐款近一万元》，http://www.fjwomen.org.cn/html/20100623/955360.html。
④ 《台湾花莲县妇女代表团、漳化县妇女代表团慰问沙县受灾妇女》，http://www.fjwomen.org.cn/html/20100930/987489.html。
⑤ 《出席第二届海峡论坛·第四届海峡妇女论坛漳台妇女友好联动的台湾妇女代表在漳州开展为受灾妇女儿童捐款》，http://www.fjwomen.org.cn/html/20100625/286221.html。
⑥ 《福建省领导会见辜倬云女士一行》，《福建日报》2010年6月26日。

厦门市直机关党工委、市妇联、市慈善总会与台湾儿童暨家庭扶助基金会主办海峡两岸结对帮扶厦门困难儿童活动。市直机关党工委、市妇联巾帼文明岗的志愿者及部分社会爱心人士组成多个帮扶小组，与338名孤儿和困难儿童结成对子，市慈善总会和台湾家扶基金会为每名儿童提供每月50元的慈善补助金。[1] 2013年6月，福清台商陈秀容女士及其兄陈忠明先生向省妇女儿童发展基金会捐款31200元人民币，资助贫困学生12名。他们热心公益，曾参加海峡都市报发起的"海都助学"等公益活动，长期资助贫困学生。[2] 台湾陈宝莲女士设立"涵江区侯志成教育基金"，资助莆田贫困家庭子女就学，奖励品学兼优的学生和对教育事业有突出贡献的老师。[3] 吴清菊女士组织海峡两岸医生深入永泰县、闽清县、罗源县等贫困山区开展"海峡两岸心连心，共为学子献爱心"活动，并为师生、村民送医送药。[4] 2013年4月，由福州市妇联、中华新世代艺术文化交流协会联合举办的"海峡两岸心连心，共为学子献爱心"义诊暨"春蕾女童"结对资助见面活动在闽清县三溪中心小学举行，吴清菊女士结对资助22名"春蕾女童"。[5] 台商钟文怀先生等参与建瓯、宁德、顺昌等地的"春蕾"助学活动。[6]

目前，福建生活着大批台商及其眷属，成为福建省社会管理和服务的重要对象；而台湾也有一批来自福建的大陆配偶，她们都是

---

[1] 福建省妇联联络部：《海峡两岸结对帮扶厦门孤儿困难儿童》，http://www.fjwomen.org.cn/html/20091210/242269.html。
[2] 福建省妇联联络部：《台商陈秀容兄妹爱心献春蕾》，http://www.fjwomen.org.cn/html/20130627/604616.html。
[3] 《台湾陈宝莲女士回莆热心助学》，http://www.fjwomen.org.cn/html/20081225/682557.html。
[4] 《"台湾妈妈"再次资助福州市12名"春蕾女童"》，http://www.fjwomen.org.cn/html/20091123/715017.html。
[5] 《两岸医生赴闽清义诊"春蕾女童"获"台湾妈妈"资助》，http://www.fjwomen.org.cn/html/20130417/095286.html。
[6] 《建瓯市妇联开展台湾客商钟文怀"春蕾"助学发放仪式》，http://www.fjwomen.org.cn/html/20111206/332632.html。

连接两岸社会的特殊群体。

一是服务在闽台商及其眷属。福建省各级妇联经常走访女台商和台商眷属的企业和家庭,帮助协调解决工作、生活和子女就学等问题,维护其合法权益。探索先试先行,为女台商在闽的投资与发展创造更好条件;在医疗方面,加快开放台湾医疗行业在大陆的经营权;在台商子女教育方面,出台更加优惠的措施,鼓励台商子女尽量在大陆学校就读;在台商休闲娱乐生活方面,加强组织台商与当地社会组织和群体的联谊活动。通过举办海峡姐妹气排球赛、中秋联谊活动、六一儿童节慰问等活动,做好在闽女台商、台商妻子、在闽女台胞及其子女和在闽女大学生服务工作,以贴心服务与真诚联谊赢得台湾女性的信赖。不少台湾女性向台湾亲友推介福建发展情况,增进了对大陆的认识,促进两岸民众友好往来。①

二是服务涉台婚姻女性及其家庭。自1987年两岸民间交流恢复以来,两岸居民通婚数量逐年增加,两岸婚姻已经成为连接两地人民感情的纽带。随着大陆经济和社会发展、两岸关系的改善、两岸交流的深入、人员往来的频繁等,两岸通婚出现了新的变化,由原来的功利性盲目性转向理性选择。② 两岸婚姻家庭正由生存型向追求幸福美满型转变,由大陆女嫁台湾男向双向型婚姻转变。据统计,截至2012年底,大陆办理结婚登记的两岸配偶达34万多对。③ 两岸通婚人群已成为台湾社会一个新的社会群体。闽台通婚超过10.2万对,约占全国总量的1/3,居全国首位。而通过这种联姻形成的"婚姻—亲戚—血缘"的链条,在新的历史时期将两岸人民

---

① 福建省妇联联络部:《凝聚海峡妇女力量,拓展两岸交流合作——省妇联2007~2012海峡妇女工作总结》(内部资料),2012年8月。
② 祖群英:《两岸通婚与两岸社会》,《中共福建省委党校学报》2011年第1期。
③ 中新社:《两岸通婚逐年增加 叶克冬"五最"赞婚姻家庭论坛》,http://www.fjsmzt.gov.cn/xxgk/gzdt/mtgz/201306/t20130618_597953.htm。

血浓于水的关系推向社会融合的历史新高点,对于促进台湾社会的族群融合、家庭的幸福和社会的祥和,以及两岸人民消除隔阂、增进了解,都具有现实与长远的影响。① 2007年省妇联赴台举办涉台婚姻研讨会,与嫁到台湾的大陆女性进行座谈,了解关心她们在台湾的生活状态。2010年3月8日,省妇联与省政协社法委联合召开"跨越海峡的爱·涉台婚姻"主题座谈会,部分省政协女委员、涉台婚姻代表50多人参加。福建省妇联、省民政厅、省台办分别介绍了两岸涉台婚姻情况和工作。省政协女委员、大陆配偶代表结合各自工作和生活的实际,就台湾对赴台婚姻法规政策和有关应对措施、促进闽台交流合作等方面内容各抒己见。② 2012年福建省妇联两次接待台湾中华生产党组团来访,就涉台婚姻女性的维权、培训等工作进行了深入的交流,并邀请50名涉台婚姻女性来闽出席第四届海峡论坛·海峡妇女论坛。③ 从第四届海峡论坛开始,举办了海峡两岸婚姻家庭论坛,取得良好效果。大陆相继设立了多家两岸婚姻家庭服务团体机构,并与台湾同行开展两岸婚姻家庭服务的交流活动,为两岸婚姻家庭提供了具体而富有实效的服务。为加强两岸婚姻交流,厦门市于2012年12月成立了厦门市海峡两岸婚姻家庭服务中心,并于2013年2月开通了厦门市海峡两岸婚姻家庭服务网。2013年4月,首届厦门市海峡两岸婚姻座谈会举行,着重探讨如何更好地利用厦门市海峡两岸婚姻服务中心平台,为大陆配偶争取权益;讨论征求编撰《在台大陆配偶生活指南》读本的意见及建议。④ 为帮助大陆配偶更

---

① 福建省委党校课题组:《发挥五缘优势,加强闽台民间交流》,《闽台关系研究》2013年第2期。
② 福建省妇联联络部:《"跨越海峡的爱·涉台婚姻"主题座谈会召开》,http://www.fjwomen.org.cn/html/20100309/249140.html。
③ 福建省妇联联络部:《凝聚海峡妇女力量,拓展两岸交流合作——省妇联2007~2012海峡妇女工作总结》(内部资料),2012年8月。
④ 《首届厦门市海峡两岸婚姻座谈会举办》,http://www.fjsmzt.gov.cn/xxgk/gzdt/gjcxx/201304/t20130427_582467.htm。

好地融入两岸社会,促进两岸婚姻家庭幸福和谐,2013年3月5日,由民政部海峡两岸婚姻家庭服务中心主办,省民政厅、省海峡两岸婚姻家庭服务中心承办的首届海峡两岸婚姻当事人辅导班在福州开班,帮助大陆配偶加深对两岸婚姻家庭文化的了解,解答当事人关心的出入境、公证、养老保险等问题,搭建大陆配偶互相交流沟通的平台。①

三是探索两岸家庭工作交流合作。福建省妇联组织家政服务交流团,深入台湾中南部嘉义瑞泰老人长期照护中心、苗栗为恭纪念医院月子中心、台南如新护理之家、高雄市立楠梓特殊教育学校,通过实地参观、座谈交流等,深入了解台湾在家政培训、老人陪护、月子中心和特殊教育等家政服务业的先进经验和家政服务体系建设,了解家政服务在台湾社会和谐发展中的作用,学习台湾民众参与志工、义工服务经验,了解台湾志愿服务精神与社会责任。福州市妇联组团赴台拜会台北市现代妇女基金会、台北市妇女新知协会、台湾阳光妇女协会、高雄市妇女会,通过专题座谈和实地参观,详细了解台湾妇女组织在参与社会管理特别是在家庭教育、妇女维权、志愿服务等方面的成功和鲜活经验。② 厦门市已出台相关政策,允许台湾同胞在厦兴办、营运养老服务机构,台资在厦兴办非营利性养老机构享受优惠政策,鼓励台湾同胞来厦养老。为打造海峡两岸养老产业合作开发示范区,加强闽台合作养老护理人员队伍建设,首期闽台合作养老护理员培训班在闽台养老护理人员培训基地——福建省老年人活动中心正式开班,学员接受来自台湾和大陆的养老护理专家的面对面授课,这是率先全国的先行先试之举。

闽台妇女交流互动呈现多元综合的特征,广泛性与高层次性相结合,草根性与政府行为相结合,并逐步形成机制化。海峡妇女论坛等

---

① 《首期两岸婚姻当事人辅导班开班》,《福建日报》2013年3月6日。
② 福建省妇联联络部:《2013年省妇联对台交流工作总结》(内部资料)。

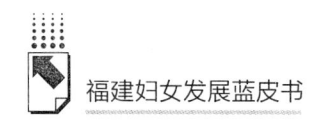

活动加强了两岸妇女之间的交流合作,促进了双方情感的沟通。目前已建立了一系列以妇女交流为主题的交流平台,有多个项目多年来列入国台办重点交流项目,辐射人群不断扩大,产生了广泛的影响。

三 进一步加强闽台妇女交流合作

(一)建立一套创新多元机制,形成全方位、宽领域的发展格局

1. 形成常态化、制度化的交流模式

积极探索更为多元化和创新型的交流形式和内容,特别是大型交流活动,使交流领域更宽、程度更深,扩大受众影响,真正深入到台湾的基层民众,特别是青年中。当前主要是提升海峡妇女论坛的层次、效应和开放度。

2. 建立长期的联谊和人员互访机制

积极扶持和指导民间妇女团体开展民间式、自主式的交流活动,民间交流也要根据不同对象的特性进行功能区分,不同交流品牌针对不同受众群体。在面上交流的基础上,针对在两岸关系发展中影响更大的台湾社会的女性精英如社团负责人、企业家,投注更大的力量,把朋友"交深"、"交透"。

加强行业协会互访,推动两岸基层妇女组织交流合作。组织女企业家访问团赴台举办闽台女企业家合作论坛,推动两岸女企业家交流与合作;组织幼教工作者访问台湾,分享交流两岸幼儿教育先进经验;组织家庭服务业协会访问团,学习交流台湾家政服务业先进经验。[①] 同时,加强对基层交流工作业务人员的指导和培训工

---

① 福建省妇联联络部:《2014 年工作计划》(内部资料)。

作，设立交流基金和专项经费。

3. 建立常态化、制度化的沟通机制

推动互设民间办事机构，加强直接联络与沟通，双方共同寻找协调的途径，共同研究、制定配套的政策措施来解决交流中存在的种种问题，保护两岸妇女团体和经贸文化企业的权益，办理、推动并维系两岸交流与合作事务。可以建立妇女组织负责人的联席会议制度，重点协调决定妇女合作的重大事宜，推进妇女合作平台的建设。建立台湾相应人员参加的联络员协调制度。协调推进合作事宜的进展，制订推进合作发展的专题计划，互通信息，向年度联席会议提交合作进展情况的报告和建议。双方各任命联络员，负责有关事务。[1]

4. 提升闽台妇女交流的层次和效益

在推动两岸融合中，要不断提升交流的层次、水平和规模。促进双方在经贸领域的合作，搭建闽台女企业家联谊平台，为女企业家多种形式的商贸合作、发展实业等传递信息、提供方便，在配套服务、资源支持、推广等方面给予大力支持。在充分利用现有政策的基础上，出台有利于闽台妇女经贸合作的鼓励措施，如在税收方面予以优惠，并加强对妇女创业的金融支持。另外，积极推动闽台两地女企业家的合作，利用创业论坛等各种交流活动，展示介绍企业产品和服务特色的机会，促成双方的合作。[2] 拓展闽台妇女合作生产（发展）基地，充分发挥基地的示范辐射作用，促进闽台妇女在经贸文化等领域的交流合作。[3] 推动与台湾企业界、家政服务

---

[1] 黄静晗、郑逸芳、苏时鹏：《闽台妇女交流合作的现状与潜力探析》，《福建省社会主义学院学报》2006年第4期。

[2] 黄静晗、郑逸芳、苏时鹏：《闽台妇女交流合作的现状与潜力探析》，《福建省社会主义学院学报》2006年第4期。

[3] 福建省妇联联络部：《2014年工作计划》（内部资料）。

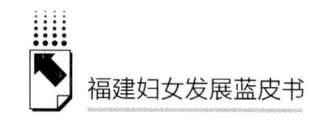

等行业开展实质性的交流合作。加强女性教育培训及文化的合作交流。联合举办教育学术交流、各类女性职业培训以及国际通用的职业资格证书培训。

（二）创新品牌，扩大交流活动的影响力

目前已形成"海峡妇女论坛"、"海峡巾帼健身大赛"等一系列交流品牌。这些品牌在两岸妇女交流中发挥着重要的载体平台作用，特别是作为海峡论坛重要组成部分的"海峡妇女论坛"，已成为两岸妇女民间交流规模最大、内容最丰富、交流最广泛的品牌。要在突出和保持民间活动、基层活动和广泛性活动的同时，积极创新、求真务实，提升活动内涵，增加这些品牌的实效，拓宽领域吸引闽台妇女参与到交流中来。通过海峡两岸各界妇女和家庭代表对中华民族传统美德的交流与探讨，深化亲情交流，弘扬中华民族家庭美德。[1]

加强闽台青少年交流工作。可以把目前一般性的观光旅游活动延伸为传承中华文化的实践互动的活动，沟通不同观念，以润物细无声的方式将中华文明、中华文化的价值观引入交流的各个领域。增进与在闽台湾女大学生的联谊，维护其合法权益。举办两岸儿童联欢节，促进两岸青少年交流。在两岸百对家庭结对的基础上，深化两岸家庭利益，推进两岸青少年交流。邀请来自台湾及福建省百对结对家庭儿童、部分家长和老师参加，举办两岸儿童联欢节，通过两岸少年儿童联谊联欢，体验朱子文化等中华传统文化，领略武夷山自然景观，并组织分赴各地结对家庭入户交流，了解大陆及福建经济社会发展现状。[2]

---

[1] 福建省妇联联络部：《2014 年工作计划》（内部资料）。
[2] 福建省妇联联络部：《2014 年工作计划》（内部资料）。

(三)提升对在闽女台商、台商眷属和两岸通婚的管理与服务水平

将促进台商社会适应与社会融合纳入政策制定视野,探索出一条两岸社会对接与融合的可行路径。一是把重点放在解决台商投资、生活的基本需求和突出问题上先行先试。二是从"招商引资"向"招商引智"转移,为台湾同胞尤其是重点专业人才提供各种便利条件,吸引更多台湾专才在福建创业就业。三是鼓励台商与当地居民的交往,让台商参与社区管理。同时通过媒体,以身边的台湾人为切入点,倡导群际沟通和群际融合,促进台商群体,包括女性台商及眷属对大陆当地社会的了解。[1] 做好台商眷属的服务工作,进一步优化台商在闽投资软环境,解决台商在闽投资的后顾之忧。通过开展各类联谊活动,宣传福建省妇女儿童事业发展情况,更多地了解包括中小企业女台商等台湾基层民众的需求,努力为台湾同胞办实事、做好事、解难事、谋福祉,切实维护合法权益,鼓励她们多向台湾亲友介绍大陆情况。[2]

在两岸通婚的服务上,一要完善福建省两岸婚姻家庭服务中心的建设工作,切实加强这些机构的社会管理与服务功能,为两岸通婚当事人提供有关业务政策和法律咨询、心理咨询以及矛盾纠纷的协调处理。二要建设好海峡两岸婚姻家庭服务网,通过互联网平台,发布有关两岸婚姻的信息,多渠道、多形式做好两岸婚姻的宣传教育工作。三要完善两岸婚姻中介机构的有关法规政策规定,设立政府主导、民政部门监督的两岸中介机构。四要加大两岸司法协助。充分发挥海协会与海基会的司法协助功能,疏通司法渠道,畅

---

[1] 严志兰:《跨界流动、认同与社会关系网络:大陆台商社会适应中的策略性》,《东南学术》2011年第9期。
[2] 福建省妇联联络部:《2014年工作计划》(内部资料)。

通送达程序，携手严厉打击非法中介、人蛇骗婚的犯罪行为，解决两岸离婚事务中的子女抚养权问题、财产纠纷问题等。五要推动建立涉台民间社团，促进与台湾相关社团组织建立长期联系合作机制，建立两岸亲情网络，为两岸通婚当事人提供社会支持，推动两岸婚姻家庭和谐发展。① 六要与涉台婚姻女性建立长期联系，通过赴台访问团组关心看望嫁到台湾的大陆籍配偶，邀请来闽交流等形式，了解她们的生活状况，同时关心她们的子女成长与需求，进一步巩固和发展两岸人缘、血缘关系，发挥亲缘作用。积极探索涉台婚姻女性的维权工作，促进两岸婚姻关系健康发展。②

（四）加强海峡两岸妇女/性别研究、教学等方面的交流合作

推动更高层次、更广泛领域的闽台妇女/性别研究与教学的交流合作，是妇女理论研究工作服务和促进两岸关系和平发展的一项重要工作，也是福建省妇女理论研究工作的一大特色。定期举办妇女合作与发展论坛，采取"联合主办、轮流承办"的方式，针对妇女发展中的各种问题，开展多主题、宽领域、开放式的学术交流与研讨，寻求妇女发展的有效途径。③ 立足于先行先试，以性别研究与教学为切入点，以海峡两岸性别研究与教学中心为依托，深入开展妇女/性别教学、研究、互访、培训等方面的交流合作，共同为妇女发展献计献策，推动两岸社会的交流和繁荣。

---

① 福建省委党校课题组：《发挥五缘优势，加强闽台民间交流》，《闽台关系研究》2013年第2期。
② 福建省妇联联络部：《2014年工作计划》（内部资料）。
③ 黄静晗、郑逸芳、苏时鹏：《闽台妇女交流合作的现状与潜力探析》，《福建省社会主义学院学报》2006年第4期。

B.10
发展志愿服务事业
建构巾帼志愿服务体系

蔡秋红*

摘　要： 福建省巾帼志愿服务工作，在家庭巾帼志愿者的基础上，广泛吸纳以女性为主体的巾帼志愿者，根据新时期志愿服务的发展趋势，完善志愿服务体系和社会化运作机制，探索发展巾帼志愿服务理念，培育志愿服务文化，提升巾帼志愿者的素质和能力，积极建构巾帼志愿服务社会化、专业化、规范化的服务体系，不断推动巾帼志愿服务事业的发展壮大，形成可持续发展的服务格局。

关键词： 巾帼志愿者　组织建设　服务理念　服务模式

20世纪以来，志愿服务以星火燎原之势在各国蓬勃发展，成为许多非政府组织、专业性团体、民间组织及个体组织开展活动的基础。我国的志愿者工作大规模发展始于1993年，秉承"奉献、友爱、互助、进步"的志愿服务精神，弘扬中华民族的传统美德，在促进社会和谐中发挥了重要的作用。随着公民社会的出现与发

---

* 蔡秋红，教育学硕士，副教授，福建省巾帼志愿者协会副会长。

展,以妇女为主体的社区志愿者、家庭志愿者、维权志愿者、科技志愿者、环保志愿者等服务队伍不断涌现,呈现蓬勃发展的可喜态势。巾帼志愿服务工作在服务社会、服务家庭、服务妇女儿童等方面发挥了积极作用,为推动精神文明建设、促进家庭和睦、社会和谐作出了积极的贡献。

十年间,福建省巾帼志愿服务工作在广大妇女和家庭志愿者的积极参与和推动下,从实际需求出发,根据社会所急、妇女所需、志愿者所能,创造性地开展了一系列具有妇联特点、巾帼特色的公益服务和活动,积累了一些活动经验和奠定了良好的工作基础。近年来,随着志愿服务深入人心,社会各界参与志愿服务的热情高涨,志愿文化逐步成为一种社会时尚。因此,根据新时期志愿服务的发展趋势,需要不断完善志愿服务体系和社会化运作的机制,不断探索发展志愿服务理念,创新管理方式,培育志愿服务文化,着力构建巾帼志愿服务社会化、专业化、规范化、可持续发展的格局。

一 巾帼志愿服务前期的工作基础

2001年全国妇联关于发展壮大"中华巾帼志愿者"队伍的意见下发后,一个以家庭为载体、以互助为特色、广大家庭成员踊跃参与的各类巾帼志愿活动,在全国各地展示了其勃勃生机与活力。各级妇联充分发挥自身组织网络的优势,采取各种有效措施,面向社会,广泛组织发动各界妇女群众参加家庭志愿者队伍,在城乡家庭中普及志愿服务的理念,与"巾帼建功"、"双学双比"两大主题活动紧密衔接,在行业之间、城乡之间姐妹牵手、科技帮扶的志愿服务,推动妇联家庭志愿者工作形成良好开局。

1. 发展壮大家庭志愿者队伍

福建1800万妇女群体，蕴涵着参与社会志愿服务的巨大热情和积极性。响应妇联的号召，来自各条战线的女大学生、女干部、女科技工作者、女教师、女律师、女职工以及家庭妇女都积极参与家庭志愿服务，参与人群超越了年龄、性别、行业的界限，从而凸显其广泛性。如20世纪90年代，省妇联组织"五好文明家庭奉献活动"，一批医生之家、教师之家和广大家庭成员积极响应，帮扶困难家庭、服务社会群众。2003年以来，妇联开展的"巾帼文化中心户"、"平安家庭"、"家庭社区节能环保行动"、"美德在农家"等活动都成为家庭推广志愿服务的重要载体。妇女和家庭成员成为开展志愿服务的重要参与者和受益者。

2. 扩大家庭志愿服务的影响力

巾帼志愿服务关爱妇女、服务社会，以社区、乡村为主要服务领域，积极开展符合自身特点、满足妇女儿童和家庭需求的志愿服务活动。如厦门市妇联勇于探索，2005年率先成立了由机关干部职工组成的"娘家人"志愿服务队，利用业余时间坚持每月至少一次带领巾帼法律志愿者、巾帼医疗志愿者和科普志愿者，深入偏远农村和社区，看望慰问贫困妇女家庭、举办法律知识讲座、发放法律宣传材料，为妇女儿童进行健康检查和义诊，发放药品，受到基层妇女群众的一致好评。2006年底，市妇联发起"岗村结对"，通过城乡基层妇女组织互帮互助，促进城乡共同发展。2007年以来，全省1094个"巾帼文明岗"、406名女企业家、437个机关妇委会与贫困村结对，送资金、送技术、送项目，共扶持贫困妇女9004人，捐资342.26万元，有效地帮助贫困村发展经济、改善环境。

3. 针对性服务于家庭需求

从家庭需求出发，志愿服务充分体现了女性的温馨和温情。省妇联连续 13 年于"三八"节期间，组织巾帼志愿者到省女子监狱、女劳教所开展"爱心帮教"活动，帮助服刑、劳教妇女重树信心。2007 年六一儿童节，省妇联向全省妇女发出倡议，全省 1.2 万余名妇女积极响应争当留守儿童的"爱心妈妈"，从此"爱心妈妈"的队伍逐年发展壮大，越来越多的人加入"爱心妈妈"行列，给予留守儿童亲情和关爱。2008 年，省妇联积极组织抗击汶川特大地震灾害"同心牵手·情感关爱"行动，450 多名家庭志愿者与四川彭州市的桂花镇、新兴镇、白鹿镇等 5 个乡镇的 411 名特困单亲家庭的儿童结对帮扶，通过打电话、发贺卡、寄爱心包裹、辅以一定的物资资助等形式，建立长期的情感关爱帮扶机制。

二 巾帼志愿服务近年的工作成效

近年来，社会各界参与志愿服务的热情高涨，志愿文化逐步成为一种社会时尚。为了引导好、建设好、发展好巾帼志愿服务队伍，2010 年底，在福建省委的重视和支持下，省妇联牵头在民政部门登记注册成立了福建省巾帼志愿者协会。围绕"立足基层、面向家庭、细致入微、见诸日常、持续发展"的工作方针，加强组织建设和管理机制，发展壮大队伍，开展富有特色的巾帼志愿服务活动，推动志愿服务的规范化、常态化、项目化发展，取得了较好的工作成效。

（一）组织建设日臻完善

巾帼志愿服务工作是群团组织共建共享和谐社会的一项具体行动，是妇联组织参与社会管理与创新工作的一个重要载体。在明确的工作定位下，巾帼志愿者协会以加强组织建设为目标，不断完善志愿服务的组织结构和管理机制。

1. 培育队伍

协会成立以来，在榕省直机关干部，以女党员、女干部、女职工、"三八红旗手"、巾帼文明岗女性为主体首先加入巾帼志愿者队伍，成为巾帼志愿服务的第一批骨干力量。在组织志愿服务活动中，又有许多80后、90后的大学生和中小学生也踊跃加入巾帼志愿服务的行列，她们在日常和重大活动中发挥了主力军的作用。截至2012年底，全省在册登记的巾帼志愿者已近20万人，组建了家政服务、社区助老、家庭教育、心理抚慰、法律帮助、医疗护理等巾帼志愿服务队伍2675支，开展各类为民服务3万余场，为群众提供服务80多万人次。

2. 规范制度

近年来，边实践、边总结，探索建立巾帼志愿服务组织管理制度、招募制度和激励机制，为开展巾帼志愿服务提供了制度保障。一是制定了《福建省巾帼志愿者协会分会管理办法》，加强对协会和基层组织巾帼志愿服务活动的组织管理和协调；二是健全巾帼志愿者注册制度，逐步完善志愿者注册登记、服务登记和分类管理；三是多渠道招募扩大巾帼志愿者队伍，活动现场招募与通过东南网、福建志愿服务信息网、福建妇女网等媒体发布招募信息相结合，吸引有志之士加入巾帼志愿服务队伍并参与活动。

3. 建设网络

省巾帼志愿者协会成立后，九地市妇联组织纷纷要求成立分会，其他机关、企事业单位和社会组织也申请组建分会，经过严格考察、审批，发展了九个地级市的分会组织，并在司法部门等条件成熟的团体会员组织中建立分会，形成一个由省级协会统一管理下的组织网络。同时考虑到发挥专业团队的作用，协会吸纳了一些热心参与社会公益、具有一定专业技能的专业服务团体，如"环保志愿者协会"、"福建义工俱乐部"、省气象局"小蜜蜂"志愿服务

队、"福建水之声合唱团"等作为巾帼志愿服务队伍的骨干力量，形成主体突出、类型多种、特色兼备的巾帼志愿服务组织网络。

（二）服务活动富有特色

巾帼志愿服务组织致力于服务基层社区、村居和家庭，进而提升了其感召力和影响力，并在参与社会治理和提供公共服务中，充分发挥联系群众的桥梁纽带作用。

1. 闽台"爱心接力"活动

福建与台湾一衣带水，80%的台湾同胞祖籍地在福建。多年来，在闽学习、生活、工作的台籍姐妹，甚至是来闽参观访问的妇女都热心参与福建省各类巾帼志愿服务活动。她们积极报名参加关爱农村留守流动儿童行动，与留守儿童结对，成为"爱心妈妈"；在闽进修的台湾医生参与为留守流动儿童免费体检义诊，为灾区儿童捐资助学，为贫困孤残儿童编织爱心毛衣；在重阳节为孤寡贫困老人、家庭送去台湾爱心大米，形式多样的志愿服务传递着海峡两岸浓浓的爱意，也将闽台"爱心接力"模式传承下来。

2. "爱心存储"互助活动

在城镇化进程中农村妇女成为农业生产的主要劳动力，她们承担了繁重农活和家务劳动却得不到帮助，针对这种情况，连城县北团镇溪尾村首先设立了"爱心照料储蓄社"的互助模式，农忙时，姐妹们互相帮助割稻、除草、施肥；农闲时，她们自发组织起来，谁家有困难，去帮一帮，谁家邻里不和睦，去劝一劝。在城市，福州鼓楼区后县社区，在探索调适邻里纠纷、婆媳纠纷的工作中，建立了"爱心银行"，居住此社区的居民人人都可以在"爱心银行"存储爱心，以每捐20元或做一件好事记一颗心的方式，存入"爱心银行"专户管理，专款专用，有效地帮助了社区的失学儿童、孤寡老人和特困人群。这种立足于城乡特点，开展"爱心存储"

互助的志愿服务模式，一经传播便得到了广大村民居民的一致认同和参与。

3. "关爱牵手"行动

省少儿图书馆作为"关爱未成年人志愿服务'牵手行动'"示范服务站和实施"儿童友好家园"项目的示范基地，于2012年6月3日正式挂牌，吸引了省直机关干部、在榕大中专院校学生和中小学生志愿者的踊跃参与。据2013年底统计，服务站已连续开放242个活动日，吸引了60个机关企事业单位和82个大中专院校，7277人次参与服务，新招募志愿者781名，暑假有1027名青少年学生将志愿服务与社会实践结合起来。在服务站有一面留言墙，记载着参与服务青少年志愿者的感言，"我服务、我快乐"、"帮助他人，成长自己"等发自内心的言语，表达了巾帼志愿者的心情和感悟，志愿你我，关爱牵手，不分性别，跨越年龄，爱的正能量在服务奉献中发扬光大。

（三）围绕目标持续发展

巾帼志愿服务组织致力于服务基层社区、村居和家庭而提升了其感召力和影响力。围绕巾帼学雷锋、岗位建新功，全省各级分会积极引领广大妇女自觉践行雷锋精神，在社会上遵守社会公德，在岗位上坚守职业道德，在生活中弘扬家庭美德，在日常生活中陶冶个人品德，打造了富有巾帼特色的系列品牌活动。

1. "节庆服务"立足基层

每逢元旦、春节、端午节、中秋节、重阳节，组织巾帼志愿者到社区、村居，以孤寡老人、空巢老人为主要服务对象开展各种助老服务。福州市2012年春节期间，在13个社区开展"三进三送"活动，为老人开展美容理发、家电维修、卫生保健、健康咨询义诊等服务，陪孤寡老人、空巢老人聊天、逛公园、同吃团圆饭等。据

不完全统计，2011～2013年，全省各级妇联组织，利用节庆期间开展社区助老志愿服务近千场次，帮扶妇女儿童3万多人次；累计慰问7000多人次，送去慰问金、慰问品近500万元。

2. "巾帼助老"面向家庭

巾帼助老开启了面向家庭开展志愿服务的一个有效形式。厦门市金山、金尚社区，在解决社区孤寡老人平时生活无人照顾和遇险无人帮助的问题上，组织志愿者上门为空巢家庭提供安全、生活、法律、健康等方面的服务，并摸索出一套方便可行的方法，创造性地开通了专为结对志愿者、老人随时联系的"电话平安铃"服务，为家中遭遇困难的老人提供快捷有效的帮助。

3. "爱心帮扶"细致入微

爱心帮扶不满足于组织一些活动，而更多的是以细致入微的持续行为，为需要帮助的人群提供跟踪服务。2012年三明市首创"爱心敲敲门"活动，即以每天一声问候、每周一次走访、每月办一件实事、每年陪过一个节日或生日的方式，邻里就近通过志愿结对和签订协议，增强志愿者的责任感。组织社区、村巾帼志愿者和家庭志愿者（包括青年志愿者、医疗志愿者、心理咨询志愿者和法律志愿者在内）参与多对一的帮扶活动，持续向空巢老人、留守儿童、残疾人、困难群众提供问候和帮助。目前有137个社区（村）、2359名志愿者参与"爱心敲敲门"活动，1540户家庭得到帮助。

4. "学习雷锋"见诸日常

紧紧围绕"践行雷锋精神·百万巾帼志愿者在行动"主题，将见诸日常的志愿服务活动发扬光大。春蕾助学与"爱心妈妈"是巾帼志愿服务的特色品牌。春蕾行动会聚了社会上广大爱心人士，帮助贫困女童圆梦，资助完成高中（中职）、大学学业；2.16万"爱心妈妈"与留守流动儿童结对，以持续跟踪的方式，关心留守流动儿童的学习、生活以及身心健康。学雷锋行动还以奉献知识和技能的方式传播文明，组织巾帼志愿者专业队伍，进社区，进机关，进学校，在社区、广场开辟闽嫂课堂，对群众进行老年护理和婴幼儿护理知识讲座，在学校、机关企事业单位举办公益讲座，从2013年3月启动，已面向全省开办165场家庭和睦公益讲座和1000场家庭教育大讲坛。

三 巾帼志愿服务体系的构建与发展

福建省巾帼志愿者协会的成立，采取了"政府购买"的方式，实现了巾帼志愿服务有机构、有人员、有场所、有经费、有标识、有章程的目标，为福建巾帼志愿服务体系的建设奠定了组织基础，同时也为顺利进行巾帼志愿者的招募、协调、管理等工作提供机构保障，有力推动了巾帼志愿服务事业朝着持续健康的方向发展。

（一）加强制度与管理

1. 定期组织交流

协会定期召开常务理事会研究制定工作计划。每年召开理事会大会，总结开展志愿服务的工作成效，交流志愿服务活动的经验，分享志愿者参与服务的感受体会，探讨新的工作思路。组织赴台学习考察台湾妇女团体、慈善基金会、社区教育等志工的服务模式，并与台湾义工组织签订协议，旨在建立合作交流平台，学习借鉴港台义工组织的经验。

2. 统一服务标识

根据全国统一巾帼志愿服务标识的要求，在省妇联的支持下，制作了巾帼志愿服务旗帜、巾帼包、志愿彩、志愿衫、胸章、服

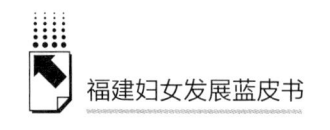

务登记证等，发放到各设区市及巾帼志愿服务小组，实现巾帼志愿服务有标识、有口号、有旗帜、有品牌的目标，在各项大型服务活动中，统一亮出巾帼志愿者的标识，展示了巾帼志愿服务的新形象。

3. 引入激励机制

在传播"奉献他人，提升自己"的志愿服务理念中，为更好地发挥典型的示范和导向作用，营造全社会关注巾帼志愿服务的浓厚氛围。2011年与省民政厅联合开展福建省"十佳社区巾帼志愿者"评选表彰，林丹、林丽华、庄彩男等十位深受社区群众爱戴的巾帼志愿者受到表彰；2013年推出福建省巾帼志愿服务系列先进表彰活动，评选了百名"优秀巾帼志愿者"，26名"优秀巾帼志愿服务工作者"，15个"优秀巾帼志愿服务项目"。激励更多妇女和社会公众组织参与巾帼志愿服务，推动巾帼志愿服务常态化发展。

4. 完善管理制度

省巾帼志愿者协会成立以后，对全省9个设区市的巾帼志愿服务队伍进行重新摸底，登记造册，在原有的设区市巾帼志愿者服务总队的基础上成立省巾帼志愿者协会分会。2012年6月为发挥一些专业组织的示范带头作用，授予省少儿图书馆、福州市鼓西街道后县社区、厦门市江头街道金尚社区等18个单位为省级巾帼志愿者服务工作站。2013年国际志愿者日又建立了10个工作站和2个服务站，并制定《福建省巾帼志愿服务站点管理制度》，对授牌服务站点进行规范管理。

（二）普及服务理念与文化

1. 宣传巾帼志愿服务理念

运用报纸、广播、电视、网络、手机等传媒，宣传男女平等基本国策，倡导文明礼仪新风尚，普及巾帼志愿服务理念。与福建电视台、福建新闻广播、《福建日报》、《海峡都市报》、东南网、腾讯大闽网等媒体建立长期合作，面向社会宣传巾帼志愿服务理念，报道各种服务活动和优秀巾帼志愿者的典型事迹。

2. 普及巾帼志愿服务文化

聘请专业人士、巾帼志愿者创作了《我们是巾帼志愿者》歌曲，每次活动中都教唱歌曲，用优美的旋律和词汇，传播巾帼志愿服务文化，激励热心社会公益事业、乐于奉献、富有爱心的妇女儿童为巾帼志愿服务事业增添光彩。发行专辑《爱的年轮》，以图文并茂的形式宣传推广优秀巾帼志愿服务团队和项目。开展"记录美、传递爱"的巾帼志愿服务风采摄影比赛，征集了3500幅作品，评选出92幅优秀作品，全方位地展示福建巾帼志愿服务的风采风貌。

3. 开展巾帼志愿者培训

以首批授牌的省少儿图书馆巾帼志愿服务站为平台，组织登记在册的巾帼志愿者进行团体培训。根据培训对象的特点，阐明志愿服务精神与文化内涵。在组织少年志愿者的培训中，以生动的活动图片和问答互动，让参与者了解巾帼志愿服务的标识、内涵和特色，认同志愿服务理念、文化和口号，提升参与志愿服务的荣誉感和自豪感。2013年，省少儿图书馆巾帼志愿服务站共培训骨干志愿者2期150人次。

（三）尝试项目运作

巾帼志愿服务学习运用项目化管理的方法，围绕一定的组织目标，注重资源的整合优化，以一些特殊节日为节点，以项目运作的方式，来实现组织目标，大大提升了巾帼志愿服务的关注度和影响力。

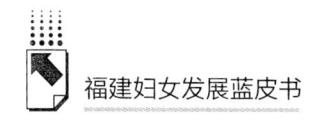

1. "巾帼助老"项目

2011年重阳节期间，在城乡社区开展"左邻右舍·爱在身边"巾帼助老志愿服务活动，以空巢老人、孤寡老人、高龄老人、特困老人为重点服务对象，首次以项目化运作的方式，得到全省9地市巾帼志愿服务团队的积极响应。全省共有15个社区向省巾帼志愿者协会申报了活动方案，通过项目审评小组认真审议，精选了10个社区参与项目运作，活动结束后注重后期宣传推动，使巾帼助老品牌活动更加深入人心。

2. "母亲健康"项目

自2011年母亲节，连续两年省妇联与省红十字会联合开展巾帼志愿者关爱母亲行动。在全省范围内广泛发动募捐善款救助患重症贫困母亲。母亲节当日组织巾帼志愿者到广场、街区和大型超市等固定募捐点开展现场募捐，同时与福建东南网联合，在网站开辟专栏发动全社会热心人士网上募捐，得到了全省各界爱心人士的积极响应。2011年母亲节发起的"母亲健康1+1"公益活动，得到社会各界的广泛认同和参与，至2013年底共募集专项善款426.09万元，募集的善款在红十字会建立了"母亲健康天使基金"，作为贫困母亲大病救助资金，已累计救助贫困妇女两癌患者1165名。

四　巾帼志愿服务组织发展中存在的问题

随着社会经济的发展，文明进程的日益加速，巾帼志愿服务组织作为参与社会管理和公共服务的第三部门，虽然在工作实践中不断总结、发现、提升，但毕竟正式运行时间短，管理机制和运行体制尚处于探索阶段，组织体系和发展模式存在一些亟待解决的问题。

1. 活动组织化与需求常态化的矛盾

目前，在巾帼志愿服务组织登记注册的志愿者中，多数来自于机关、企事业单位，参与志愿服务活动也多数由单位组织发动而来，虽然组织化程度较高，可以避免随意性和松散性。但由于单位人受工作性质的制约，不能随时随地为社会需求人群提供多样化、常态化的服务，应对社会化服务所需求的个性化、专业化的能力和时间都不够，形成了高度组织化与服务常态化的矛盾。随着社会多元化、老龄化的来临，社区、村居对日常志愿服务的需求人群不断增加，登记招募的巾帼志愿者其数量和类型已远远满足不了日益增长的多样化需求，亟待建立社会化、专业化志愿服务队伍关切社会需求。

2. 志愿者对组织目标与愿景的认同程度不高

巾帼志愿服务组织以自我管理、自我教育、自我提升为主要特征，以活动凝聚了越来越多的巾帼志愿者，这是一个有爱心有热情的队伍，然而仅仅凭借参与几次志愿服务活动，志愿者获取的信息比较单一，不能全面了解志愿服务的组织目标和分享服务愿景，对巾帼志愿服务的组织文化和核心价值观认知比较局限，以至于有些参与者和受助者将志愿服务等同于学雷锋做好事的短暂或一次性行为。

3. 巾帼志愿服务尚停留在活动实践阶段

近年来，各级妇联开展巾帼志愿服务活动，做得有声有色，实践特色与成效是显著的，然而我国志愿服务体制机制尚在建设中探索前行，同样，巾帼志愿服务体系仍处于雏形阶段，在参与社会管理创新中，社会协调与公众参与的份额依然不足，运作过程以政府为主导提供的公共服务成本较大，而作为社团非营利组织，还未能充分发挥非营利组织的参与广泛性、服务自主性、持续性的优势，也缺乏义工组织的运营技巧、手段和经验，在借鉴比较成熟的技术研究和创新意识上尚有不是，未能形成一定的理论体系来指导工作实践。

五 对未来发展的思考与建议

开展志愿服务是群众参与精神文明创建的主要途径，是培育社会主义核心价值体系建设的重要内容。推进新时期巾帼志愿者服务体系的建设与发展，依然要在党委、政府的主导下，以非政府组织、社会团体志愿者工作机构为主体，以志愿服务活动事业化发展为方向，以扩大巾帼志愿者队伍和提升志愿者专业化服务水平为重点，着力于建立社会化运行模式，解决发展瓶颈，积极探索，大胆实践，勇于创新，着力完善志愿服务体系，推动巾帼志愿服务取得新的更大发展。

1. 构建社会化运作模式，满足公众多元需求

志愿服务事业的社会化运作模式是不断完善的志愿服务体系的有机组成部分。作为社会工作的重要组织者和参与者，妇联组织的优势在于：既有以妇女干部、广大妇女和家庭成员为主体力量的巾帼志愿者服务队伍，又有以遍布全省各地社区村居的"妇女之家"为平台的巾帼志愿服务工作阵地。在加强和创新社会治理中，志愿服务社会化运作有利于整合一切资源，进一步完善各项保障措施，发挥民间巾帼志愿者组织和专业团队的作用，形成志愿服务社会化运作的模式，弥补政府主导、行政组织在回应居民多元化、多样化需求时在知识、能力、资源等方面的不足，避免公共服务的刚性需求矛盾，更好地满足城乡社区居民个性化、多元化需求，实现受助人群与巾帼志愿者的有机无缝衔接，确保志愿服务的常态化和可持续发展。

2. 提升项目运作与管理水平，精耕细作创新品牌服务

各级各类巾帼志愿者组织按照"社会所需、志愿者所能"的原则，紧密围绕党政中心工作和社会民众关注的热点问题来确立服务项目，已开展了女性健康、巾帼助老、环保宣传、文化教育、爱心助学、法律援助、维权帮教等服务。为了做精做细巾帼志愿服务品牌，必须探索以项目运作的方式，精心策划几个好项目，如巾帼助老、母亲健康、爱心存储、关爱牵手等，通过高效的组织和多渠道的资金筹措，凝聚社会力量和民间组织的积极性，以项目具有长期性和低成本的特点，吸引、整合更多的有技能、有智力支持的志愿者队伍，有效解决巾帼志愿者组织活动热情高、活动资金缺乏等问题，扩大巾帼服务品牌的社会影响力。

3. 健全培训与评价体系，推动巾帼志愿服务持续发展

从培育服务理念、价值观、明确志愿服务规范入手，加强对登记在册的巾帼志愿者及巾帼志愿服务站的骨干力量的定期培训。学习志愿服务礼仪、行为规范、技能和专业知识，明确志愿服务的义务、责任，提升自我素质、道德修养和服务能力。在培训中交流服务经验，分享活动心得与故事，增进志愿者对组织目标、文化的了解和认同，增强组织的凝聚力和归属感。与此同时，依据《福建省志愿服务记录办法实施细则（试行）》，建立一套普遍适用的评价激励机制，推行量化考评和绩效考核，以参与服务时间、次数为主要依据，考核工作态度、业绩，评定星级，建立档案，对作出突出贡献的巾帼志愿者，通过网络媒体宣传表彰给予精神和物质的双重激励。

B.11
福建省女性工作生活幸福感现状与妇女发展

石红梅*

摘　要：

通过省级层面的调研，以第一手资料分析福建省居民工作生活幸福感现状及其性别差异。在此基础上，我们发现福建省女性工作生活幸福感面临的主要问题并提出相关的对策。

关键词：

女性　工作生活　幸福感

"你幸福吗"是当前非常流行的生活语言，幸福评价问题一方面反映了中国居民生活水平的提高，另一方面折射出人民群众对公平、和谐生活的追求。在中国共产党福建省第九次代表大会上，福建省委省政府明确提出：坚持科学发展跨越发展，为建设更加优美更加和谐更加幸福的福建而奋斗的工作要求。目前，省委又提出争取福建居民幸福指数全国最高。幸福指数已经成为福建省各级政府关注的民生指标，提升居民幸福指数必然成为政府的施政导向。女性在社会生活中担当"半边天"的角色，福建省女性居民工作生

---

* 石红梅，理论经济学博士，厦门大学马克思主义学院副院长，副教授，主要研究马克思主义理论、妇女/性别发展。

活幸福现状的研究将有助于了解全省女性居民的幸福评价，发现女性居民在追求幸福生活过程中存在的问题，对提升女性居民幸福感，建设幸福福建具有重要的意义。

一　福建省女性居民工作生活幸福感现状

2013年3月至11月，课题组在福建省妇儿工委领导的关心和支持下，研究设定了综合的工作生活幸福感评价指标体系，并在福建省九个地市（包括厦门、漳州、泉州、福州、莆田、宁德、龙岩、三明和南平）进行了调查研究。经过科学的抽样和调查，共发放问卷1800份，收到有效问卷1729份，问卷的有效率为96%，数据的来源真实可靠，数据的分析采用SPSS16.0数据包进行处理分析。

（一）福建省居民幸福感总体状况

总的看来，居民对家庭经济条件的评估处在中等水平，但是居民认为经济压力较大，有58.8%的人认为存在一定的经济压力。居民对未来住房改善的信心度不高，且大部分的受访者认为当地的商品房价格较高。工作待遇总体统计显示，福建省居民的工作待遇较好。超过半数的人都有以下工作待遇：签订劳动合同（59.7%）、带薪休假（58.5%）、社会保险（69.5%）、住房公积金（70.8%），但是具有企业年金和技能培训的比例较低，分别为22.9%和44.1%。经过计算，工作满意度满分为65，福建省居民职业满意度平均值为42.2029，说明居民对工作的满意度为中等。

总体样本分析显示，居民对自身健康状况、对所在城市医疗环境满意度、社会保障水平满意度、城市环境及公共设施的满意度、市政服务满意度、日常安全感、权益保障水平的评价都处于中等水

平,选择"过得去"或者"一般"的比例最高。

居民对人际关系和婚姻家庭的满意度较高。经赋值计算,人际关系满意度总分是15,居民的满意度平均值为14.5294。

居民对日常时间的分配表现为:工作时间最长,其次是休闲时间,家务时间最短,对业余活动的满意度保持中等水平。

从社会参与分类看:参与体育、文化和娱乐团体的均值最高,其次是参加基层工会等社团活动。而参加政治活动和宗教团体活动的均值最低。

在问及对未来社会发展是否有信心时,选择"有信心"及其以上选项的比例达到了77.6%,在总体性的幸福感评价中,75.2%的人认为自己幸福,说明福建省居民的幸福感较高。

总体样本对需要的帮助与对未来的期望情况表现出高度一致。在需求层面,选择增加收入(61.1%)、改善住房(34.3%)、提高医疗保障水平(25.5%)。人们的期望依次是:健康的身体(47.3%)、美满的婚姻家庭(20.2%)、优越的物质生活条件(21%)。

(二)幸福感的性别差异

比较幸福感的性别差异,我们发现,男女在经济压力来源、住房类型、所在地商品房价格、社会保障满意度、城市环境及公共设施满意度、市政服务满意度、安全感、人际关系满意度、婚姻家庭满意度、权益保障满意度上差异不大。

男女之间在工作待遇上有一定差异。在签订合同、社会保险、住房公积金和技能培训几个具体项目上,男性与女性享有的比例相当,但在企业年金和带薪休假两个项目上有差异,男性为26.6%,女性为20.3%。在带薪休假项目上,女性为61.5%,而男性为57.8%。

工作满意度测量共有14个项目(薪水、福利待遇、工作量、劳动条件与设施、工作地点与住址距离、工作和所学专业对口、工作负荷、个人兴趣、晋升空间、与同事关系、与老板和上司的关系、职业稳定性、社会地位、总的工作状况），每个项目满分为5分，总分为70。男性的工作满意度值为41.8731，女性为42.5389，女性略高于男性。

总体而言，女性对社会发展信心和总体幸福感的评价更高，在大部分满意度维度测量上，女性普遍作出更积极的评价。

男性对部分项目的满意度较女性更高。男性对自己健康状况的满意度明显较高。男性对自身健康满意的比例是88.4%，而女性对健康满意的比例是85.2%。男性对闲暇活动更满意，表示满意的有82.2%，而女性为78.15%。女性更倾向于认为家务劳动分工是不平等的，认为不平等的选项比例是14.7%，明显高于男性（6.9%）。

通过对男女两性在时间分配上的对比分析发现，男性在工作和休闲上花费的时间均多于女性，男性日均工作时间和休闲时间分别比女性多0.55小时和0.41小时。但女性每天用于家务劳动的时间比男性多0.69小时。另外，女性对闲暇劳动时间表示"不满意"和"很不满意"的比例达到21.85%，而男性仅为17.8%。由此可见，女性的家务不公平感较强，且女性对业余活动的满意度也低于男性。男性相比较女性更多地参加社会活动。女性的社会活动参与值为6.6145，而男性的为6.8703。

男女两性在需要的帮助和期望上都呈现很高的一致性。女性需要的帮助：增加收入（62.7%）、改善住房（33.7%）、提高医疗保障水平（23.9%）。而男性的需求也是：增加收入（60.4%）、改善住房（36.4%）、提高医疗保障水平（28.3%）。女性第一位的期望和需求是健康的身体（51.8%）。第二位的期望和需求是美满的婚姻家庭（34.9%）。第三位的期望和需求是优越的物质条件（21.3%）。

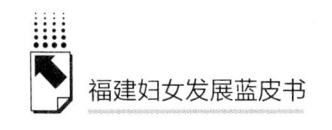

男性的期望和需求也具有相似的选项：健康的身体（44.5%）、美满的婚姻家庭（30.9%）、优越的物质条件（20.6%）。

二 女性工作幸福感面临的主要问题

本研究从居民经济条件、身体状况、住房、社会生活等方面共计20个指标来测量调查对象的幸福感。总体而言，调查样本在各个维度的满意度良好，均呈中等及以上水平；但是无论女性与男性之间还是女性群体内部，对于幸福的主观感受都存在一定的差异性，在样本分析的过程中，我们发现了女性工作生活幸福感面临一系列问题。

（一）总体样本分析显示，相较其他指标而言，居民健康指标的满意度偏低

调查研究表明，总体样本在经济满意度、工作满意度、社会保障满意度、家庭满意度、社会参与满意度等多个方面满意度都较高，认为"过得去"或"一般"及以上的比例均在50%以上，但对自身健康状况的评价满意度中，认为"过得去"的最多，占了44.9%。而在人们的期望和需求的选择中，"健康的身体"一项所占比例最高，比例为47.3%，排在第一位。这也正说明人们对健康的自我评价不高。

（二）总体样本中性别与健康满意度显著相关，女性健康满意度低于男性。性别与家务劳动时间有显著相关性，女性家务不公平感强，且对业余活动满意度低于男性

男女两性对自身健康的评价都处于中等水平，但女性的健康满意度明显低于男性。男性对自身健康表示"过得去"、"比较满

意"、"非常满意"的总比例达88.4%，而女性的比例则为85.2%，比男性低3.2%。

对比男女两性的时间分配，男性在工作和休闲上花费的时间均多于女性，其中工作时间比女性多0.55小时，休闲时间多0.41小时。女性每天用于家务劳动的时间比男性多0.69小时。另外，女性对闲暇劳动时间表示"不满意"和"很不满意"的比例达到21.85%，而男性仅为17.8%。由此可见，女性的家务不公平感较强，且女性对业余活动的满意度也低于男性。

（三）个体样本分析显示，幸福感状况与年龄、职业、学历、收入、婚姻状况及地区具有显著相关性，面临的问题具体体现在以下几点

1. 19~29岁年龄组的经济压力最大，60岁以上女性的健康满意度最低，家务劳动时间最长

19~29岁的女性相较于其他年龄段的女性，感受到的经济压力最大，对家庭经济满意度最低。这一年龄段女性认为家庭经济低于平均水平的比例达到了51.2%，认为经济压力大的比例达到了60.3%。调查表明，人们对身体健康的满意度随着年龄的增加而降低。30~39岁女性不满意的比例为12.4%，40~49岁女性不满意的比例为16.7%，60岁以上不满意的比例为19.1%。此外，家务劳动时间最长的则是60岁以上的女性，日均家务劳动时间为2.46小时（离退休女性家务劳动时间高达5.29小时）。

2. 进城务工人员、下岗失业人员、农民对幸福感测量的多项指标均呈现较低水平

通过数据分析发现，农民、下岗失业人员、进城务工人员三类流动人群对自身经济条件的满意度最低，经济压力较大；这部分群体在住房满意度、职业满意度、医疗环境满意度、人际关系满意

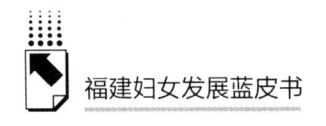

度、团体参与水平、社会权益保障水平和未来社会发展信心等各个方面的满意度都略低于其他群体。

3. 学历和收入对居民幸福感的各个方面都呈现显著的正相关关系，但是高中组和大专组的女性对于日常生活中的安全感最不满意，高学历女性对婚姻生活更不满意，高收入女性社团参与率低

高中组和大专组日常生活中的安全感最低，认为根本不安全或不太安全的比例分别为24.2%和28.3%，其他文化程度的女性对日常生活的安全感都更高。研究生和博士学历的女性对于婚姻状态的满意度不高。

4. 相较于已婚及未婚女性，有婚姻变化（离婚、再婚和丧偶）的女性各方面满意度偏低

女性幸福感与婚姻状况有着显著相关，与已婚及未婚女性相比，婚变群体在经济压力方面认为"非常大"、"比较大"的比例分别为28.6%和39.3%，比例最高。有婚姻变化的女性群体在家务上花费的时间多，在工作上花费的时间最少。她们对婚姻状态、亲属关系的满意度都较已婚女性和未婚女性低。有婚姻变化的女性群体对工作家庭关系处理的满意度较低，群体团体参与值最低，在权益保障水平满意度方面也明显低于已婚和未婚女性群体。相比较而言，已婚女性和未婚女性表现出了更高的社会发展信心。在总体工作生活的满意度测量上，已婚女性满意的比例最高，其次是未婚女性，均高于有婚姻变化的女性受访者。

三 提升女性幸福感，加快幸福福建建设的政策思考

针对福建省居民幸福感现状调查中发现的一些问题，为促进妇女发展，加快建设幸福福建，我们提出如下对策，以供参考。

（一）充分重视居民在幸福感评价中的健康因素

课题调查发现，福建省九个城市受访者在幸福感测量指标中的经济满意度、公共服务满意度、个人家庭生活满意度、社会参与满意度、社会发展信心方面都有较高的满意度，但对健康满意度较低，且女性对健康的满意度又低于男性。这提示我们要充分重视居民的健康状况，尤其是女性的健康水平。女性健康自评满意度较男性低，影响因素很多，但是这种自评与性别间在健康水平和健康资源拥有和支配方面的不平等有密切关系。"妇女在家庭中和社会中的地位决定了她们的一般健康和生育健康。"健康方面的性别差异表现在整个生命周期的方方面面，如性别偏好使女性付出身心代价，造成计划生育责任承担方面的性别差异、心理健康层面的性别歧视差异，以及女性自我保健意识淡薄等。福建省第三期妇女地位调查显示，城市和农村女性自评健康都不如男性，无性/生殖系统疾病率、心理健康率、体检报销率和疾病及时治疗率均显著低于男性。为了提升女性的幸福感，在女性健康水平公平和卫生保健服务公平两个方面我们应该给予更大的关注。当下要着力推进几个方面的工作：（1）本着性别均等化的公平公正原则合理配置卫生资源，鉴于妇女长期以来所处的相对弱势地位，要增加对妇女尤其是相对弱势的妇女群体的健康教育，提高她们的健康意识，使之自觉享用妇幼保健公共卫生服务。（2）加强对政府有关部门决策者、管理者及卫生保健服务提供者的社会性别意识培训，提高其性别意识，使其在政策制定、执行、监测评估及卫生保健服务中能更多地关心和反映妇女的需求。（3）政府要有倾斜性地进行健康资源投入，加大对进城务工人员、下岗失业人员和农民等相对弱势女性群体和落后地区的妇幼卫生保健资源的投入，在卫生资源筹集和分配中要适当向女性群体倾斜。（4）要针对女性不同的生命周期需要提供

卫生保健服务，特别是加强对老年妇女以及离异女性健康的关注。可考虑依托社区，创新健康服务模式，改善卫生服务质量，提高现有卫生服务资源的利用率，以满足妇女的健康需求。

（二）不断提高居民特别是女性的文化教育水平和收入水平

在幸福感评价的分析中，我们发现，教育和收入作为影响因素强劲地影响着人们的幸福感，并且呈现明显的正相关关系，即教育水平越高，幸福感越高，收入越高，幸福感越高，这有力地说明女性的幸福感与教育水平和收入的提升密不可分。为此我们还要致力于提升女性文化水平和经济参与率。鉴于相关研究的结果，结合福建省省情，我们认为在教育方面：（1）教育投资要注重户口和地域因素，要重点对贫困落后地区和流动女性、下岗失业女性和农村女性进行职业技能的培训教育。（2）树立女性终身学习的观念，针对妇女的工作生活实际，开展灵活多样的学历教育（学校教育）和非学历教育（校外教育、成人教育、职业教育、短期培训、自由学习等），争取做到学历教育与非学历教育学分互认，让女性在可支配的弹性时间内赢得幸福的人力资本。（3）党政机关、企事业单位要为女性尽可能地提供培训交流和晋升机会，不能因为女性的婚育行为延迟或搁置女性的发展机会。（4）作为女性自身，也要不断克服困难，自强自立，努力学习各种知识，使人力资本不断地积累和提升，以获得较高的收入回报。在提高收入方面，我们要：（1）拓宽女性就业领域，增加女性收入。女性群体收入低与所从事的工作领域相关，目前福建省女性大多分布在批发零售业、交通运输、仓储、房地产业等，家政、卫生、教育和公共服务等行业。随着服务业的发展，由此分化出全方位、高品位、高层次的服务项目，以及社会化、市场化、企业化、规模化和产业化的社会服务，必将带动妇女在新兴产业和新兴行业就业，提升女性的就业层次和收入水平。（2）进一步保护女性就业权益。相当比例的女性就业收入偏低、工作稳定性差，很大程度上影响了女性的工资收入。要进一步发挥政府、工会和企业作用，建立规范有序、公正合理、和谐稳定的劳动关系，规范劳务派遣用工，切实评估就业市场劳动的价值，维护女性劳动者权益。（3）消除性别隔离，实现同工同酬。针对职业的藩篱，我们建议用人单位在人员招聘、任用和提拔过程中，给予女性就业发展机会，相关行政部门要加大对劳动力市场就业性别歧视的惩治力度，切实降低职业、行业的性别隔离，落实最低工资制度，促进女性职业发展。

（三）强化政府的决策和政策导向，推进家务劳动社会化

调查显示，本省居民在幸福感涵盖的时间分配指标上表现出较大的差异，即男性工作时间和休闲时间多于女性，女性家务劳动时间较多，家务分工不公平感强，女性休闲生活满意度低。为了提升女性的幸福感，大力推进家务劳动社会化是重要的对策之一。为此：（1）国家和政府要大力发展公共托幼机构和设施完备、服务一流的养老机构，为女性职业发展创造条件。（2）采取政府购买服务的方式，依托社区和社会组织，建立多层次、多形式的社会服务体系，开展家庭教育、家庭用品配送、家政服务、养老服务、病患陪护等服务，逐步建立社区育婴室、托儿所、幼儿园，减轻女性的家务负担。（3）要积极倡导"有益于家庭的"（family friendly）企业工作友好政策，灵活且富有弹性的工作时间制度和男性家庭责任的强化分担制度都可为妇女平衡工作和家庭创造条件，不断提升女性的幸福感。（4）探索延长女性产、育婴假期，推行"育儿期间停薪留职，育儿期可延长1~3年"的选择性政策，自愿选择延长育儿期的女职工，产、育婴假期间，其待遇按照停薪留职的相关

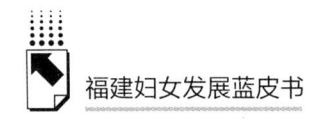

规定执行。

除了总体样本分析得出女性幸福感存在的共性问题外,我们还利用统计分析工具找到了影响福建省女性幸福感的因素并通过了统计检验,针对影响女性幸福感的因素,提出政策建议如下。

1. 健全弱势群体社会支持救助体系

从统计数据来看,女性的幸福感与所处的社会弱势地位具有显著正相关关系。具体表现为:农民、下岗失业人员、进城务工人员这三大低层职业女性群体,由于经济条件限制和医疗及其他社会保障缺失,社会参与度低,个人幸福感不高;有婚变女性相较于已婚及未婚群体,各项指标的满意度偏低;初入社会踏入职场的年轻女性,面临工作、生活的双重经济压力,经济上的评价满意度较低;60岁以上老年退休后承担了照顾老伴、第二代子女、第三代孙子女的家庭照顾工作,家务劳动繁重,影响了其个人幸福感。这些群体多因自身所处的特殊情况,在激烈的市场化竞争中不断地处于弱势积累的状态。因此,我们应当本着以人为本,健全基于性别公正的社会支持体系。(1)建立健全弱势女性的制度性支持,从政策层面出台性别公正且有倾斜性的社会支持和救助政策,进一步保障弱势女性群体,目前尤其要针对下岗失业人员、进城务工人员、单亲女性家庭,尽快完善这部分女性群体的社会保障和医疗救助等扶持政策。(2)以社区为依托成立婚姻家庭指导中心,在婚姻搜寻、过程指导、婚姻调解、沟通等方面发挥作用。尽快推动形成有婚姻变化的女性群体的互助交流平台,为她们建立来自同类群体的支持网络,增强其自我支持的能力。(3)发扬尊老敬老的传统美德,在推广家务服务社会化的同时,提倡家庭成员的家务分摊,解放老年人的家务负担,共同为她们营造高质量的晚年生活。

2. 建立高学历群体的情感交流平台

我们的调查研究发现,女性的教育水平与幸福感呈现高度的正相关，但是其中一个具体的指标呈现反向的影响，即女性学历在研究生和博士层面，对自己婚姻生活的不满意率变高。仔细分析高学历女性与其婚姻生活满意度的关系，许多研究与我们得出的结论是一致的。从高学历男性和女性自身来看，学历高，对婚姻的要求也高，期望满足的婚姻需要变得丰富和复杂起来，当现实中的婚姻不能满足要求时，矛盾发生的概率就高；学历越高，个体的自我意识和独立观念强，会倾向于否定或贬低别人，婚姻故障率也比较高。另外从高学历这个群体来看，高学历女性的婚姻伴侣大多数也是高学历，在婚姻的存续期间，两个人的事业也随即进入成长期，双方工作忙碌、缺乏交流也会导致婚姻满意度不高。为此我们构建高学历群体情感交流平台。具体来说：（1）以建立幸福家庭为目的，通过沙龙、讲座的形式聚集高学历群体关注情感世界，分享婚姻情感生活的点滴，做到婚姻生活去智力化，加强情感交流与共振。（2）发挥高校、企事业单位、党政机关工会和各级妇联、社团组织等群众团体的作用，开展多种类型的活动，增加高学历群体家庭间的互动与交流。（3）充分利用网络，积极建立网上交流互动平台，适时分享婚姻情感生活，用爱去营造婚姻生活的美好与温馨。（4）可由高校与妇联联合，组织相关力量专门研究高学历女性人才的婚姻情感生活问题，开通女性情感热线和在相关媒体上开辟专栏，邀请相关专家专门解答高学历女性群体的情感问题，并倡导积极的婚恋价值观，产生积极的社会引导效应。

3. 构筑高中/大专学历女性社会安全网

调查发现，按学历统计分析居民对社会安全的满意度时，高中和大专的女性日常安全感最低。在这个学历层次的女性无论在职业、婚姻、教育机会方面都面临更多、更复杂的诱惑和选择，面临的社会环境也更加复杂。这个数据的结果提示我们：（1）要进一步加强高中/大专毕业女性的职业生涯规划，帮助她们建立职业发

展的自信心，做到自强自立，合理定位自己的职业发展，加强职业职场风险防范和人身安全教育，不断提升女性防范风险的能力和日常生活中的安全意识；（2）工作单位、各级妇联、群众团体和社区组织，要有针对性地对中等学历群体进行重点跟踪访问，了解他们面临的各种安全问题，及时沟通交流，防患于未然，避免严重后果的发生；（3）各高中学校和大专院校，要加强校园安全管理，学校要建立类似女生委员会的机构，接受女性的安全问题报告，反映女性利益诉求，不断加强学校工会和妇委会建设，保护女学生和女教师的权益不受侵犯；（4）严格执行《妇女儿童权益保障法》等相关法律，对于侵犯妇女儿童合法权益的犯罪案件，坚决查办，绝不姑息。

4. 助推高收入女性提高社团参与度

数据显示，随着收入的增加，女性的社团参与程度随之更高，但是女性群体在年收入10万元以上组别中，收入与社团参与程度呈现负相关，即年收入水平在10万元以上的女性社会参与程度下降。我们主要是通过受访者是否参加宗教团体、宗亲会、同乡会、基层工会、社会组织、与学校有关的团体、体育、文化或娱乐团体，以及参加政治活动等来衡量社团参与程度。研究发现，高收入的女性群体参与社会团体活动少。女性参加社会团体组织，提高社会参与程度是适应社会组织化管理的趋势，也是推进人民群众实践社会参与的需要，高收入群体的女性一般是女性中的精英，充分发挥她们在社会组织中的作用，是维护和实现女性权益的需要，也是建立公平正义有序的和谐社会的需要。为此我们建议：（1）倡导女性参与社会团体，充分肯定高收入女性参加社会团体的行为，重视她们在团体中作用的发挥。要通过女性参与社会团体，强化社会性别视角的运用，对相关的政策进行审视和建言，赢得性别间的彼此尊重和平等。（2）利用女性社会参与的机会，不断加强社会性别意识培训，让女性社团具有共同的性别平等思想基础，不仅要服务于专业领域，也要服务于她所归属的性别群体的利益，做到工作职责和社会性别职责的统一。同时各级妇联要进一步加强与女性社团的联系，发挥女性社会团体的作用，提高依法表达妇女利益诉求的有效性，提高依法完善无性别歧视的公共政策框架的有效性。（3）有效把握好政府、市场和社会的关系，推动女性进行积极的、理性的、有序的社会参与，让社会团体依托自身优势，履行政府让渡的公益性社会职能，形成良性的互补，共同促进社会发展。

B.12 把握时代主题 共圆"中国梦"

王开明*

摘　要： 福建省广大妇女认真学习贯彻党的十八大和十八届三中全会精神，牢牢把握时代主题，坚定不移走中国特色社会主义妇女发展道路，坚持男女平等基本国策，紧密结合福建省实际，积极投入经济、政治、社会、文化和生态文明"五位一体"建设的伟大实践中，为践行"中国梦"贡献自己的力量。福建省妇联，结合妇女事业、妇女工作的实际，带领全省妇女在妇女与经济、妇女参与决策管理、妇女与教育、妇女与健康、妇女与法律、妇女与环境六个优先发展领域方面，取得了重大成效，全省妇女、儿童生存发展环境进一步优化，妇女参与经济社会事务管理能力进一步增强，健康状况明显改善，综合素质得到进一步提高，为实现"中国梦"迈出了踏踏实实的步伐。

关键词： 妇女事业　时代主题　中国梦

一 "中国梦"赋予中国妇女运动时代使命

全国人民至今记忆犹新：2012年11月29日，习近平总书记

---

* 王开明，研究员，福建省人民政府发展研究中心原副主任，研究方向：宏观经济。

与中央政治局常委们在参观国家博物馆"复兴之路"展览时，发表了关于"中国梦"的重要讲话。在这次讲话中，习近平总书记对"中国梦"的丰富内涵作了高度概括，他说："每个人都有理想和追求，都有自己的梦想。……实现中华民族伟大复兴，就是中华民族近代以来最伟大的梦想。这个梦想凝聚了几代中国人的夙愿，体现了中华民族和中国人民的整体利益，是每个中华儿女的共同期盼。历史告诉我们，每个人的命运都与国家和民族的命运紧密相连。国家好，民族好，大家才会好。"他还说："我相信，到中国共产党成立一百年时，全面建成小康社会的目标一定能实现；到新中国成立一百年时，建成富强民主文明和谐的社会主义现代化国家的目标一定能够实现，中华民族伟大复兴的梦想一定能实现。"

党的十八大以来，全国人民在以习近平同志为总书记的党中央领导下，正在为实现"中国梦"的征途上昂扬奋进。

正是在这个大背景下，全国各族妇女一定不会忘记：在2013年10月31日习近平总书记在中南海同全国妇联第十一届领导班子成员会面并发表题为"坚持男女平等基本国策，发挥我国妇女伟大作用"的重要讲话。习近平总书记在讲话中明确指出：实现党的十八大提出的目标任务，实现中华民族伟大复兴，是党和国家工作大局，也是当代中国妇女运动的时代主题。他还代表党中央，对中国妇女和妇联工作在实现"中国梦"的伟大征程中的时代使命提出了殷切的希望和要求。

一是坚持党的领导，紧紧围绕党和国家工作大局谋划和发展工作是妇女组织发挥作用的根本遵循，是妇联工作不断前进的重要保障。

二是妇女工作要牢牢把握实现"中国梦"的时代主题，把中国发展进步的历程同促进男女平等发展的历程更加紧密地融合在一起，使中国妇女事业发展具有更丰富的时代内涵。要坚定不移走中

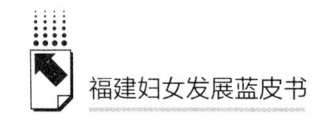

国特色社会主义妇女发展道路,这是实现妇女平等依法行使民主权利、平等参与经济社会发展、平等享有改革发展成果的正确道路。

三是联系和服务广大妇女是妇联组织的根本任务,做好新形势下的妇联工作,一定要把工作重心放在基层。妇联干部要走出机关、走向基层、沉下身子,用自己的眼睛看最真实的情况,用自己的耳朵听最真实的声音,帮助广大妇女排忧解难。

四是要注重发挥妇女在弘扬中华民族家庭美德、树立良好家风方面的独特作用,这关系到家庭和睦、关系到社会和谐、关系到下一代健康。

五是推动妇女事业发展,做好妇联工作,必须有改革创新精神。妇联干部要对广大妇女充满感情,真诚倾听她们的声音,真实反映她们的意愿,真心实意为广大妇女办事,在广大妇女中产生强大感召力。

在这次重要讲话中,习近平总书记还要求各级党委和政府要对妇女事业、妇女工作加大重视、关心和支持力度。要抓好妇女发展纲要实施,改善发展环境,解决发展中的突出问题,依法维护妇女权益,严厉打击侵害妇女权益的违法犯罪行为。

习近平总书记对"中国梦"的科学论述、对中国妇女事业发展的重要指示,必将成为今后相当长时期内我国妇女事业和妇女工作的重要指南,对中国妇女把握时代主题,共圆"中国梦"具有深远的意义。

二 福建妇女要为践行"中国梦"贡献力量

近年来,尤其是党的十八大以来,福建省广大妇女在党中央国务院和福建省委省政府领导下,认真学习贯彻党的十八大和十八届三中全会精神,牢牢把握实现中华民族伟大复兴这一时代主题，坚定不移走中国特色社会主义妇女发展道路，坚持男女平等基本国策，并紧密结合福建省实际，积极投入全省经济、政治、社会、文化和生态文明"五位一体"建设的伟大实践中，为践行"中国梦"贡献着自己的力量。福建省妇联，作为福建妇女的"娘家"，结合妇女事业、妇女工作的实际，带领全省妇女，认真实施《福建省妇女发展纲要（2011～2020年）》，在妇女与健康、妇女与教育、妇女与经济、妇女参与决策管理、妇女与社会保障、妇女与环境、妇女与法律七个优先发展领域方面，取得了重大成效，全省妇女、儿童生存发展环境进一步优化，妇女参与经济社会事务管理能力进一步增强，健康状况明显改善，综合素质得到进一步提高，为实现"中国梦"迈出了踏踏实实的步伐。突出表现在如下方面。

1. 妇女参与经济发展的作用日益彰显，为福建妇女践行"中国梦"打下了牢固的经济基础

几年来，围绕福建科学发展、跨越发展，努力实现"百姓富、生态美"有机统一的发展大局，福建广大妇女积极投身全省经济建设主战场，踊跃参加"五大战役"建设，充分发挥了妇女"半边天"的重要作用。2012年福建实现GDP接近2万亿元，增速达11.4%，比全国平均水平高出3个百分点；人均GDP折合8000美元，大大高于全国6500美元的平均水平。2013年福建全省生产总值21910亿元，增长11%，比全国平均水平高3.3个百分点；城镇居民人均可支配收入30816元，增长9.8%，比全国高2.8个百分点；农民人均纯收入11184元，增长12.2%；比全国高2.9个百分点。

根据2011年和2012两年的《福建省妇女发展纲要统计监测报告》（以下简称《监测报告》）数据，2011年全省就业总人数2459.99万人，其中妇女有1066.6万人，占就业总人数的43.4%。

福建妇女已成为经济建设主战场上一支不可忽视的力量。福建妇女就业不仅人数多，而且妇女素质和就业技能也有明显提高。2011年全省女性专业技术人员29.9万人，占全省专业技术人员比重达47.9%，其中中、高级专业技术人员11.88万人。2012年妇女高级专业技术人员比例比上年又提高0.4个百分点，占30.8%。在福建农村，随着全省经济发展、扶贫力度不断加大，各级妇联大力开展妇女技能培训和实用技术培训；加大小额贷款力度，帮助妇女创业；扎实推进"造福工程"等，在全省各方共同努力下，全省贫困人口也由2010年的199.49万人减少到2011年的171.45万人，农村妇女贫困程度有所缓解。总之，福建经济大发展，为全省妇女事业发展打下了牢固的基础；与此同时，广大妇女经济收入增加，也决定了妇女地位的提高。

2. 妇女参与决策和管理，提高了妇女地位，使福建妇女成为践行"中国梦"的一支重要力量

福建省委省政府一直高度重视让妇女积极参与决策与管理。据《监测报告》统计，2011年全省女干部60082名，比上一年增加3965名，女干部数占全省干部总数的23.1%，女干部总体配备达到中央和省委要求。福建全面落实了中央和省委关于市、县、乡党政领导班子必须配备女干部的规定，其中2011年县乡两级党政女领导配备创了新高。与此同时，福建还大大提高了省人大代表、省政协委员中女性的比例。2012年，省十二届人大代表558人中女代表有139人，比例达24.9%；省政协委员670人中有女委员138人，比例达20.6%。福建妇女在参与决策管理方面地位的提高，为全省各级妇联组织履行职能、开展工作提供了更好条件，也让各级政府可以把党和政府所急、广大妇女所需、妇联组织所能的事情更多地交给妇联组织去办，从而动员和组织更多的妇女参加到实现"中国梦"的伟大实践中。

3. 妇女参加保障和改善民生的伟大实践，使福建广大妇女儿童在健康、教育、社保、环境方面能够享受到改革发展的成果，改善和提高妇女生活水平成为践行"中国梦"的重要内容

人们一定还记得，在十八大闭幕当天会见中外记者时，习近平总书记的那一段语重心长的讲话："我们的人民热爱生活，期盼有更好的教育、更稳定的工作、更满意的收入、更可靠的社会保障、更高水平的医疗卫生服务、更舒适的居住条件、更优美的环境，期盼孩子们能成长得更好、工作得更好、生活得更好。人民对美好生活的向往，就是我们的奋斗目标。"

"中国梦"，从大的方面讲，就是要实现中华民族的伟大复兴。从千千万万普通老百姓的个人理想、追求和梦想来看，"人民对美好生活的向往"，无疑也是"中国梦"一个重要的内容。

近年来，福建妇女在党的阳光雨露下，在保障和改善民生的伟大实践中，取得了不平凡的成绩，为践行"中国梦"作出了不平凡的贡献。

在"妇女与健康"领域，正如《监测报告》各项数据所显示的，这几年福建广大妇女卫生保健水平得到稳步提升、妇女艾滋病防治工作力度不断加大、妇女享有计划生育健康优质服务更多更具体、妇女心理健康指导和服务工作得到更多重视、更多妇女经常参加文体活动等。2011年全省人口平均预期寿命75.76岁，其中男性73.27岁，女性78.64岁，这正是妇女健康状况明显提高的重要标志。

在"妇女与教育"领域，福建妇女取得的成绩也同样让人钦佩，表现在妇女受教育权利得到保障，整体素质有所提升；妇女职业教育进一步加强，终身教育新理念日益深入人心。2012年仅远程教育培训全省累计就达113.7万人次，其中妇女占相当比例。2011年全省小学学龄女童净入学率和九年义务教育巩固率均已达到99.9%，而且男女生九年义务教育中的性别差异基本消除；2011年女性高中阶段毛入学率为85.0%，2012年高等教育毛入学率达到33.1%；2013年普通高中在校生中女生占48.9%，女性高等教育毛入学率为37.42%。2011年全省人口平均教育年限为8.8年，其中女性达到8.3年。福建妇女教育水平的提高，意味着妇女素质和技能的提高，意味着妇女平等参与经济社会发展、平等享有改革发展成果能力的提高。

在"妇女与社会保障"领域，近几年福建省妇联积极参与实施了"养老服务'十百千'工程"、"扶持妇女、残疾人、计划生育家庭创业就业"等省政府一系列为民办实事项目，也取得可喜成效。突出体现在：福建省妇女参保人数大幅提高、城乡居民低保政策基本得到落实，以及农民与城镇居民新型养老保障在全省的全面推开等。

在"妇女与环境"领域，无论是生态环境，还是妇女生存发展环境，福建这几年都有了重大的改善。表现在：福建生态环境连续多年保持了水、大气和生态环境质量均为优的良好态势，广大妇女儿童人居环境和条件明显改善；社区服务和社会福利及救助体系逐步完善；男女平等社会氛围进一步优化；妇女儿童活动阵地建设得到重视，如"妇女儿童活动中心"、"妇女之家"等逐步遍及全省各地。

4. 妇女法律地位的提高，使福建广大妇女儿童权益得到切实保护，并成为践行"中国梦"的重要途径

习近平总书记在会见全国妇联第十一届领导成员时指出："在革命、建设、改革各个历史时期，我们党始终坚持把实现妇女解放和发展、实现男女平等写在自己奋斗的旗帜上。"实现妇女解放和发展、实现男女平等基本国策，无疑是"中国梦"的重要内容之一。为此，全社会必须动员起来，与广大妇女一起大力宣传贯彻

《中华人民共和国妇女权益保障法》,全省人民必须认真贯彻《福建省实施〈中华人民共和国妇女权益保障法〉办法》,大力提高广大妇女的法律地位。多年来,在全社会共同努力下,在妇女与法律领域,福建省也取得了可喜的进步,突出表现在:全社会维护妇女儿童合法权益的意识不断增强、妇女法律援助工作进一步落实、侵害妇女的各种犯罪活动得到严厉打击、失足妇女挽救工作得到强化。与此同时,越来越多的女性进入法律实践领域,她们当中的优秀人才成长为新一代法官、检察官、人民警察、律师,走到了保障妇女儿童权益的最前线。当然,与其他妇女工作一样,这方面同样任重道远。成千上万留守妇女、留守儿童的权益保护,仍然需要妇联和全社会的共同关注和参与。

"中国梦"——中国历史上壮美的集体梦想,已经点燃了亿万人民的激情,让我们迅速行动起来,与广大妇女共同携手,担负起时代使命,共圆"中国梦"。

致 谢

在第一部福建妇女发展蓝皮书的基础上,编委会集思广益、再接再厉,既继承了第一部的先进经验,又在分析方法、编写体例等方面进行了探索创新,共同编写了第二部福建妇女发展蓝皮书。经过跨度两年的不懈努力,该蓝皮书终于与读者见面了。

本书的顺利出版,得益于王金玲研究员的具体指导;得益于福建省妇女儿童工作委员会成员单位——省统计局的大力协助;得益于编委会全体成员的认真和专注;得益于社会科学文献出版社项目统筹王绯和责任编辑的高效工作。

当第二部福建妇女发展蓝皮书付梓之际,我们向所有对本书编写给予鼎力支持和辛勤付出的同志一一致谢。特别是包方副主席对全书文稿给予认真细致地审阅并修正,袁素玲、赵彬、陈少芳、徐西朋、杨敏、翁君怡、王恬冰等同志在编撰过程中提供了许多信息资料和意见,在此表示衷心的感谢。

福建妇女发展蓝皮书编委会
2014 年 7 月

Abstract

Report on Women's Development in Fujian (2011 – 2013) is the second volume of the blue book of local women's development in Fujian. The first volume was issued in 2011. The book, written by experts and scholars, consists of detailed, objective and quantifiable monitoring statistics and mainline of Fujian women's developments regarding health, education, economy, politics, social security and environment. The book reviews, hackles and evaluates the situation and tendency of Fujian women's development in the past three years; summarizes the experience and deficiencies of Fujian women's development; analyzes the regularity and characteristics of Fujian women's development in new situation; unveils issues of unbalanced gender development in health, employment, social security, etc. ; describes the model of Fujian women's development and the Cross-strait culture; discusses measures of future women's development; tries to provide references for government's decision-making with gender perspective and women theoretical research and women work.

Keywords: Fujian Women; Progress and Development; Issues and Challenges; Measures and Suggestions

Contents

B I General Report

B. 1 Gender Equality and Women's Development under
the Background of New-type Urbanization
Liu Qunying, Chen Yunping / 001

Abstract: Women's career in Fujian has made new progress in health, education, economy, social security, participation in decision-making and management, law and environment by taking the strategic opportunity of cross-strait development. Fujian and Taiwan women share the achievements of social and economic development and promote harmonious cooperation relationship. Under the background of new-type urbanization, Fujian women are facing unprecedented challenges. Women's needs are diversified. There is unbalanced economic and social development between urban and rural areas. It's hard to enhance women's quality and ability during the new rural construction.

Keywords: Fujian Women; Development Trend; Challenges; Problems; Coping Strategies

Contents

B II Branch Reports

B. 2   Women and Health　　　　　　*Wang Dewen*, *Yang Min* / 037

Abstract: Women's life expectancy and health status are found to be improved after analyzing the data of health statistics from 2011 to 2013 in Fujian. It also shows that health services, maternal and children's health as well as social security towards women have made remarkable progress during 2011 −2013 in Fujian. However, women's health status is facing challenges caused by the rapid changing of economic and social development in Fujian. For instance, we find the increasing tendency of prevalence of breast and cervical cancer as well as sexually transmitted diseases and AIDS among women in Fujian. The regional differences of women's health also exists in Fujian. Finally, the mechanism and strategy to solve the current problems of Fujian women's health are discussed in this study.

Keywords: Women's Health; Status; Mechanism and Strategy

B. 3   Women and Education　　　　　*Wu Lihong*, *Weng Junyi* / 069

Abstract: During 2011 −2013, the Fujian Provincial Committee and provincial government departments paid a great attention to the development of women's education, and the in-depth implementation of *Outline for Women's Development in Fujian* (*2011 – 2020*) and *Outline for Children's Development in Fujian* (*2011 – 2020*). This paper summarizes three measures applied by Fujian provincial government departments to implement the "Outlines" between 2011 and 2013. By taking effective measures, Fujian provincial government has made significant achievements: rapid development of pre-school education; increment in the consolidation of school education; steady development of vocational education; tangible improvements in women's literacy. However, there are still several problems, such as adult education in rural areas doesn't fully meet the educational needs of rural women; the attractiveness of vocational education for women needs to be improved; multi-level education system for women is yet introduced. On the basis of the above researches, this paper presents targeted measures to considerably promote the development of women's education.

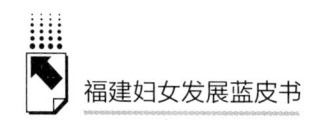

Keywords: Fujian Province; Women's Education; Women's Development

B. 4 Women and Economy   *Zhu Yirong* / 087

Abstract: The paper sums up the achievements and experience of Fujian women's economic development from 2011 to 2012 and reveals difficulties and problems faced by Fujian women participating in economic construction. To overcome and solve the difficulties and problems, measures and suggestions are put forward. Besides, the paper analyzes the changes of rural women participating in modern agricultural development. As rural women play an important role in economic construction, it is significant to enhance their employment and entrepreneurship.

Keywords: Women; Employment; Entrepreneurship

B. 5　Women's Participation in Decision Making and
　　　　Management　　　　　　　　　　　　　Zhou Yu / 108

Abstract: By analyzing the differences between *Outline for Women's Development in Fujian* (*2011 – 2020*) and *Outline for Women's Development in Fujian* (*2001 – 2010*), this paper generalizes the new characters of the former. It also describes the overall status, progress and problems of Fujian women's participation in decision-making and management in the recent three years by the data from *Monitoring Report of Outline for Women's Development in Fujian*; analyzes the favorable and unfavorable factors of it according to the data from *The Third Chinese Women's Social Status Investigation in Fujian*; puts forward ideas and directions to promote Fujian women's participation in decision-making and management.

Keywords: New Outline; Status; Factors; Ideas

B. 6　Women and Social Security　　　　　　Chen Wanpin / 137

Abstract: As an important indicator to measure women's social status, social security is further developed in terms of six aspects from 2010 to 2013, such as pension and health care. The establishment and development of social insurance system ensures Fujian residents to share fruits of economic and social development. However, there are some problems to solve. Countermeasures and suggestions are put forward as well.

Keywords: Women; Social Security; Status Analysis; Countermeasures and Suggestions

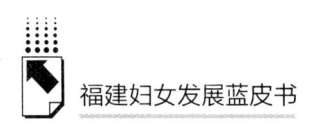

B.7　Women and Environment　　　　　　　　*Gao Shufang* / 156

Abstract: This paper analyzes the development in the field of women and environment in Fujian province from 2010 to 2012, summing up the practice achievements and existing problems. It also discusses the measures for promoting the career of women and environment in the future.

Keywords: Fujian; Women; Environment

B.8　Women and Law　　　　　　　　　　　*Jiang Yue* / 176

Abstract: From 2011 to 2013, women's statutes and rights protection situation in Fujian changed regarding sevens aspects: legislation, women's political rights, the protection of personal freedom, property law, labor law, social protection law and women and marriage and family law. The improvements of Fujian women's rights protection are below: the revision and implementation of *Fujian Provincial Regulation of Population and Family Planning* and other local legislation, a woman's political participation ratio increased, urban and rural women had stronger ability to buy chattels and keep more personal property, female employees increased year by year, women enjoyed freedom of marriage and freedom of divorce, the marriage and family dispute mediation mechanism was built successfully. However, there were problems such as strong traditional consciousness discouraging women to participate in political activities or social public affairs management, a number of violent crimes against women's rights and interests, serious family violence, implicit discrimination against women in employment. This paper suggests that we should adopt various measures to encourage and promote women's political participation, eliminate gender discrimination in employment, and enhance women's awareness of rights and their ability of right protection.

Keywords: Fujian; Women; Legal Right; Condition of Right Fulfillment; Problems; Countermeasures

B.9　Effect and Outlook of Women Communication and Cooperation between Fujian and Taiwan　　*Lin Xing* / 229

Abstract: In recent years, women exchanges have become increasingly frequent between Fujian and Taiwan , and made remarkable achievements. Exchange of scale, level and form have changed a lot, showing the lead, frequent, branding, academic, diversity, emotional, mechanisms and other characteristics, but there are also some problems. Therefore, we should establish a multiple mechanism innovation, form an all-round, wide-ranging development pattern; innovate brand, expand the influence of exchange activities; enhance management and service levels of the Female Taiwanese businessmen, Taiwan female dependents, and cross-strait marriages; strengthen exchanges and cooperation across the Taiwan Strait women/gender research, teaching, and so on, further strengthen women exchanges and cooperation between Fujian and Taiwan.

Keywords: Fujian and Taiwan; Women; Exchanges; Cooperation

B. 10　Developing Career of Volunteer Services, Constructing
　　　　System of Women's Voluntary Service　　*Cai Qiuhong* / 261

Abstract: Fujian women's voluntary service work is now developed by expanding female volunteer team. It is important to improve voluntary service system and social operation mechanism, establish concept of women's voluntary service, build culture of voluntary service, improve the ability of female volunteers, construct socialized, specialized and standardized system of women's voluntary service, and promote development of women's voluntary service work, so as to make voluntary service sustainable.

Keywords: Female Volunteer; Organization Construction; Service Concept; Service Mode

B. 11　Conditions of Women's Sense of Happiness in Work and
　　　　Life & Women's Development in Fujian Province
　　　　　　　　　　　　　　　　　　　　　　Shi Hongmei / 276

Abstract: Through investigation, we analyzed the conditions and the gender gap of Fujian residents' sense of happiness in work and life. We pointed out the main problems which affect women's obtaining happiness, and put forward relevant measures.

Keywords: Women; Work and Life; Happiness

B. 12 Grasp Era Theme, Realize Chinese Dream

Wang Kaiming / 290

Abstract: Fujian women study and implement the spirit of the 18th CPC National Congress and the Third Plenary Session of the 18th CPC Central Committee, grasp the era theme, firmly march on the women's developmental path of socialism with Chinese characteristics, adhere to the basic national policy of gender equality, promote economic, political, cultural, social, and ecological progress combining Fujian reality, contribute to practising Chinese Dream. Fujian Women's Federation has achieved great successes on six aspects including women and economy, women's participation in decision-making and management, women and education, women and health, women and law, women and environment. The life conditions and developmental environment for women and children are further improved. The women's ability of participation in management of the economic and social affairs is further enhanced. And, the conditions of women's health are improved. We should adhere to taking step toward fulfilling Chinese Dream.

Keywords: Women's Career; Era Theme; Chinese Dream

权威报告 热点资讯 海量资源

当代中国与世界发展的高端智库平台

皮书数据库　www.pishu.com.cn

皮书数据库是专业的人文社会科学综合学术资源总库，以大型连续性图书——皮书系列为基础，整合国内外相关资讯构建而成。该数据库包含七大子库，涵盖两百多个主题，囊括了近十几年间中国与世界经济社会发展报告，覆盖经济、社会、政治、文化、教育、国际问题等多个领域。

皮书数据库以篇章为基本单位，方便用户对皮书内容的阅读需求。用户可进行全文检索，也可对文献题目、内容提要、作者名称、作者单位、关键字等基本信息进行检索，还可对检索到的篇章再作二次筛选，进行在线阅读或下载阅读。智能多维度导航，可使用户根据自己熟知的分类标准进行分类导航筛选，使查找和检索更高效、便捷。

权威的研究报告、独特的调研数据、前沿的热点资讯，皮书数据库已发展成为国内最具影响力的关于中国与世界现实问题研究的成果库和资讯库。

皮书俱乐部会员服务指南

1. 谁能成为皮书俱乐部成员？
- 皮书作者自动成为俱乐部会员
- 购买了皮书产品（纸质皮书、电子书）的个人用户

2. 会员可以享受的增值服务
- 加入皮书俱乐部，免费获赠该纸质图书的电子书
- 免费获赠皮书数据库100元充值卡
- 免费定期获赠皮书电子期刊
- 优先参与各类皮书学术活动
- 优先享受皮书产品的最新优惠

卡号：224259524628
密码：

3. 如何享受增值服务？

（1）加入皮书俱乐部，获赠该书的电子书

第1步 登录我社官网（www.ssap.com.cn），注册账号；

第2步 登录并进入"会员中心"—"皮书俱乐部"，提交加入皮书俱乐部申请；

第3步 审核通过后，自动进入俱乐部服务环节，填写相关购书信息即可自动兑换相应电子书。

（2）免费获赠皮书数据库100元充值卡

100元充值卡只能在皮书数据库中充值和使用

第1步 刮开附赠充值的涂层（左下）；

第2步 登录皮书数据库网站（www.pishu.com.cn），注册账号；

第3步 登录并进入"会员中心"—"在线充值"—"充值卡充值"，充值成功后即可使用。

4. 声明

解释权归社会科学文献出版社所有

皮书俱乐部会员可享受社会科学文献出版社其他相关免费增值服务，有任何疑问，均可与我们联系
联系电话：010-59367227　企业QQ：800045692　邮箱：pishuclub@ssap.cn
欢迎登录社会科学文献出版社官网（www.ssap.com.cn）和中国皮书网（www.pishu.cn）了解更多信息

社会科学文献出版社　　　　　　　　　　　　　　**皮书系列**

"皮书"起源于十七、十八世纪的英国,主要指官方或社会组织正式发表的重要文件或报告,多以"白皮书"命名。在中国,"皮书"这一概念被社会广泛接受,并被成功运作、发展成为一种全新的出版形态,则源于中国社会科学院社会科学文献出版社。

皮书是对中国与世界发展状况和热点问题进行年度监测,以专业的角度、专家的视野和实证研究方法,针对某一领域或区域现状与发展态势展开分析和预测,具备权威性、前沿性、原创性、实证性、时效性等特点的连续性公开出版物,由一系列权威研究报告组成。皮书系列是社会科学文献出版社编辑出版的蓝皮书、绿皮书、黄皮书等的统称。

皮书系列的作者以中国社会科学院、著名高校、地方社会科学院的研究人员为主,多为国内一流研究机构的权威专家学者,他们的看法和观点代表了学界对中国与世界的现实和未来最高水平的解读与分析。

自20世纪90年代末推出以《经济蓝皮书》为开端的皮书系列以来,社会科学文献出版社至今已累计出版皮书千余部,内容涵盖经济、社会、政法、文化传媒、行业、地方发展、国际形势等领域。皮书系列已成为社会科学文献出版社的著名图书品牌和中国社会科学院的知名学术品牌。

皮书系列在数字出版和国际出版方面成就斐然。皮书数据库被评为"2008~2009年度数字出版知名品牌";《经济蓝皮书》《社会蓝皮书》等十几种皮书每年还由国外知名学术出版机构出版英文版、俄文版、韩文版和日文版,面向全球发行。

2011年,皮书系列正式列入"十二五"国家重点出版规划项目;2012年,部分重点皮书列入中国社会科学院承担的国家哲学社会科学创新工程项目;2014年,35种院外皮书使用"中国社会科学院创新工程学术出版项目"标识。

法律声明

"皮书系列"(含蓝皮书、绿皮书、黄皮书)由社会科学文献出版社最早使用并对外推广,现已成为中国图书市场上流行的品牌,是社会科学文献出版社的品牌图书。社会科学文献出版社拥有该系列图书的专有出版权和网络传播权,其LOGO( )与"经济蓝皮书"、"社会蓝皮书"等皮书名称已在中华人民共和国工商行政管理总局商标局登记注册,社会科学文献出版社合法拥有其商标专用权。

未经社会科学文献出版社的授权和许可,任何复制、模仿或以其他方式侵害"皮书系列"和LOGO( )、"经济蓝皮书"、"社会蓝皮书"等皮书名称商标专用权的行为均属于侵权行为,社会科学文献出版社将采取法律手段追究其法律责任,维护合法权益。

欢迎社会各界人士对侵犯社会科学文献出版社上述权利的违法行为进行举报。电话:010-59367121,电子邮箱:fawubu@ssap.cn。

社会科学文献出版社

权威·前沿·原创

社会科学文献出版社

皮书系列

2014年

盘点年度资讯　预测时代前程

社会科学文献出版社 学术传播中心 编制

社长致辞

我们是图书出版者，更是人文社会科学内容资源供应商；

我们背靠中国社会科学院，面向中国与世界人文社会科学界，坚持为人文社会科学的繁荣与发展服务；

我们精心打造权威信息资源整合平台，坚持为中国经济与社会的繁荣与发展提供决策咨询服务；

我们以读者定位自身，立志让爱书人读到好书，让求知者获得知识；

我们精心编辑、设计每一本好书以形成品牌张力，以优秀的品牌形象服务读者，开拓市场；

我们始终坚持"创社科经典，出传世文献"的经营理念，坚持"权威、前沿、原创"的产品特色；

我们"以人为本"，提倡阳光下创业，员工与企业共享发展之成果；

我们立足于现实，认真对待我们的优势、劣势，我们更着眼于未来，以不断的学习与创新适应不断变化的世界，以不断的努力提升自己的实力；

我们愿与社会各界友好合作，共享人文社会科学发展之成果，共同推动中国学术出版乃至内容产业的繁荣与发展。

社会科学文献出版社社长
中国社会学会秘书长

2014 年 1 月

社会科学文献出版社　　　　　　　　　**皮书系列**

　　"皮书"起源于十七、十八世纪的英国，主要指官方或社会组织正式发表的重要文件或报告，多以"白皮书"命名。在中国，"皮书"这一概念被社会广泛接受，并被成功运作、发展成为一种全新的出版形态，则源于中国社会科学院社会科学文献出版社。

　　皮书是对中国与世界发展状况和热点问题进行年度监测，以专家和学术的视角，针对某一领域或区域现状与发展态势展开分析和预测，具备权威性、前沿性、原创性、实证性、时效性等特点的连续性公开出版物，由一系列权威研究报告组成。皮书系列是社会科学文献出版社编辑出版的蓝皮书、绿皮书、黄皮书等的统称。

　　皮书系列的作者以中国社会科学院、著名高校、地方社会科学院的研究人员为主，多为国内一流研究机构的权威专家学者，他们的看法和观点代表了学界对中国与世界的现实和未来最高水平的解读与分析。

　　自20世纪90年代末推出以经济蓝皮书为开端的皮书系列以来，至今已出版皮书近1000余部，内容涵盖经济、社会、政法、文化传媒、行业、地方发展、国际形势等领域。皮书系列已成为社会科学文献出版社的著名图书品牌和中国社会科学院的知名学术品牌。

　　皮书系列在数字出版和国际出版方面成就斐然。皮书数据库被评为"2008~2009年度数字出版知名品牌"；经济蓝皮书、社会蓝皮书等十几种皮书每年还由国外知名学术出版机构出版英文版、俄文版、韩文版和日文版，面向全球发行。

　　2011年，皮书系列正式列入"十二五"国家重点出版规划项目，一年一度的皮书年会升格由中国社会科学院主办；2012年，部分重点皮书列入中国社会科学院承担的国家哲学社会科学创新工程项目。

权威 前沿 原创

经济类

皮书系列
重点推荐

经 济 类

经济类皮书涵盖宏观经济、城市经济、大区域经济，
提供权威、前沿的分析与预测

经济蓝皮书
2014年中国经济形势分析与预测

李 扬 / 主编　　2013年12月出版　　定价:69.00元

◆ 本书课题为"总理基金项目"，由著名经济学家李扬领衔，联合数十家科研机构、国家部委和高等院校的专家共同撰写，对2013年中国宏观及微观经济形势，特别是全球金融危机及其对中国经济的影响进行了深入分析，并且提出了2014年经济走势的预测。

世界经济黄皮书
2014年世界经济形势分析与预测

王洛林　张宇燕 / 主编　　2014年1月出版　　定价:69.00元

◆ 2013年的世界经济仍旧行进在坎坷复苏的道路上。发达经济体经济复苏继续巩固，美国和日本经济进入低速增长通道，欧元区结束衰退并呈复苏迹象。本书展望2014年世界经济，预计全球经济增长仍将维持在中低速的水平上。

工业化蓝皮书
中国工业化进程报告（2014）

黄群慧　吕　铁　李晓华　等 / 著　　2014年11月出版　　估价:89.00元

◆ 中国的工业化是事关中华民族伟大复兴的伟大事业，分析跟踪研究中国的工业化进程，无疑具有重大意义。科学评价与客观认识我国的工业化水平，对于我国明确自身发展中的优势和不足，对于经济结构的升级与转型，对于制定经济发展政策，从而提升我国的现代化水平具有重要作用。

金融蓝皮书

中国金融发展报告（2014）

李扬　王国刚 / 主编　2013 年 12 月出版　定价 :65.00 元

◆ 由中国社会科学院金融研究所组织编写的《中国金融发展报告（2014）》，概括和分析了 2013 年中国金融发展和运行中的各方面情况，研讨和评论了 2013 年发生的主要金融事件。本书由业内专家和青年精英联合编著，有利于读者了解掌握 2013 年中国的金融状况，把握 2014 年中国金融的走势。

城市竞争力蓝皮书

中国城市竞争力报告 No.12

倪鹏飞 / 主编　2014 年 5 月出版　定价 :89.00 元

◆ 本书由中国社会科学院城市与竞争力研究中心主任倪鹏飞主持编写，汇集了众多研究城市经济问题的专家学者关于城市竞争力研究的最新成果。本报告构建了一套科学的城市竞争力评价指标体系，采用第一手数据材料，对国内重点城市年度竞争力格局变化进行客观分析和综合比较、排名，对研究城市经济及城市竞争力极具参考价值。

中国省域竞争力蓝皮书

"十二五"中期中国省域经济综合竞争力发展报告

李建平　李闽榕　高燕京 / 主编　2014 年 3 月出版　定价 :198.00 元

◆ 本书充分运用数理分析、空间分析、规范分析与实证分析相结合、定性分析与定量分析相结合的方法，建立起比较科学完善、符合中国国情的省域经济综合竞争力指标评价体系及数学模型，对 2011~2012 年中国内地 31 个省、市、区的经济综合竞争力进行全面、深入、科学的总体评价与比较分析。

农村经济绿皮书

中国农村经济形势分析与预测 (2013~2014)

中国社会科学院农村发展研究所　国家统计局农村社会经济调查司 / 著
2014 年 4 月出版　定价 :69.00 元

◆ 本书对 2013 年中国农业和农村经济运行情况进行了系统的分析和评价，对 2014 年中国农业和农村经济发展趋势进行了预测，并提出相应的政策建议，专题部分将围绕某个重大的理论和现实问题进行多维、深入、细致的分析和探讨。

经济类　皮书系列 重点推荐

西部蓝皮书

中国西部发展报告（2014）

姚慧琴　徐璋勇/主编　　2014年7月出版　　定价:89.00元

◆ 本书由西北大学中国西部经济发展研究中心主编，汇集了源自西部本土以及国内研究西部问题的权威专家的第一手资料，对国家实施西部大开发战略进行年度动态跟踪，并对2014年西部经济、社会发展态势进行预测和展望。

气候变化绿皮书

应对气候变化报告（2014）

王伟光　郑国光/主编　　2014年11月出版　　估价:79.00元

◆ 本书由社科院城环所和国家气候中心共同组织编写，各篇报告的作者长期从事气候变化科学问题、社会经济影响，以及国际气候制度等领域的研究工作，密切跟踪国际谈判的进程，参与国家应对气候变化相关政策的咨询，有丰富的理论与实践经验。

就业蓝皮书

2014年中国大学生就业报告

麦可思研究院/编著　王伯庆　周凌波/主审
2014年6月出版　　定价:98.00元

◆ 本书是迄今为止关于中国应届大学毕业生就业、大学毕业生中期职业发展及高等教育人口流动情况的视野最为宽广、资料最为翔实、分类最为精细的实证调查和定量研究；为我国教育主管部门的教育决策提供了极有价值的参考。

企业社会责任蓝皮书

中国企业社会责任研究报告（2014）

黄群慧　彭华岗　钟宏武　张蒽/编著
2014年11月出版　　估价:69.00元

◆ 本书系中国社会科学院经济学部企业社会责任研究中心组织编写的《企业社会责任蓝皮书》2014年分册。该书在对企业社会责任进行宏观总体研究的基础上，根据2013年企业社会责任及相关背景进行了创新研究，在全国企业中观层面对企业健全社会责任管理体系提供了弥足珍贵的丰富信息。

皮书系列 重点推荐　社会政法类

社会政法类

社会政法类皮书聚焦社会发展领域的热点、难点问题，提供权威、原创的资讯与视点

社会蓝皮书

2014年中国社会形势分析与预测

李培林　陈光金　张 翼/主编　2013年12月出版　定价:69.00元

◆ 本报告是中国社会科学院"社会形势分析与预测"课题组2014年度分析报告，由中国社会科学院社会学研究所组织研究机构专家、高校学者和政府研究人员撰写。对2013年中国社会发展的各个方面内容进行了权威解读，同时对2014年社会形势发展趋势进行了预测。

法治蓝皮书

中国法治发展报告No.12（2014）

李　林　田 禾/主编　2014年2月出版　定价:98.00元

◆ 本年度法治蓝皮书一如既往秉承关注中国法治发展进程中的焦点问题的特点，回顾总结了2013年度中国法治发展取得的成就和存在的不足，并对2014年中国法治发展形势进行了预测和展望。

民间组织蓝皮书

中国民间组织报告（2014）

黄晓勇/主编　2014年11月出版　估价:69.00元

◆ 本报告是中国社会科学院"民间组织与公共治理研究"课题组推出的第五本民间组织蓝皮书。基于国家权威统计数据、实地调研和广泛搜集的资料，本报告对2013年以来我国民间组织的发展现状、热点专题、改革趋势等问题进行了深入研究，并提出了相应的政策建议。

社会政法类　皮书系列 重点推荐

社会保障绿皮书

中国社会保障发展报告（2014）No.6

王延中 / 主编　2014 年 9 月出版　定价 :79.00 元

◆ 社会保障是调节收入分配的重要工具，随着社会保障制度的不断建立健全、社会保障覆盖面的不断扩大和社会保障资金的不断增加，社会保障在调节收入分配中的重要性不断提高。本书全面评述了 2013 年以来社会保障制度各个主要领域的发展情况。

环境绿皮书

中国环境发展报告（2014）

刘鉴强 / 主编　　2014 年 5 月出版　定价 :79.00 元

◆ 本书由民间环保组织"自然之友"组织编写，由特别关注、生态保护、宜居城市、可持续消费以及政策与治理等版块构成，以公共利益的视角记录、审视和思考中国环境状况，呈现 2013 年中国环境与可持续发展领域的全局态势，用深刻的思考、科学的数据分析 2013 年的环境热点事件。

教育蓝皮书

中国教育发展报告（2014）

杨东平 / 主编　2014 年 5 月出版　定价 :79.00 元

◆ 本书站在教育前沿，突出教育中的问题，特别是对当前教育改革中出现的教育公平、高校教育结构调整、义务教育均衡发展等问题进行了深入分析，从教育的内在发展谈教育，又从外部条件来谈教育，具有重要的现实意义，对我国的教育体制的改革与发展具有一定的学术价值和参考意义。

反腐倡廉蓝皮书

中国反腐倡廉建设报告 No.3

李秋芳 / 主编　2014 年 1 月出版　　定价 :79.00 元

◆ 本书抓住了若干社会热点和焦点问题，全面反映了新时期新阶段中国反腐倡廉面对的严峻局面，以及中国共产党反腐倡廉建设的新实践新成果。根据实地调研、问卷调查和舆情分析，梳理了当下社会普遍关注的与反腐败密切相关的热点问题。

皮书系列 重点推荐　行业报告类

行业报告类

行业报告类皮书立足重点行业、新兴行业领域，提供及时、前瞻的数据与信息

房地产蓝皮书
中国房地产发展报告 No.11（2014）

魏后凯　李景国／主编　　2014年5月出版　　定价：79.00元

◆ 本书由中国社会科学院城市发展与环境研究所组织编写，秉承客观公正、科学中立的原则，深度解析2013年中国房地产发展的形势和存在的主要矛盾，并预测2014年及未来10年或更长时间的房地产发展大势。观点精辟，数据翔实，对关注房地产市场的各阶层人士极具参考价值。

旅游绿皮书
2013~2014年中国旅游发展分析与预测

宋瑞／主编　　2013年12月出版　　定价：79.00元

◆ 如何从全球的视野理性审视中国旅游，如何在世界旅游版图上客观定位中国，如何积极有效地推进中国旅游的世界化，如何制定中国实现世界旅游强国梦想的线路图？本年度开始，《旅游绿皮书》将围绕"世界与中国"这一主题进行系列研究，以期为推进中国旅游的长远发展提供科学参考和智力支持。

信息化蓝皮书
中国信息化形势分析与预测（2014）

周宏仁／主编　　2014年8月出版　　定价：98.00元

◆ 本书在以中国信息化发展的分析和预测为重点的同时，反映了过去一年间中国信息化关注的重点和热点，视野宽阔，观点新颖，内容丰富，数据翔实，对中国信息化的发展有很强的指导性，可读性很强。

> 行业报告类

**皮书系列
重点推荐**

企业蓝皮书

中国企业竞争力报告（2014）

金碚 / 主编　　2014年11月出版　　估价：89.00元

◆ 中国经济正处于新一轮的经济波动中，如何保持稳健的经营心态和经营方式并进一步求发展，对于企业保持并提升核心竞争力至关重要。本书利用上市公司的财务数据，研究上市公司竞争力变化的最新趋势，探索进一步提升中国企业国际竞争力的有效途径，这无论对实践工作者还是理论研究者都具有重大意义。

食品药品蓝皮书

食品药品安全与监管政策研究报告（2014）

唐民皓 / 主编　　2014年11月出版　　估价：69.00元

◆ 食品药品安全是当下社会关注的焦点问题之一，如何破解食品药品安全监管重点难点问题是需要以社会合力才能解决的系统工程。本书围绕安全热点问题、监管重点问题和政策焦点问题，注重于对食品药品公共政策和行政监管体制的探索和研究。

流通蓝皮书

中国商业发展报告（2013~2014）

荆林波 / 主编　　2014年5月出版　　定价：89.00元

◆ 《中国商业发展报告》是中国社会科学院财经战略研究院与香港利丰研究中心合作的成果，并且在2010年开始以中英文版同步在全球发行。蓝皮书从关注中国宏观经济出发，突出中国流通业的宏观背景反映了本年度中国流通业发展的状况。

住房绿皮书

中国住房发展报告（2013~2014）

倪鹏飞 / 主编　　2013年12月出版　　定价：79.00元

◆ 本报告从宏观背景、市场主体、市场体系、公共政策和年度主题五个方面，对中国住宅市场体系做了全面系统的分析、预测与评价，并给出了相关政策建议，并在评述2012~2013年住房及相关市场走势的基础上，预测了2013~2014年住房及相关市场的发展变化。

国别与地区类

国别与地区类皮书关注全球重点国家与地区，提供全面、独特的解读与研究

亚太蓝皮书

亚太地区发展报告（2014）

李向阳 / 主编　　2014年1月出版　　定价：59.00元

◆ 本书是由中国社会科学院亚太与全球战略研究院精心打造的又一品牌皮书，关注时下亚太地区局势发展动向里隐藏的中长趋势，剖析亚太地区政治与安全格局下的区域形势最新动向以及地区关系发展的热点问题，并对2014年亚太地区重大动态作出前瞻性的分析与预测。

日本蓝皮书

日本研究报告（2014）

李　薇 / 主编　　2014年3月出版　　定价：69.00元

◆ 本书由中华日本学会、中国社会科学院日本研究所合作推出，是以中国社会科学院日本研究所的研究人员为主完成的研究成果。对2013年日本的政治、外交、经济、社会文化作了回顾、分析与展望，并收录了该年度日本大事记。

欧洲蓝皮书

欧洲发展报告（2013~2014）

周　弘 / 主编　　2014年6月出版　　定价：89.00元

◆ 本年度的欧洲发展报告，对欧洲经济、政治、社会、外交等方面的形势进行了跟踪介绍与分析。力求反映作为一个整体的欧盟及30多个欧洲国家在2013年出现的各种变化。

国别与地区类

拉美黄皮书
拉丁美洲和加勒比发展报告（2013~2014）
吴白乙 / 主编　2014年4月出版　定价：89.00元

◆ 本书是中国社会科学院拉丁美洲研究所的第13份关于拉丁美洲和加勒比地区发展形势状况的年度报告。本书对2013年拉丁美洲和加勒比地区诸国的政治、经济、社会、外交等方面的发展情况做了系统介绍，对该地区相关国家的热点及焦点问题进行了总结和分析，并在此基础上对该地区各国2014年的发展前景做出预测。

澳门蓝皮书
澳门经济社会发展报告（2013~2014）
吴志良　郝雨凡 / 主编　2014年4月出版　定价：79.00元

◆ 本书集中反映2013年本澳各个领域的发展动态，总结评价近年澳门政治、经济、社会的总体变化，同时对2014年社会经济情况作初步预测。

日本经济蓝皮书
日本经济与中日经贸关系研究报告（2014）
王洛林　张季风 / 主编　2014年5月出版　定价：79.00元

◆ 本书对当前日本经济以及中日经济合作的发展动态进行了多角度、全景式的深度分析。本报告回顾并展望了2013~2014年度日本宏观经济的运行状况。此外，本报告还收录了大量来自于日本政府权威机构的数据图表，具有极高的参考价值。

美国蓝皮书
美国研究报告（2014）
黄平　倪峰 / 主编　2014年7月出版　定价：89.00元

◆ 本书是由中国社会科学院美国所主持完成的研究成果，它回顾了美国2013年的经济、政治形势与外交战略，对2013年以来美国内政外交发生的重大事件以及重要政策进行了较为全面的回顾和梳理。

地方发展类

地方发展类皮书关注大陆各省份、经济区域，提供科学、多元的预判与咨政信息

社会建设蓝皮书

2014年北京社会建设分析报告

宋贵伦　冯　虹/主编　2014年7月出版　定价:79.00元

◆ 本书依据社会学理论框架和分析方法，对北京市的人口、就业、分配、社会阶层以及城乡关系等社会学基本问题进行了广泛调研与分析，对广受社会关注的住房、教育、医疗、养老、交通等社会热点问题做出了深刻的了解与剖析，对日益显现的征地搬迁、外籍人口管理、群体性心理障碍等内容进行了有益探讨。

温州蓝皮书

2014年温州经济社会形势分析与预测

潘忠强　王春光　金　浩/主编　2014年4月出版　定价:69.00元

◆ 本书是由中共温州市委党校与中国社会科学院社会学研究所合作推出的第七本"温州经济社会形势分析与预测"年度报告，深入全面分析了2013年温州经济、社会、政治、文化发展的主要特点、经验、成效与不足，提出了相应的政策建议。

上海蓝皮书

上海资源环境发展报告（2014）

周冯琦　汤庆合　任文伟/著　2014年1月出版　定价:69.00元

◆ 本书在上海所面临资源环境风险的来源、程度、成因、对策等方面作了些有益的探索，希望能对有关部门完善上海的资源环境风险防控工作提供一些有价值的参考，也让普通民众更全面地了解上海资源环境风险及其防控的图景。

地方发展类

广州蓝皮书
2014年中国广州社会形势分析与预测

张　强　陈怡霓　杨　秦 / 主编　2014年5月出版　定价:69.00元

◆ 本书由广州大学与广州市委宣传部、广州市人力资源和社会保障局联合主编，汇集了广州科研团体、高等院校和政府部门诸多社会问题研究专家、学者和实际部门工作者的最新研究成果，是关于广州社会运行情况和相关专题分析与预测的重要参考资料。

河南经济蓝皮书
2014年河南经济形势分析与预测

胡五岳 / 主编　2014年3月出版　定价:69.00元

◆ 本书由河南省统计局主持编纂。该分析与展望以2013年最新年度统计数据为基础，科学研判河南经济发展的脉络轨迹、分析年度运行态势；以客观翔实、权威资料为特征，突出科学性、前瞻性和可操作性，服务于科学决策和科学发展。

陕西蓝皮书
陕西社会发展报告（2014）

任宗哲　石　英　牛　昉 / 主编　2014年2月出版　定价:65.00元

◆ 本书系统而全面地描述了陕西省2013年社会发展各个领域所取得的成就、存在的问题、面临的挑战及其应对思路，为更好地思考2014年陕西发展前景、政策指向和工作策略等方面提供了一个较为简洁清晰的参考蓝本。

上海蓝皮书
上海经济发展报告（2014）

沈开艳 / 主编　2014年1月出版　定价:69.00元

◆ 本书系上海社会科学院系列之一，报告对2014年上海经济增长与发展趋势的进行了预测，把握了上海经济发展的脉搏和学术研究的前沿。

广州蓝皮书

广州经济发展报告（2014）

李江涛 朱名宏 / 主编　　2014 年 5 月出版　　定价 :69.00 元

◆ 本书是由广州市社会科学院主持编写的"广州蓝皮书"系列之一，本报告对广州 2013 年宏观经济运行情况作了深入分析，对 2014 年宏观经济走势进行了合理预测，并在此基础上提出了相应的政策建议。

文 化 传 媒 类

文化传媒类皮书透视文化领域、文化产业，探索文化大繁荣、大发展的路径

新媒体蓝皮书

中国新媒体发展报告 No.4(2013)

唐绪军 / 主编　　2014 年 6 月出版　　定价 :79.00 元

◆ 本书由中国社会科学院新闻与传播研究所和上海大学合作编写，在构建新媒体发展研究基本框架的基础上，全面梳理 2013 年中国新媒体发展现状，发表最前沿的网络媒体深度调查数据和研究成果，并对新媒体发展的未来趋势做出预测。

舆情蓝皮书

中国社会舆情与危机管理报告（2014）

谢耘耕 / 主编　　2014 年 8 月出版　　定价 :98.00 元

◆ 本书由上海交通大学舆情研究实验室和危机管理研究中心主编，已被列入教育部人文社会科学研究报告培育项目。本书以新媒体环境下的中国社会为立足点，对 2013 年中国社会舆情、分类舆情等进行了深入系统的研究，并预测了 2014 年社会舆情走势。

经济类

产业蓝皮书
中国产业竞争力报告（2014）No.4
著（编）者：张其仔　2014年11月出版／估价：79.00元

长三角蓝皮书
2014年率先基本实现现代化的长三角
著（编）者：刘志彪　2014年11月出版／估价：120.00元

城市竞争力蓝皮书
中国城市竞争力报告No.12
著（编）者：倪鹏飞　2014年5月出版／定价：89.00元

城市蓝皮书
中国城市发展报告No.7
著（编）者：潘家华　魏后凯　2014年9月出版／估价：69.00元

城市群蓝皮书
中国城市群发展指数报告(2014)
著（编）者：刘士林　刘新静　2014年10月出版／估价：59.00元

城乡统筹蓝皮书
中国城乡统筹发展报告（2014）
著（编）者：程志强、潘晨光　2014年9月出版／估价：59.00元

城乡一体化蓝皮书
中国城乡一体化发展报告（2014）
著（编）者：汝信　付崇兰　2014年11月出版／估价：59.00元

城镇化蓝皮书
中国新型城镇化健康发展报告（2014）
著（编）者：张占斌　2014年5月出版／定价：79.00元

低碳发展蓝皮书
中国低碳发展报告（2014）
著（编）者：齐晔　2014年3月出版／定价：89.00元

低碳经济蓝皮书
中国低碳经济发展报告（2014）
著（编）者：薛进军　赵忠秀　2014年5月出版／估价：69.00元

东北蓝皮书
中国东北地区发展报告（2014）
著（编）者：马克　黄文艺　2014年8月出版／估价：79.00元

发展和改革蓝皮书
中国经济发展和体制改革报告No.7
著（编）者：邹东涛　2014年11月出版／估价：79.00元

工业化蓝皮书
中国工业化进程报告（2014）
著（编）者：黄群慧　吕铁　李晓华　等
2014年11月出版／估价：89.00元

工业设计蓝皮书
中国工业设计发展报告（2014）
著（编）者：王晓红　于炜　张立群
2014年9月出版／估价：98.00元

国际城市蓝皮书
国际城市发展报告（2014）
著（编）者：屠启宇　2014年1月出版／定价：69.00元

国家创新蓝皮书
国家创新发展报告（2014）
著（编）者：陈劲　2014年9月出版／估价：59.00元

宏观经济蓝皮书
中国经济增长报告（2014）
著（编）者：张平　刘霞辉　2014年10月出版／估价：69.00元

金融蓝皮书
中国金融发展报告（2014）
著（编）者：李扬　王国刚　2013年12月出版／定价：65.00元

经济蓝皮书
2014年中国经济形势分析与预测
著（编）者：李扬　2013年12月出版／定价：69.00元

经济蓝皮书春季号
2014年中国经济前景分析
著（编）者：李扬　2014年5月出版／定价：79.00元

经济蓝皮书夏季号
中国经济增长报告（2013~2014）
著（编）者：李扬　2014年7月出版／估价：69.00元

经济信息绿皮书
中国与世界经济发展报告（2014）
著（编）者：杜平　2013年12月出版／定价：79.00元

就业蓝皮书
2014年中国大学生就业报告
著（编）者：麦可思研究院　2014年6月出版／定价：98.00元

流通蓝皮书
中国商业发展报告（2013~2014）
著（编）者：荆林波　2014年5月出版／定价：89.00元

民营经济蓝皮书
中国民营经济发展报告No.10（2013~2014）
著（编）者：黄孟复　2014年9月出版／估价：69.00元

民营企业蓝皮书
中国民营企业竞争力报告No.7（2014）
著（编）者：刘迎秋　2014年9月出版／估价：79.00元

农村绿皮书
中国农村经济形势分析与预测（2013~2014）
著（编）者：中国社会科学院农村发展研究所
　　　　　国家统计局农村社会经济调查司　著
2014年4月出版／定价：69.00元

农业应对气候变化蓝皮书
气候变化对中国农业影响评估报告No.1
著（编）者：矫梅燕　2014年8月出版／定价：98.00元

企业公民蓝皮书
中国企业公民报告No.4
著（编）者：邹东涛　2014年11月出版／估价：69.00元

企业社会责任蓝皮书
中国企业社会责任研究报告（2014）
著（编）者：黄群慧　彭华岗　钟宏武　等
2014年11月出版／估价：59.00元

经济类・社会政法类

气候变化绿皮书
应对气候变化报告（2014）
著(编)者：王伟光 郑国光　2014年11月出版 / 估价：79.00元

区域蓝皮书
中国区域经济发展报告（2013~2014）
著(编)者：梁昊光　2014年4月出版 / 定价：79.00元

人口与劳动绿皮书
中国人口与劳动问题报告No.15
著(编)者：蔡昉　2014年11月出版 / 估价：69.00元

生态经济（建设）绿皮书
中国经济（建设）发展报告（2013~2014）
著(编)者：黄浩涛 李周　2014年10月出版 / 估价：69.00元

世界经济黄皮书
2014年世界经济形势分析与预测
著(编)者：王洛林 张宇燕　2014年1月出版 / 定价：69.00元

西北蓝皮书
中国西北发展报告（2014）
著(编)者：张进海 陈冬红 段庆林
2013年12月出版 / 定价：69.00元

西部蓝皮书
中国西部发展报告（2014）
著(编)者：姚慧琴 徐璋勇　2014年7月出版 / 定价：89.00元

新型城镇化蓝皮书
新型城镇化发展报告（2014）
著(编)者：沈体雁 李伟 宋敏　2014年9月出版 / 估价：69.00元

新兴经济体蓝皮书
金砖国家发展报告（2014）
著(编)者：林跃勤 周文　2014年7月出版 / 定价：79.00元

循环经济绿皮书
中国循环经济发展报告（2013~2014）
著(编)者：齐建国　2014年12月出版 / 估价：69.00元

中部竞争力蓝皮书
中国中部经济社会竞争力报告（2014）
著(编)者：教育部人文社会科学重点研究基地
　　　　　南昌大学中国中部经济社会发展研究中心
2014年11月出版 / 估价：59.00元

中部蓝皮书
中国中部地区发展报告（2014）
著(编)者：朱有志　2014年10月出版 / 估价：59.00元

中国省域竞争力蓝皮书
"十二五"中期中国省域经济综合竞争力发展报告
著(编)者：李建平 李闽榕 高燕京　2014年3月出版 / 定价：198.00元

中三角蓝皮书
长江中游城市群发展报告（2013~2014）
著(编)者：秦尊文　2014年11月出版 / 估价：69.00元

中小城市绿皮书
中国中小城市发展报告（2014）
著(编)者：中国城市经济学会中小城市经济发展委员会
　　　　　《中国中小城市发展报告》编纂委员会
2014年10月出版 / 估价：98.00元

中原蓝皮书
中原经济区发展报告（2014）
著(编)者：李英杰　2014年6月出版 / 定价：88.00元

社会政法类

殡葬绿皮书
中国殡葬事业发展报告（2014）
著(编)者：朱勇 副主编 李伯森　2014年9月出版 / 估价：59.00元

城市创新蓝皮书
中国城市创新报告（2014）
著(编)者：周天勇 旷建伟　2014年8月出版 / 定价：69.00元

城市管理蓝皮书
中国城市管理报告2014
著(编)者：谭维克 刘林　2014年11月出版 / 估价：98.00元

城市生活质量蓝皮书
中国城市生活质量指数报告（2014）
著(编)者：张平　2014年11月出版 / 估价：59.00元

城市政府能力蓝皮书
中国城市政府公共服务能力评估报告（2014）
著(编)者：何艳玲　2014年11月出版 / 估价：59.00元

创新蓝皮书
创新型国家建设报告（2013~2014）
著(编)者：詹正茂　2014年5月出版 / 估价：69.00元

慈善蓝皮书
中国慈善发展报告（2014）
著(编)者：杨团　2014年5月出版 / 定价：79.00元

法治蓝皮书
中国法治发展报告No.12（2014）
著(编)者：李林 田禾　2014年2月出版 / 定价：98.00元

反腐倡廉蓝皮书
中国反腐倡廉建设报告No.3
著(编)者：李秋芳　2014年1月出版 / 定价：79.00元

非传统安全蓝皮书
中国非传统安全研究报告（2013~2014）
著(编)者：余潇枫 魏志江　2014年6月出版 / 定价：79.00元

社会政法类

妇女发展蓝皮书
福建省妇女发展报告（2014）
著(编)者：刘群英　2014年10月出版　/　估价：58.00元

妇女发展蓝皮书
中国妇女发展报告No.5
著(编)者：王金玲　2014年9月出版　/　定价：148.00元

妇女教育蓝皮书
中国妇女教育发展报告No.3
著(编)者：张李玺　2014年10月出版　/　定价：69.00元

公共服务满意度蓝皮书
中国城市公共服务评价报告（2014）
著(编)者：胡伟　2014年11月出版　/　估价：69.00元

公共服务蓝皮书
中国城市基本公共服务力评价（2014）
著(编)者：侯惠勤　辛向阳　易定宏
2014年10月出版　/　估价：55.00元

公民科学素质蓝皮书
中国公民科学素质报告（2013~2014）
著(编)者：李群　许佳军　2014年3月出版　/　定价：79.00元

公益蓝皮书
中国公益发展报告（2014）
著(编)者：朱健刚　2014年11月出版　/　估价：78.00元

管理蓝皮书
中国管理发展报告（2014）
著(编)者：张晓东　2014年9月出版　/　估价：79.00元

国际人才蓝皮书
中国国际移民报告（2014）
著(编)者：王辉耀　2014年1月出版　/　估价：79.00元

国际人才蓝皮书
中国海归创业发展报告（2014）No.2
著(编)者：王辉耀　路江涌　2014年10月出版　/　估价：69.00元

国际人才蓝皮书
中国留学发展报告（2014）No.3
著(编)者：王辉耀　2014年9月出版　/　估价：59.00元

国际人才蓝皮书
海外华侨华人专业人士报告（2014）
著(编)者：王辉耀　苗绿　2014年8月出版　/　估价：69.00元

国家安全蓝皮书
中国国家安全研究报告（2014）
著(编)者：刘慧　2014年5月出版　/　定价：98.00元

行政改革蓝皮书
中国行政体制改革报告（2013）No.3
著(编)者：魏礼群　2014年3月出版　/　定价：89.00元

华侨华人蓝皮书
华侨华人研究报告（2014）
著(编)者：丘进　2014年11月出版　/　估价：128.00元

环境竞争力绿皮书
中国省域环境竞争力发展报告（2014）
著(编)者：李建平　李闽榕　王金南
2014年12月出版　/　估价：148.00元

环境绿皮书
中国环境发展报告（2014）
著(编)者：刘鉴强　2014年5月出版　/　估价：79.00元

基金会蓝皮书
中国基金会发展报告（2013）
著(编)者：刘忠祥　2014年6月出版　/　估价：69.00元

基本公共服务蓝皮书
中国省级政府基本公共服务发展报告（2014）
著(编)者：孙德超　2014年3月出版　/　估价：69.00元

基金会透明度蓝皮书
中国基金会透明度发展研究报告（2014）
著(编)者：基金会中心网　清华大学廉政与治理研究中心
2014年9月出版　/　定价：78.00元

教师蓝皮书
中国中小学教师发展报告（2014）
著(编)者：曾晓东　2014年11月出版　/　估价：59.00元

教育蓝皮书
中国教育发展报告（2014）
著(编)者：杨东平　2014年5月出版　/　估价：79.00元

科普蓝皮书
中国科普基础设施发展报告（2014）
著(编)者：任福君　2014年6月出版　/　估价：79.00元

劳动保障蓝皮书
中国劳动保障发展报告（2014）
著(编)者：刘燕斌　2014年9月出版　/　估价：89.00元

老龄蓝皮书
中国老龄事业发展报告（2014）
著(编)者：吴玉韶　2014年9月出版　/　估价：59.00元

连片特困区蓝皮书
中国连片特困区发展报告（2014）
著(编)者：丁建军　冷志明　游俊　2014年9月出版　/　估价：79.00元

民间组织蓝皮书
中国民间组织报告（2014）
著(编)者：黄晓勇　2014年11月出版　/　估价：69.00元

民调蓝皮书
中国民生调查报告（2014）
著(编)者：谢耕耘　2014年5月出版　/　定价：128.00元

皮书系列 2014全品种

社会政法类・行业报告类

民族发展蓝皮书
中国民族区域自治发展报告（2014）
著(编)者:郝时远　2014年11月出版 / 估价:98.00元

女性生活蓝皮书
中国女性生活状况报告No.8（2014）
著(编)者:韩湘景　2014年4月出版 / 定价:79.00元

汽车社会蓝皮书
中国汽车社会发展报告（2014）
著(编)者:王俊秀　2014年9月出版 / 估价:59.00元

青年蓝皮书
中国青年发展报告（2014）No.2
著(编)者:廉思　2014年4月出版 / 定价:59.00元

全球环境竞争力绿皮书
全球环境竞争力发展报告（2014）
著(编)者:李建平　李闽榕　王金南　2014年11月出版 / 估价:69.00元

青少年蓝皮书
中国未成年人新媒体运用报告（2014）
著(编)者:李文革　沈杰　季为民　2014年11月出版 / 估价:69.00元

区域人才蓝皮书
中国区域人才竞争力报告No.2
著(编)者:桂昭明　王辉耀　2014年11月出版 / 估价:69.00元

人才蓝皮书
中国人才发展报告（2014）
著(编)者:黄晓勇　潘晨光　2014年8月出版 / 定价:85.00元

人权蓝皮书
中国人权事业发展报告No.4（2014）
著(编)者:李君如　2014年8月出版 / 定价:99.00元

世界人才蓝皮书
全球人才发展报告No.1
著(编)者:孙学玉　张冠梓　2014年11月出版 / 估价:69.00元

社会保障绿皮书
中国社会保障发展报告（2014）No.6
著(编)者:王延中　2014年6月出版 / 定价:79.00元

社会工作蓝皮书
中国社会工作发展报告（2013~2014）
著(编)者:王杰秀　邹文开　2014年11月出版 / 定价:59.00元

社会管理蓝皮书
中国社会管理创新报告No.3
著(编)者:连玉明　2014年11月出版 / 估价:79.00元

社会蓝皮书
2014年中国社会形势分析与预测
著(编)者:李培林　陈光金　张翼　2013年12月出版 / 估价:69.00元

社会体制蓝皮书
中国社会体制改革报告No.2（2014）
著(编)者:龚维斌　2014年4月出版 / 定价:79.00元

社会心态蓝皮书
2014年中国社会心态研究报告
著(编)者:王俊秀　杨宜音　2014年9月出版 / 估价:59.00元

生态城市绿皮书
中国生态城市建设发展报告（2014）
著(编)者:刘科举　孙伟平　胡文臻　2014年6月出版 / 定价:98.00元

生态文明绿皮书
中国省域生态文明建设评价报告（ECI 2014）
著(编)者:严耕　2014年9月出版 / 估价:98.00元

世界创新竞争力黄皮书
世界创新竞争力发展报告（2014）
著(编)者:李建平　李闽榕　赵新力　2014年11月出版 / 估价:128.00元

水与发展蓝皮书
中国水风险评估报告（2014）
著(编)者:苏杨　2014年11月出版 / 估价:69.00元

土地整治蓝皮书
中国土地整治发展报告No.1
著(编)者:国土资源部土地整治中心　2014年5月出版 / 定价:89.0

危机管理蓝皮书
中国危机管理报告（2014）
著(编)者:文学国　范正青　2014年11月出版 / 估价:79.00元

形象危机应对蓝皮书
形象危机应对研究报告（2013~2014）
著(编)者:唐钧　2014年6月出版 / 定价:149.00元

行政改革蓝皮书
中国行政体制改革报告（2013）No.3
著(编)者:魏礼群　2014年3月出版 / 定价:89.00元

医疗卫生绿皮书
中国医疗卫生发展报告No.6（2013~2014）
著(编)者:申宝忠　韩玉珍　2014年4月出版 / 定价:75.00元

政治参与蓝皮书
中国政治参与报告（2014）
著(编)者:房宁　2014年7月出版 / 定价:105.00元

政治发展蓝皮书
中国政治发展报告（2014）
著(编)者:房宁　杨海蛟　2014年5月出版 / 定价:88.00元

宗教蓝皮书
中国宗教报告（2014）
著(编)者:金泽　邱永辉　2014年11月出版 / 估价:59.00元

社会组织蓝皮书
中国社会组织评估报告（2014）
著(编)者:徐家良　2014年9月出版 / 估价:69.00元

政府绩效评估蓝皮书
中国地方政府绩效评估报告（2014）
著(编)者:贠杰　2014年9月出版 / 估价:69.00元

行业报告类

保健蓝皮书
中国保健服务产业发展报告No.2
著(编)者：中国保健协会 中共中央党校
2014年11月出版 / 估价：198.00元

保健蓝皮书
中国保健食品产业发展报告No.2
著(编)者：中国保健协会
　　　　　中国社会科学院食品药品产业发展与监管研究中心
2014年11月出版 / 估价：198.00元

保健蓝皮书
中国保健用品产业发展报告No.2
著(编)者：中国保健协会　2014年9月出版 / 估价：198.00元

保险蓝皮书
中国保险业竞争力报告（2014）
著(编)者：罗忠敏　2014年9月出版 / 估价：98.00元

餐饮产业蓝皮书
中国餐饮产业发展报告（2014）
著(编)者：邢颖　2014年6月出版 / 定价：69.00元

测绘地理信息蓝皮书
中国地理信息产业发展报告（2014）
著(编)者：徐德明　2014年12月出版 / 估价：98.00元

茶业蓝皮书
中国茶产业发展报告（2014）
著(编)者：杨江帆 李闽榕　2014年9月出版 / 估价：79.00元

产权市场蓝皮书
中国产权市场发展报告（2014）
著(编)者：曹和平　2014年9月出版 / 估价：69.00元

产业安全蓝皮书
中国烟草产业安全报告（2014）
著(编)者：李孟刚 杜秀亭　2014年1月出版 / 定价：69.00元

产业安全蓝皮书
中国出版与传媒安全报告（2014）
著(编)者：北京交通大学中国产业安全研究中心
2014年9月出版 / 估价：59.00元

产业安全蓝皮书
中国医疗产业安全报告（2013~2014）
著(编)者：李孟刚 高献书　2014年1月出版 / 定价：59.00元

产业安全蓝皮书
中国文化产业安全蓝皮书(2014)
著(编)者：北京印刷学院文化产业安全研究院
2014年4月出版 / 定价：69.00元

产业安全蓝皮书
中国出版传媒产业安全报告（2014）
著(编)者：北京印刷学院文化产业安全研究院
2014年4月出版 / 估价：89.00元

典当业蓝皮书
中国典当行业发展报告（2013~2014）
著(编)者：黄育华 王力 张红地
2014年10月出版 / 估价：69.00元

电子商务蓝皮书
中国城市电子商务影响力报告（2014）
著(编)者：荆林波　2014年11月出版 / 估价：69.00元

电子政务蓝皮书
中国电子政务发展报告（2014）
著(编)者：洪毅 王长胜　2014年9月出版 / 估价：59.00元

杜仲产业绿皮书
中国杜仲橡胶资源与产业发展报告（2014）
著(编)者：杜红岩 胡文臻 俞瑞
2014年9月出版 / 估价：99.00元

房地产蓝皮书
中国房地产发展报告No.11（2014）
著(编)者：魏后凯 李景国　2014年5月出版 / 定价：79.00元

服务外包蓝皮书
中国服务外包产业发展报告（2014）
著(编)者：王晓红 刘德军　2014年6月出版 / 估价：89.00元

高端消费蓝皮书
中国高端消费市场研究报告
著(编)者：依绍华 王雪峰　2014年9月出版 / 估价：69.00元

会展蓝皮书
中外会展业动态评估年度报告（2014）
著(编)者：张敏　2014年11月出版 / 估价：68.00元

互联网金融蓝皮书
中国互联网金融发展报告（2014）
著(编)者：芮晓武 刘烈宏　2014年8月出版 / 定价：79.00元

基金会绿皮书
中国基金会发展独立研究报告（2014）
著(编)者：基金会中心网　2014年8月出版 / 定价：88.00元

金融监管蓝皮书
中国金融监管报告（2014）
著(编)者：胡滨　2014年5月出版 / 定价：69.00元

金融蓝皮书
中国商业银行竞争力报告（2014）
著(编)者：王松奇　2014年11月出版 / 估价：79.00元

金融蓝皮书
中国金融发展报告（2014）
著(编)者：李扬 王国刚　2013年12月出版 / 定价：65.00元

金融信息服务蓝皮书
金融信息服务业发展报告（2014）
著(编)者：鲁广锦　2014年11月出版 / 估价：69.00元

皮书系列 2014全品种 — 行业报告类

抗衰老医学蓝皮书
抗衰老医学发展报告（2014）
著(编)者：罗伯特·高德曼 罗纳德·科莱兹
尼尔·布什 朱敏 金大鹏 郭弋
2014年11月出版 / 估价：69.00元

客车蓝皮书
中国客车产业发展报告（2014）
著(编)者：姚蔚 2014年12月出版 / 估价：69.00元

科学传播蓝皮书
中国科学传播报告（2013~2014）
著(编)者：詹正茂 2014年7月出版 / 定价：69.00元

流通蓝皮书
中国商业发展报告（2013~2014）
著(编)者：荆林波 2014年5月出版 / 定价：89.00元

临空经济蓝皮书
中国临空经济发展报告（2014）
著(编)者：连玉明 2014年9月出版 / 估价：69.00元

旅游安全蓝皮书
中国旅游安全报告（2014）
著(编)者：郑向敏 谢朝武 2014年5月出版 / 定价：98.00元

旅游绿皮书
2013~2014年中国旅游发展分析与预测
著(编)者：宋瑞 2014年9月出版 / 定价：79.00元

民营医院蓝皮书
中国民营医院发展报告（2014）
著(编)者：朱幼棣 2014年10月出版 / 估价：69.00元

闽商蓝皮书
闽商发展报告（2014）
著(编)者：李闽榕 王日根 2014年12月出版 / 估价：69.00元

能源蓝皮书
中国能源发展报告（2014）
著(编)者：崔民选 王军生 陈义和
2014年8月出版 / 定价：79.00元

农产品流通蓝皮书
中国农产品流通产业发展报告（2014）
著(编)者：贾敬敦 王炳南 张玉玺 张鹏毅 陈丽华
2014年9月出版 / 估价：89.00元

期货蓝皮书
中国期货市场发展报告（2014）
著(编)者：荆林波 2014年6月出版 / 估价：98.00元

企业蓝皮书
中国企业竞争力报告（2014）
著(编)者：金碚 2014年11月出版 / 估价：89.00元

汽车安全蓝皮书
中国汽车安全发展报告（2014）
著(编)者：中国汽车技术研究中心
2014年4月出版 / 定价：79.00元

汽车蓝皮书
中国汽车产业发展报告（2014）
著(编)者：国务院发展研究中心产业经济研究部
中国汽车工程学会 大众汽车集团（中国）
2014年7月出版 / 定价：128.00元

清洁能源蓝皮书
国际清洁能源发展报告（2014）
著(编)者：国际清洁能源论坛（澳门）
2014年9月出版 / 估价：89.00元

群众体育蓝皮书
中国群众体育发展报告（2014）
著(编)者：刘国永 杨桦 2014年8月出版 / 估价：69.00元

人力资源蓝皮书
中国人力资源发展报告（2014）
著(编)者：吴江 2014年9月出版 / 估价：69.00元

软件和信息服务业蓝皮书
中国软件和信息服务业发展报告（2014）
著(编)者：洪京一 工业和信息化部电子科学技术情报研究所
2014年11月出版 / 估价：98.00元

商会蓝皮书
中国商会发展报告 No.4（2014）
著(编)者：黄孟复 2014年9月出版 / 估价：59.00元

上市公司蓝皮书
中国上市公司非财务信息披露报告（2014）
著(编)者：钟宏武 张旺 张蒽 等
2014年12月出版 / 估价：59.00元

食品药品蓝皮书
食品药品安全与监管政策研究报告（2014）
著(编)者：唐民皓 2014年11月出版 / 估价：69.00元

世界旅游城市绿皮书
世界旅游城市发展报告（2013）（中英文双语）
著(编)者：周正宇 鲁勇 2014年6月出版 / 定价：88.00元

世界能源蓝皮书
世界能源发展报告（2014）
著(编)者：黄晓勇 2014年6月出版 / 定价：99.00元

私募市场蓝皮书
中国私募股权市场发展报告（2014）
著(编)者：曹和平 2014年9月出版 / 估价：69.00元

体育蓝皮书
中国体育产业发展报告（2014）
著(编)者：阮伟 钟秉枢 2014年7月出版 / 定价：69.00元

体育蓝皮书·公共体育服务
中国公共体育服务发展报告（2014）
著(编)者：戴健 2014年12月出版 / 估价：69.00元

投资蓝皮书
中国企业海外投资发展报告（2013~2014）
著(编)者：陈文晖 薛誉华 2014年9月出版 / 定价：69.00元

行业报告类 皮书系列 2014全品种

物联网蓝皮书
中国物联网发展报告（2014）
著（编）者：龚六堂　　2014年9月出版／估价:59.00元

西部工业蓝皮书
中国西部工业发展报告（2014）
著（编）者：方行明　刘方健　姜凌等
2014年9月出版／估价:69.00元

西部金融蓝皮书
中国西部金融发展报告（2013~2014）
著（编）者：李忠民　　2014年8月出版／定价:75.00元

新能源汽车蓝皮书
中国新能源汽车产业发展报告（2014）
著（编）者：中国汽车技术研究中心
　　　　　日产（中国）投资有限公司
　　　　　东风汽车有限公司
2014年8月出版／定价:69.00元

信托蓝皮书
中国信托投资报告（2014）
著（编）者：杨金龙　刘屹　　2014年11月出版／估价:69.00元

信托市场蓝皮书
中国信托业市场报告（2013~2014）
著（编）者：李旸　　2014年1月出版／定价:198.00元

信息化蓝皮书
中国信息化形势分析与预测（2014）
著（编）者：周宏仁　　2014年8月出版／定价:98.00元

信用蓝皮书
中国信用发展报告（2014）
著（编）者：章政　田侃　　2014年9月出版／估价:69.00元

休闲绿皮书
2014年中国休闲发展报告
著（编）者：刘德谦　唐兵　宋瑞
2014年11月出版／估价:59.00元

养老产业蓝皮书
中国养老产业发展报告（2013~2014年）
著（编）者：张车伟　　2014年9月出版／估价:69.00元

移动互联网蓝皮书
中国移动互联网发展报告（2014）
著（编）者：官建文　　2014年6月出版／定价:79.00元

医药蓝皮书
中国医药产业园战略发展报告（2013~2014）
著（编）者：裴长洪　房书亭　吴濂心
2014年3月出版／定价:89.00元

医药蓝皮书
中国药品市场报告（2014）
著（编）者：程锦锥　朱恒鹏　　2014年12月出版／定价:79.00元

中国总部经济蓝皮书
中国总部经济发展报告（2013~2014）
著（编）者：赵弘　　2014年5月出版／定价:79.00元

珠三角流通蓝皮书
珠三角商圈发展研究报告（2014）
著（编）者：王先庆　林至颖　　2014年11月出版／定价:69.00元

住房绿皮书
中国住房发展报告（2013~2014）
著（编）者：倪鹏飞　　2013年12月出版／定价:79.00元

资本市场蓝皮书
中国场外交易市场发展报告（2013~2014）
著（编）者：高峦　　2014年8月出版／定价:79.00元

资产管理蓝皮书
中国资产管理行业发展报告（2014）
著（编）者：郑智　　2014年7月出版／定价:79.00元

支付清算蓝皮书
中国支付清算发展报告（2014）
著（编）者：杨涛　　2014年5月出版／定价:45.00元

中国上市公司蓝皮书
中国上市公司发展报告（2014）
著（编）者：许雄斌　张平　　2014年9月出版／定价:98.00元

文化传媒类

传媒蓝皮书
中国传媒产业发展报告（2014）
著（编）者：崔保国　　2014年4月出版／定价:98.00元

传媒竞争力蓝皮书
中国传媒国际竞争力研究报告（2014）
著（编）者：李本乾　　2014年9月出版／定价:69.00元

创意城市蓝皮书
武汉市文化创意产业发展报告（2014）
著（编）者：张京成　黄永林　　2014年10月出版／估价:69.00元

电视蓝皮书
中国电视产业发展报告（2014）
著（编）者：卢斌　　2014年9月出版／估价:79.00元

电影蓝皮书
中国电影出版发展报告（2014）
著（编）者：卢斌　　2014年9月出版／定价:79.00元

动漫蓝皮书
中国动漫产业发展报告（2014）
著（编）者：卢斌　郑玉明　牛兴侦　　2014年7月出版／定价:79.00元

皮书系列 2014全品种 文化传媒类

广电蓝皮书
中国广播电影电视发展报告（2014）
著(编)者：杨明品　2014年7月出版／估价：98.00元

广告主蓝皮书
中国广告主营销传播趋势报告N0.8
著(编)者：中国传媒大学广告主研究所
　　　　　中国广告主营销传播创新研究课题组
　　　　　黄升民　杜国清　邵华冬等
2014年11月出版／估价：98.00元

国际传播蓝皮书
中国国际传播发展报告（2014）
著(编)者：胡正荣　李继东　姬德强
2014年7月出版／定价：89.00元

纪录片蓝皮书
中国纪录片发展报告（2014）
著(编)者：何苏六　2014年10月出版／估价：89.00元

两岸文化蓝皮书
两岸文化产业合作发展报告（2014）
著(编)者：胡惠林　李保宗　2014年7月出版／定价：79.00元

媒介与女性蓝皮书
中国媒介与女性发展报告（2014）
著(编)者：刘利群　2014年11月出版／估价：69.00元

全球传媒蓝皮书
全球传媒产业发展报告（2014）
著(编)者：胡正荣　2014年12月出版／估价：79.00元

视听新媒体蓝皮书
中国视听新媒体发展报告（2014）
著(编)者：庞井君　2014年11月出版／估价：148.00元

文化创新蓝皮书
中国文化创新报告（2014）No.5
著(编)者：于平　傅才武　2014年4月出版／定价：79.00元

文化科技蓝皮书
文化科技融合与创意城市发展报告（2014）
著(编)者：李凤亮　于平　2014年11月出版／定价：79.00元

文化蓝皮书
中国文化产业发展报告（2014）
著(编)者：张晓明　王家新　章建刚
2014年4月出版／定价：79.00元

文化蓝皮书
中国文化产业供需协调增长测评报（2014）
著(编)者：王亚楠　2014年2月出版／定价：79.00元

文化蓝皮书
中国城镇文化消费需求景气评价报告（2014）
著(编)者：王亚南　张晓明　祁述裕
2014年11月出版／估价：79.00元

文化蓝皮书
中国公共文化服务发展报告（2014）
著(编)者：于群　李国新　2014年10月出版／估价：98.00元

文化蓝皮书
中国文化消费需求景气评价报告（2014）
著(编)者：王亚南　张晓明　祁述裕　郝朴宁
2014年11月出版／估价：79.00元

文化蓝皮书
中国乡村文化消费需求景气评价报告（2014）
著(编)者：王亚南　2014年11月出版／估价：79.00元

文化蓝皮书
中国中心城市文化消费需求景气评价报告（2014）
著(编)者：王亚南　2014年11月出版／估价：79.00元

文化蓝皮书
中国少数民族文化发展报告（2014）
著(编)者：武翠英　张晓明　张学进
2014年11月出版／估价：69.00元

文化建设蓝皮书
中国文化发展报告（2013）
著(编)者：江畅　孙伟平　戴茂堂
2014年4月出版／定价：138.00元

文化品牌蓝皮书
中国文化品牌发展报告（2014）
著(编)者：欧阳友权　2014年4月出版／定价：79.00元

文化遗产蓝皮书
中国文化遗产事业发展报告（2014）
著(编)者：刘世锦　2014年9月出版／估价：79.00元

文学蓝皮书
中国文情报告（2013~2014）
著(编)者：白烨　2014年5月出版／定价：49.00元

新媒体蓝皮书
中国新媒体发展报告No.5（2014）
著(编)者：唐绪军　2014年6月出版／估价：79.00元

移动互联网蓝皮书
中国移动互联网发展报告（2014）
著(编)者：官建文　2014年6月出版／估价：79.00元

游戏蓝皮书
中国游戏产业发展报告（2014）
著(编)者：卢斌　2014年9月出版／估价：79.00元

舆情蓝皮书
中国社会舆情与危机管理报告（2014）
著(编)者：谢耘耕　2014年8月出版／定价：98.00元

粤港澳台文化蓝皮书
粤港澳台文化创意产业发展报告（2014）
著(编)者：丁未　2014年9月出版／估价：69.00元

文化传媒类·地方发展类

皮书系列
2014全品种

地方发展类

安徽蓝皮书
安徽社会发展报告（2014）
著(编)者：程桦　2014年4月出版／定价：79.00元

安徽经济蓝皮书
皖江城市带承接产业转移示范区建设报告（2014）
著(编)者：丁海中　2014年4月出版／定价：69.00元

安徽社会建设蓝皮书
安徽社会建设分析报告（2014）
著(编)者：黄家海　王开玉　蔡宪　2014年9月出版／估价：69.00元

北京蓝皮书
北京公共服务发展报告（2013~2014）
著(编)者：施昌奎　2014年2月出版／定价：69.00元

北京蓝皮书
北京经济发展报告（2013~2014）
著(编)者：杨松　2014年4月出版／定价：79.00元

北京蓝皮书
北京社会发展报告（2013~2014）
著(编)者：缪青　2014年5月出版／定价：79.00元

北京蓝皮书
北京社会治理发展报告（2013~2014）
著(编)者：殷星辰　2014年4月出版／定价：79.00元

北京蓝皮书
中国社区发展报告（2013~2014）
著(编)者：于燕燕　2014年6月出版／定价：69.00元

北京蓝皮书
北京文化发展报告（2013~2014）
著(编)者：李建盛　2014年4月出版／定价：79.00元

北京旅游绿皮书
北京旅游发展报告（2014）
著(编)者：北京旅游学会　2014年7月出版／定价：88.00元

北京律师蓝皮书
北京律师发展报告No.2（2014）
著(编)者：王隽　周塞军　2014年9月出版／估价：79.00元

北京人才蓝皮书
北京人才发展报告（2014）
著(编)者：于淼　2014年10月出版／定价：89.00元

北京社会心态蓝皮书
北京社会心态分析报告（2013~2014）
著(编)者：北京社会心理研究所
2014年9月出版／估价：79.00元

城乡一体化蓝皮书
中国城乡一体化发展报告·北京卷（2014）
著(编)者：张宝秀　黄序　2014年11月出版／定价：79.00元

创意城市蓝皮书
北京文化创意产业发展报告（2014）
著(编)者：张京成　王国华　2014年10月出版／定价：69.00元

创意城市蓝皮书
重庆创意产业发展报告（2014）
著(编)者：程宇宁　2014年4月出版／定价：89.00元

创意城市蓝皮书
青岛文化创意产业发展报告（2013~2014）
著(编)者：马达　张丹妮　2014年6月出版／定价：79.00元

创意城市蓝皮书
无锡文化创意产业发展报告（2014）
著(编)者：庄若江　张鸣年　2014年11月出版／估价：75.00元

服务业蓝皮书
广东现代服务业发展报告（2014）
著(编)者：祁明　程晓　2014年11月出版／估价：69.00元

甘肃蓝皮书
甘肃舆情分析与预测（2014）
著(编)者：陈双梅　郝树声　2014年1月出版／定价：69.00元

甘肃蓝皮书
甘肃县域经济综合竞争力报告（2014）
著(编)者：刘进军　2014年1月出版／定价：69.00元

甘肃蓝皮书
甘肃县域社会发展评价报告（2014）
著(编)者：魏胜文　2014年9月出版／估价：69.00元

甘肃蓝皮书
甘肃经济发展分析与预测（2014）
著(编)者：朱智文　罗哲　2014年1月出版／定价：69.00元

甘肃蓝皮书
甘肃社会发展分析与预测（2014）
著(编)者：安文华　包晓霞　2014年1月出版／定价：69.00元

甘肃蓝皮书
甘肃文化发展分析与预测（2014）
著(编)者：王福生　周小华　2014年1月出版／定价：69.00元

广东蓝皮书
广东省电子商务发展报告（2014）
著(编)者：黄建明　祁明　2014年11月出版／估价：69.00元

广东蓝皮书
广东社会工作发展报告（2014）
著(编)者：罗观翠　2014年6月出版／定价：89.00元

广东外经贸蓝皮书
广东对外经济贸易发展研究报告（2014）
著(编)者：陈万灵　2014年6月出版／定价：79.00元

皮书系列 2014全品种

地方发展类

广西北部湾经济区蓝皮书
广西北部湾经济区开放开发报告（2014）
著（编）者：广西北部湾经济区规划建设管理委员会办公室
　　　　广西社会科学院　广西北部湾发展研究院
2014年11月出版　估价：69.00元

广州蓝皮书
2014年中国广州经济形势分析与预测
著（编）者：庾建设　沈奎　郭志勇　2014年6月出版　/　定价：79.00元

广州蓝皮书
2014年中国广州社会形势分析与预测
著（编）者：张强　陈怡霓　2014年5月出版　/　定价：69.00元

广州蓝皮书
广州城市国际化发展报告（2014）
著（编）者：朱名宏　2014年9月出版　/　估价：59.00元

广州蓝皮书
广州创新型城市发展报告（2014）
著（编）者：李江涛　2014年7月出版　/　定价：69.00元

广州蓝皮书
广州经济发展报告（2014）
著（编）者：李江涛　朱名宏　2014年5月出版　/　定价：69.00元

广州蓝皮书
广州农村发展报告（2014）
著（编）者：李江涛　汤锦华　2014年8月出版　/　定价：69.00元

广州蓝皮书
广州青年发展报告（2014）
著（编）者：魏国华　张强　2014年9月出版　/　估价：65.00元

广州蓝皮书
广州汽车产业发展报告（2014）
著（编）者：李江涛　2014年10月出版　/　估价：69.00元

广州蓝皮书
广州商贸业发展报告（2014）
著（编）者：李江涛　王旭东　荀振英
2014年6月出版　/　定价：69.00元

广州蓝皮书
广州文化创意产业发展报告（2014）
著（编）者：甘新　2014年8月出版　/　定价：79.00元

广州蓝皮书
中国广州城市建设发展报告（2014）
著（编）者：董皞　冼伟雄　李俊夫
2014年11月出版　/　估价：69.00元

广州蓝皮书
中国广州科技和信息化发展报告（2014）
著（编）者：邹采荣　马正勇　冯元　2014年7月出版　/　定价：79.00元

广州蓝皮书
中国广州文化创意产业发展报告（2014）
著（编）者：甘新　2014年10月出版　/　定价：59.00元

广州蓝皮书
中国广州文化发展报告（2014）
著（编）者：徐俊忠　陆志强　顾涧清
2014年6月出版　/　定价：69.00元

广州蓝皮书
中国广州城市建设与管理发展报告（2014）
著（编）者：董皞　冯伟雄　2014年7月出版　/　定价：69.00元

贵州蓝皮书
贵州法治发展报告（2014）
著（编）者：吴大华　2014年3月出版　/　定价：69.00元

贵州蓝皮书
贵州人才发展报告（2014）
著（编）者：于杰　吴大华　2014年3月出版　/　定价：69.00元

贵州蓝皮书
贵州社会发展报告（2014）
著（编）者：王兴骥　2014年3月出版　/　定价：69.00元

贵州蓝皮书
贵州农村扶贫开发报告（2014）
著（编）者：王朝新　宋明　2014年9月出版　/　估价：69.00元

贵州蓝皮书
贵州文化产业发展报告（2014）
著（编）者：李建国　2014年9月出版　/　定价：69.00元

海淀蓝皮书
海淀区文化和科技融合发展报告（2014）
著（编）者：陈名杰　孟景伟　2014年11月出版　/　估价：75.00元

海峡西岸蓝皮书
海峡西岸经济区发展报告（2014）
著（编）者：福建省人民政府发展研究中心
2014年9月出版　/　估价：85.00元

杭州蓝皮书
杭州妇女发展报告（2014）
著（编）者：魏颖　2014年6月出版　/　定价：75.00元

杭州都市圈蓝皮书
杭州都市圈发展报告（2014）
著（编）者：董祖德　沈翔　2014年5月出版　/　定价：89.00元

河北经济蓝皮书
河北省经济发展报告（2014）
著（编）者：马树强　金浩　张贵　2014年4月出版　/　定价：79.00元

河北蓝皮书
河北经济社会发展报告（2014）
著（编）者：周文夫　2014年1月出版　/　定价：69.00元

河南经济蓝皮书
2014年河南经济形势分析与预测
著（编）者：胡五岳　2014年3月出版　/　定价：69.00元

河南蓝皮书

地方发展类 皮书系列 2014全品种

2014年河南社会形势分析与预测
著(编)者：刘道兴 牛苏林　2014年1月出版　定价：69.00元

河南蓝皮书
河南城市发展报告（2014）
著(编)者：谷建全 王建国　2014年1月出版　定价：59.00元

河南蓝皮书
河南法治发展报告（2014）
著(编)者：丁同民 闫德民　2014年3月出版　定价：69.00元

河南蓝皮书
河南金融发展报告（2014）
著(编)者：喻新安 谷建全　2014年4月出版　定价：69.00元

河南蓝皮书
河南经济发展报告（2014）
著(编)者：喻新安　2013年12月出版　定价：69.00元

河南蓝皮书
河南文化发展报告（2014）
著(编)者：卫绍生　2014年1月出版　定价：69.00元

河南蓝皮书
河南工业发展报告（2014）
著(编)者：龚绍东　2014年1月出版　定价：69.00元

河南蓝皮书
河南商务发展报告（2014）
著(编)者：焦锦淼 穆荣国　2014年5月出版　定价：88.00元

黑龙江产业蓝皮书
黑龙江产业发展报告（2014）
著(编)者：于渤　2014年10月出版　估价：79.00元

黑龙江蓝皮书
黑龙江经济发展报告（2014）
著(编)者：张新颖　2014年1月出版　定价：69.00元

黑龙江蓝皮书
黑龙江社会发展报告（2014）
著(编)者：艾书琴　2014年1月出版　定价：69.00元

湖南城市蓝皮书
城市社会管理
著(编)者：罗海藩　2014年10月出版　估价：59.00元

湖南蓝皮书
2014年湖南产业发展报告
著(编)者：梁志峰　2014年4月出版　定价：128.00元

湖南蓝皮书
2014年湖南电子政务发展报告
著(编)者：梁志峰　2014年4月出版　定价：128.00元

湖南蓝皮书
2014年湖南法治发展报告
著(编)者：梁志峰　2014年9月出版　估价：79.00元

湖南蓝皮书
2014年湖南经济展望
著(编)者：梁志峰　2014年4月出版　定价：128.00元

湖南蓝皮书
2014年湖南两型社会发展报告
著(编)者：梁志峰　2014年4月出版　定价：128.00元

湖南蓝皮书
2014年湖南社会发展报告
著(编)者：梁志峰　2014年4月出版　定价：128.00元

湖南蓝皮书
2014年湖南县域经济社会发展报告
著(编)者：梁志峰　2014年4月出版　定价：128.00元

湖南县域绿皮书
湖南县域发展报告No.2
著(编)者：朱有志 袁准 周小毛　2014年11月出版　估价：69.00元

沪港蓝皮书
沪港发展报告（2014）
著(编)者：尤安山　2014年9月出版　估价：89.00元

吉林蓝皮书
2014年吉林经济社会形势分析与预测
著(编)者：马克　2014年1月出版　定价：79.00元

济源蓝皮书
济源经济社会发展报告（2014）
著(编)者：喻新安　2014年4月出版　定价：69.00元

江苏法治蓝皮书
江苏法治发展报告No.3（2014）
著(编)者：李力 龚廷泰　2014年11月出版　估价：88.00元

京津冀蓝皮书
京津冀发展报告（2014）
著(编)者：文魁 祝尔娟　2014年3月出版　定价：79.00元

经济特区蓝皮书
中国经济特区发展报告（2013）
著(编)者：陶一桃　2014年4月出版　定价：89.00元

辽宁蓝皮书
2014年辽宁经济社会形势分析与预测
著(编)者：曹晓峰 张晶　2014年1月出版　定价：79.00元

流通蓝皮书
湖南省商贸流通产业发展报告No.2
著(编)者：柳思维　2014年10月出版　估价：75.00元

内蒙古蓝皮书
内蒙古反腐倡廉建设报告No.1
著(编)者：张志华 无极　2013年12月出版　定价：69.00元

浦东新区蓝皮书
上海浦东经济发展报告（2014）
著(编)者：沈开艳 陆沪根　2014年1月出版　估价：59.00元

皮书系列 2014全品种 — 地方发展类

侨乡蓝皮书
中国侨乡发展报告（2014）
著(编)者：郑一省　2014年9月出版／估价：69.00元

青海蓝皮书
2014年青海经济社会形势分析与预测
著(编)者：赵宗福　2014年2月出版／定价：69.00元

人口与健康蓝皮书
深圳人口与健康发展报告（2014）
著(编)者：陆杰华　江捍平　2014年10月出版／估价：98.00元

山东蓝皮书
山东经济形势分析与预测（2014）
著(编)者：张华　唐洲雁　2014年6月出版／定价：89.00元

山东蓝皮书
山东社会形势分析与预测（2014）
著(编)者：张华　唐洲雁　2014年6月出版／定价：89.00元

山东蓝皮书
山东文化发展报告（2014）
著(编)者：张华　唐洲雁　2014年6月出版／定价：98.00元

山西蓝皮书
山西资源型经济转型发展报告（2014）
著(编)者：李志强　2014年5月出版／定价：98.00元

陕西蓝皮书
陕西经济发展报告（2014）
著(编)者：任宗哲　石英　裴成荣　2014年2月出版／定价：69.00元

陕西蓝皮书
陕西社会发展报告（2014）
著(编)者：任宗哲　石英　牛昉　2014年2月出版／定价：65.00元

陕西蓝皮书
陕西文化发展报告（2014）
著(编)者：任宗哲　石英　王长寿　2014年3月出版／定价：59.00元

陕西蓝皮书
丝绸之路经济带发展报告（2014）
著(编)者：任宗哲　石英　白宽犁　2014年8月出版／定价：79.00元

上海蓝皮书
上海传媒发展报告（2014）
著(编)者：强荧　焦雨虹　2014年1月出版／定价：79.00元

上海蓝皮书
上海法治发展报告（2014）
著(编)者：叶青　2014年4月出版／定价：69.00元

上海蓝皮书
上海经济发展报告（2014）
著(编)者：沈开艳　2014年1月出版／定价：69.00元

上海蓝皮书
上海社会发展报告（2014）
著(编)者：卢汉龙　周海旺　2014年1月出版／定价：69.00元

上海蓝皮书
上海文化发展报告（2014）
著(编)者：蒯大申　2014年1月出版／定价：69.00元

上海蓝皮书
上海文学发展报告（2014）
著(编)者：陈圣来　2014年1月出版／定价：69.00元

上海蓝皮书
上海资源环境发展报告（2014）
著(编)者：周冯琦　汤庆合　任文伟
2014年1月出版／定价：69.00元

上饶蓝皮书
上饶发展报告（2013~2014）
著(编)者：朱寅健　2014年3月出版／定价：128.00元

社会建设蓝皮书
2014年北京社会建设分析报告
著(编)者：宋贵伦　冯虹　2014年7月出版／定价：79.00元

深圳蓝皮书
深圳经济发展报告（2014）
著(编)者：张骁儒　2014年7月出版／定价：79.00元

深圳蓝皮书
深圳劳动关系发展报告（2014）
著(编)者：汤庭芬　2014年6月出版／定价：75.00元

深圳蓝皮书
深圳社会发展报告（2014）
著(编)者：吴忠　余智晟　2014年11月出版／估价：69.00元

深圳蓝皮书
深圳社会建设与发展报告（2014）
著(编)者：叶民辉　张骁儒　2014年7月出版／定价：89.00元

四川蓝皮书
四川文化产业发展报告（2014）
著(编)者：侯水平　2014年2月出版／定价：69.00元

四川蓝皮书
四川企业社会责任研究报告（2014）
著(编)者：侯水平　盛毅　2014年4月出版／定价：79.00元

温州蓝皮书
2014年温州经济社会形势分析与预测
著(编)者：潘忠强　王春光　金浩　2014年4月出版／定价：69.00元

温州蓝皮书
浙江温州金融综合改革试验区发展报告（2013~2014）
著(编)者：钱水土　王去非　李义超
2014年9月出版／估价：69.00元

地方发展类·国别与地区类

皮书系列 2014全品种

扬州蓝皮书
扬州经济社会发展报告（2014）
著(编)者：张爱军　2014年9月出版　/　估价：78.00元

义乌蓝皮书
浙江义乌市国际贸易综合改革试验区发展报告（2013~2014）
著(编)者：马淑琴　刘文革　周松强
2014年9月出版　/　估价：69.00元

云南蓝皮书
中国面向西南开放重要桥头堡建设发展报告（2014）
著(编)者：刘绍怀　2014年12月出版　/　估价：69.00元

长株潭城市群蓝皮书
长株潭城市群发展报告（2014）
著(编)者：张萍　2014年10月出版　/　估价：69.00元

郑州蓝皮书
2014年郑州文化发展报告
著(编)者：王哲　2014年11月出版　/　估价：69.00元

国别与地区类

G20国家创新竞争力黄皮书
二十国集团（G20）国家创新竞争力发展报告（2014）
著(编)者：李建平　李闽榕　赵新力
2014年9月出版　/　估价：118.00元

阿拉伯黄皮书
阿拉伯发展报告（2013~2014）
著(编)者：马晓霖　2014年4月出版　/　定价：79.00元

澳门蓝皮书
澳门经济社会发展报告（2013~2014）
著(编)者：吴志良　郝雨凡　2014年4月出版　/　定价：79.00元

北部湾蓝皮书
泛北部湾合作发展报告（2014）
著(编)者：吕余生　2014年11月出版　/　定价：79.00元

大湄公河次区域蓝皮书
大湄公河次区域合作发展报告（2014）
著(编)者：刘稚　2014年11月出版　/　定价：79.00元

大洋洲蓝皮书
大洋洲发展报告（2013~2014）
著(编)者：喻常森　2014年8月出版　/　定价：89.00元

德国蓝皮书
德国发展报告（2014）
著(编)者：郑春荣　伍慧萍　等　2014年6月出版　/　定价：69.00元

东北亚黄皮书
东北亚地区政治与安全报告（2014）
著(编)者：黄凤志　刘雪莲　2014年11月出版　/　估价：69.00元

东盟黄皮书
东盟发展报告（2013）
著(编)者：崔晓麟　2014年5月出版　/　定价：75.00元

东南亚蓝皮书
东南亚地区发展报告（2013~2014）
著(编)者：王勤　2014年4月出版　/　定价：79.00元

俄罗斯黄皮书
俄罗斯发展报告（2014）
著(编)者：李永全　2014年7月出版　/　定价：79.00元

非洲黄皮书
非洲发展报告No.16（2013~2014）
著(编)者：张宏明　2014年7月出版　/　定价：79.00元

国际形势黄皮书
全球政治与安全报告（2014）
著(编)者：李慎明　张宇燕　2014年1月出版　/　定价：69.00元

韩国蓝皮书
韩国发展报告（2014）
著(编)者：牛林杰　刘宝全　2014年11月出版　/　估价：69.00元

加拿大蓝皮书
加拿大发展报告（2014）
著(编)者：仲伟合　2014年4月出版　/　定价：89.00元

柬埔寨蓝皮书
柬埔寨国情报告（2014）
著(编)者：毕世鸿　2014年11月出版　/　估价：79.00元

拉美黄皮书
拉丁美洲和加勒比发展报告（2013~2014）
著(编)者：吴白乙　2014年4月出版　/　定价：89.00元

老挝蓝皮书
老挝国情报告（2014）
著(编)者：卢光盛　方芸　吕星　2014年11月出版　/　估价：79.00元

皮书系列 2014全品种 — 国别与地区类

美国蓝皮书
美国研究报告（2014）
著(编)者：黄平 郑秉文　2014年7月出版 / 定价:89.00元

缅甸蓝皮书
缅甸国情报告（2014）
著(编)者：李晨阳　2014年8月出版 / 定价:79.00元

欧洲蓝皮书
欧洲发展报告（2013~2014）
著(编)者：周弘　2014年6月出版 / 定价:89.00元

葡语国家蓝皮书
巴西发展与中巴关系报告2014（中英文）
著(编)者：张曙光　David T. Ritchie
2014年11月出版 / 估价:69.00元

日本经济蓝皮书
日本经济与中日经贸关系研究报告（2014）
著(编)者：王洛林 张季风　2014年5月出版 / 定价:79.00元

日本蓝皮书
日本发展报告（2014）
著(编)者：李薇　2014年3月出版 / 定价:69.00元

上海合作组织黄皮书
上海合作组织发展报告（2014）
著(编)者：李进峰 吴宏伟 李伟　2014年9月出版 / 定价:89.00元

世界创新竞争力黄皮书
世界创新竞争力发展报告（2014）
著(编)者：李建平　2014年9月出版 / 估价:148.00元

世界社会主义黄皮书
世界社会主义跟踪研究报告（2013~2014）
著(编)者：李慎明　2014年3月出版 / 定价:198.00元

泰国蓝皮书
泰国国情报告（2014）
著(编)者：邹春萌　2014年11月出版 / 估价:79.00元

土耳其蓝皮书
土耳其发展报告（2014）
著(编)者：郭长刚 刘义　2014年9月出版 / 定价:89.00元

亚太蓝皮书
亚太地区发展报告（2014）
著(编)者：李向阳　2014年1月出版 / 定价:59.00元

印度蓝皮书
印度国情报告（2012~2013）
著(编)者：吕昭义　2014年5月出版 / 定价:89.00元

印度洋地区蓝皮书
印度洋地区发展报告（2014）
著(编)者：汪戎　2014年3月出版 / 定价:79.00元

中东黄皮书
中东发展报告No.15（2014）
著(编)者：杨光　2014年10月出版 / 定价:59.00元

中欧关系蓝皮书
中欧关系研究报告（2014）
著(编)者：周弘　2013年12月出版 / 定价:98.00元

中亚黄皮书
中亚国家发展报告（2014）
著(编)者：孙力 吴宏伟　2014年9月出版 / 定价:89.00元

皮书大事记

☆ 2014年8月，第十五次全国皮书年会（2014）在贵阳召开，第五届优秀皮书奖颁发，本届开始皮书及报告将同时评选。

☆ 2013年6月，依据《中国社会科学院皮书资助规定（试行）》公布2013年拟资助的40种皮书名单。

☆ 2012年12月，《中国社会科学院皮书资助规定（试行）》由中国社会科学院科研局正式颁布实施。

☆ 2011年，部分重点皮书纳入院创新工程。

☆ 2011年8月，2011年皮书年会在安徽合肥举行，这是皮书年会首次由中国社会科学院主办。

☆ 2011年2月，"2011年全国皮书研讨会"在北京京西宾馆举行。王伟光院长（时任常务副院长）出席并讲话。本次会议标志着皮书及皮书研创出版从一个具体出版单位的出版产品和出版活动上升为由中国社会科学院牵头的国家哲学社会科学智库产品和创新活动。

☆ 2010年9月，"2010年中国经济社会形势报告会暨第十一次全国皮书工作研讨会"在福建福州举行，高全立副院长参加会议并做学术报告。

☆ 2010年9月，皮书学术委员会成立，由我院李扬副院长领衔，并由在各个学科领域有一定的学术影响力、了解皮书编创出版并持续关注皮书品牌的专家学者组成。皮书学术委员会的成立为进一步提高皮书这一品牌的学术质量、为学术界构建一个更大的学术出版与学术推广平台提供了专家支持。

☆ 2009年8月，"2009年中国经济社会形势分析与预测暨第十次皮书工作研讨会"在辽宁丹东举行。李扬副院长参加本次会议，本次会议颁发了首届优秀皮书奖，我院多部皮书获奖。

社会科学文献出版社
SOCIAL SCIENCES ACADEMIC PRESS (CHINA)

社会科学文献出版社成立于1985年,是直属于中国社会科学院的人文社会科学专业学术出版机构。

成立以来,特别是1998年实施第二次创业以来,依托于中国社会科学院丰厚的学术出版和专家学者两大资源,坚持"创社科经典,出传世文献"的出版理念和"权威、前沿、原创"的产品定位,社科文献立足内涵式发展道路,从战略层面推动学术出版的五大能力建设,逐步走上了学术产品的系列化、规模化、数字化、国际化、市场化经营道路。

先后策划出版了著名的图书品牌和学术品牌"皮书"系列、"列国志"、"社科文献精品译库"、"中国史话"、"全球化译丛"、"气候变化与人类发展译丛""近世中国"等一大批既有学术影响又有市场价值的系列图书。形成了较强的学术出版能力和资源整合能力,年发稿3.5亿字,年出版新书1200余种,承印发行中国社科院院属期刊近70种。

2012年,《社会科学文献出版社学术著作出版规范》修订完成。同年10月,社会科学文献出版社参加了由新闻出版总署召开加强学术著作出版规范座谈会,并代表50多家出版社发起实施学术著作出版规范的倡议。2013年,社会科学文献出版社参与新闻出版总署学术著作规范国家标准的起草工作。

依托于雄厚的出版资源整合能力,社会科学文献出版社长期以来一直致力于从内容资源和数字平台两个方面实现传统出版的再造,并先后推出了皮书数据库、列国志数据库、中国田野调查数据库等一系列数字产品。

在国内原创著作、国外名家经典著作大量出版,数字出版突飞猛进的同时,社会科学文献出版社在学术出版国际化方面也取得了不俗的成绩。先后与荷兰博睿等十余家国际出版机构合作面向海外推出了《经济蓝皮书》《社会蓝皮书》等十余种皮书的英文版、俄文版、日文版等。

此外,社会科学文献出版社积极与中央和地方各类媒体合作,联合大型书店、学术书店、机场书店、网络书店、图书馆,逐步构建起了强大的学术图书的内容传播力和社会影响力,学术图书的媒体曝光率居全国之首,图书馆藏率居于全国出版机构前十位。

作为已经开启第三次创业梦想的人文社会科学学术出版机构,社会科学文献出版社结合社会需求、自身的条件以及行业发展,提出了新的创业目标:精心打造人文社会科学成果推广平台,发展成为一家集图书、期刊、声像电子和数字出版物为一体,面向海内外高端读者和客户,具备独特竞争力的人文社会科学内容资源供应商和海内外知名的专业学术出版机构。

中国皮书网

发布皮书研创资讯，传播皮书精彩内容
引领皮书出版潮流，打造皮书服务平台

栏目设置：

- □ 资讯：皮书动态、皮书观点、皮书数据、 皮书报道、皮书新书发布会、电子期刊
- □ 标准：皮书评价、皮书研究、皮书规范、皮书专家、编撰团队
- □ 服务：最新皮书、皮书书目、重点推荐、在线购书
- □ 链接：皮书数据库、皮书博客、皮书微博、出版社首页、在线书城
- □ 搜索：资讯、图书、研究动态
- □ 互动：皮书论坛

www.pishu.cn

中国皮书网依托皮书系列"权威、前沿、原创"的优质内容资源，通过文字、图片、音频、视频等多种元素，在皮书研创者、使用者之间搭建了一个成果展示、资源共享的互动平台。

自2005年12月正式上线以来，中国皮书网的IP访问量、PV浏览量与日俱增，受到海内外研究者、公务人员、商务人士以及专业读者的广泛关注。

2008年10月，中国皮书网获得"最具商业价值网站"称号。

2011年全国新闻出版网站年会上，中国皮书网被授予"2011最具商业价值网站"荣誉称号。

皮书数据库

权威报告　热点资讯　海量资源

当代中国与世界发展的高端智库平台

皮书数据库 www.pishu.com.cn

　　皮书数据库是专业的人文社会科学综合学术资源总库，以大型连续性图书——皮书系列为基础，整合国内外相关资讯构建而成。包含七大子库，涵盖两百多个主题，囊括了近十几年间中国与世界经济社会发展报告，覆盖经济、社会、政治、文化、教育、国际问题等多个领域。

　　皮书数据库以篇章为基本单位，方便用户对皮书内容的阅读需求。用户可进行全文检索，也可对文献题目、内容提要、作者名称、作者单位、关键字等基本信息进行检索，还可对检索到的篇章再作二次筛选，进行在线阅读或下载阅读。智能多维度导航，可使用户根据自己熟知的分类标准进行分类导航筛选，使查找和检索更高效、便捷。

　　权威的研究报告，独特的调研数据，前沿的热点资讯，皮书数据库已发展成为国内最具影响力的关于中国与世界现实问题研究的成果库和资讯库。

皮书俱乐部会员服务指南

1. 谁能成为皮书俱乐部会员？

- 皮书作者自动成为皮书俱乐部会员；
- 购买皮书产品（纸质图书、电子书、皮书数据库充值卡）的个人用户。

2. 会员可享受的增值服务：

- 免费获赠该纸质图书的电子书；
- 免费获赠皮书数据库100元充值卡；
- 免费定期获赠皮书电子期刊；
- 优先参与各类皮书学术活动；
- 优先享受皮书产品的最新优惠。

　　　　阅 读 卡

3. 如何享受皮书俱乐部会员服务？

（1）如何免费获得整本电子书？

　　购买纸质图书后，将购书信息特别是书后附赠的卡号和密码通过邮件形式发送到 pishu@188.com，我们将验证您的信息，通过验证并成功注册后即可获得该本皮书的电子书。

（2）如何获赠皮书数据库100元充值卡？

　　第1步：刮开附赠卡的密码涂层（左下）；

　　第2步：登录皮书数据库网站（www.pishu.com.cn），注册成为皮书数据库用户，注册时请提供您的真实信息，以便您获得皮书俱乐部会员服务；

　　第3步：注册成功后登录，点击进入"会员中心"；

　　第4步：点击"在线充值"，输入正确的卡号和密码即可使用。

皮书俱乐部会员可享受社会科学文献出版社其他相关免费增值服务

您有任何疑问，均可拨打服务电话：010-59367627　QQ:1924151860

欢迎登录社会科学文献出版社官网（www.ssap.com.cn）和中国皮书网（www.pishu.cn）了解更多信息

皮书数据库
www.pishu.com.cn

皮书数据库三期即将上线

• 皮书数据库（SSDB）是社会科学文献出版社整合现有皮书资源开发的在线数字产品，全面收录"皮书系列"的内容资源，并以此为基础整合大量相关资讯构建而成。

• 皮书数据库现有中国经济发展数据库、中国社会发展数据库、世界经济与国际政治数据库等子库，覆盖经济、社会、文化等多个行业、领域，现有报告30000多篇，总字数超过5亿字，并以每年4000多篇的速度不断更新累积。2009年7月，皮书数据库荣获"2008~2009年中国数字出版知名品牌"。

• 2011年3月，皮书数据库二期正式上线，开发了更加灵活便捷的检索系统，可以实现精确查找和模糊匹配，并与纸书发行基本同步，可为读者提供更加广泛的资讯服务。

更多信息请登录

中国皮书网	皮书微博	皮书博客	皮书微信
http://www.pishu.cn	http://weibo.com/pishu	http://blog.sina.com.cn/pishu	皮书说

请到各地书店皮书专架/专柜购买，也可办理邮购

咨询／邮购电话：010-59367028　59367070　　邮　箱：duzhe@ssap.cn
邮购地址：北京市西城区北三环中路甲29号院3号楼华龙大厦13层读者服务中心
邮　编：100029
银行户名：社会科学文献出版社
开户银行：中国工商银行北京北太平庄支行
账　　号：0200010019200365434
网上书店：010-59367070　　qq：1265056568
网　　址：www.ssap.com.cn　　www.pishu.cn